抗日战争时期中国人口伤亡和财产损失调研丛书

主　编　李忠杰

副主编　李　蓉　姚金果
　　　　霍海丹　蒋建农

抗日战争时期
八路军人员伤亡和财产损失
档案选编

3

中央党史研究室第一研究部　编
中国人民解放军档案馆

中共党史出版社

63. 八路军第 120 师第 1 旅第 5 团烈士芳名册（1940 年）

北留路战斗 120 师翻印

列士芳名册填写用法

（一）此册每个战斗连均各置一册，每册 20 页。每次战斗阵亡伤亡的烈士均应填入此纪念册内。

（二）登记后由各连每月终抄送四份，送分区政治部一份存分区，三份送军区政治部。此表连同月终统计表同时造送。

（三）凡战斗中阵亡、伤亡、因公殉职、积劳成疾、病重亡故、被敌探戕害之烈士，均得填入此表。但因违犯法律被法庭判处死刑者，不应填此册内。

（四）在医院病故亡故之烈士，由医院填造烈士表。但连队得到医院通知亡故后，应将该烈士详细履历照军人登记册填下交医院填造。

（五）此表存各连队，应列入交替，不得遗弃损失，以作该连战斗史料的参考。

（六）填法如下：

1. 为使烈士之个人履历得以详细保存留作后人纪念，故将烈士生前之情形依照军人登记册全部抄上，故填法与军人登记册同。

2. 亡故原因：说明某次战斗阵亡或因何病而病亡或被敌人暗杀等。

3. 亡故年月日：如一九三八年五月十六日阵亡即填 $1938^{16}/_5$，月以华文识别之。

4. 亡故地点：只写地点，有些负重伤收容回来在途中亡的则写途中地名，在医院亡的填写在××地××医院。

5. 埋葬地点：阵地上掩埋或埋葬于××村××地点有何标志，以便其家属来收殓。

6. 是否党员：是党员空白上填是，党员更要分出正式、候补及入党年月。

7. 其他：该烈士有什么遗金遗物遗嘱，保存处，对其重要的堪资纪念者加以证明。

烈士芳名登记册

队别		一营二连	同	同	同
职别		通讯班长	一班长	副班长	同
姓名		张德才	王寿山	张凤武	吴宏中
籍贯	省县	陕西花衣＜华阴＞县	陕西普＜蒲＞城县	山西五寨县	山西太原县
	区				
	乡				
	村	西城子	兴石镇	家见坑	石家村
家庭通信处及收信人姓名		本县本村张道士收	本县本镇王更明收	本县本村张成五收	本县本村吴九成收
本人出身成份		贫农	中农	贫农	贫农
家庭经济地位		人房地没	人10房10地200	人3房2地10	人5房6地没
入伍年月		1936年4月	1937年7月	1938年3月	1937年4月
来历		自愿入伍	自动	自愿	自愿
受过什么教育		没	没	小学校	没
文化程度		没	没	读书三年	没
作战及伤残		腹部	腹部	头部	腰部
任过什么工作		没	没	没	没
受何奖惩		没	没	没	没
亡故原因		与敌相击	受伤下来亡的	打攻击	同
亡故年月日		1939年4月25日	同	同	同
亡故地点		南留路村南	同	同	同
埋葬地点		本地		本地	同
是否党员		党	党	党	党
其他					

烈士芳名登记册

队别		同	同	一连
职别		战士	同	战士
姓名		郝德胜	郭天才	姚玉昇
籍贯	省县	绥远青水河	山西洪洞县	绥远武川县
	区			
	乡			
	村	石家根村	古县村	义和龙
家庭通信处及收信人姓名		本县本村何永祥收	本县本村郭方平	本村交姚王义收
本人出身成份		中农	贫农	僱工
家庭经济地位		人 11 房 5 地 50	人房没地 6	人 2 口田房均无
入伍年月		1938 年 10 月	1938 年 9 月	1938 年入伍
来历		自动	同	扩大来
受过什么教育		没	没	
文化程度		没	没	
作战及伤残		上部	上部	胸部
任过什么工作		没	没	
受何奖惩		没	没	
亡故原因		前进	前进	冲锋投弹
亡故年月日		1939 年 4 月 25 日	同	1939 年 4 月 25 日
亡故地点		同	同	南留路与找子营之间
埋葬地点		本地	本地	埋找子营村外
是否党员		党	党	
其他				

烈士芳名登记册

队别		五连		
职别		战士	同	排长
姓名		白巨才	曹长根	马恩礼
籍贯	省县	山西朔县	绥远□县	四川巴州县
	区	三区	三区	
	乡			
	村	下家山	脑包沟	城内
家庭通信处及收信人姓名				
本人出身成份		长工	农	工
家庭经济地位		贫农	贫农	工人
入伍年月		1938 年 4 月	1938 年	1932 年 12 月
来历		自愿来	自愿来	自愿来
受过什么教育		没	没	住教导团二次
文化程度		不识字		识二百字
作战及伤残		没		负伤一次
任过什么工作				排长支书小组长
受何奖惩				
亡故原因		勇敢前进		前进
亡故年月日		1939 年 4 月 25 日		1939 年 4 月 25 日
亡故地点		南留路		南留路
埋葬地点		南留路		南留路
是否党员			是	是
其他				

烈士芳名登记册

队别		四连	同	同	同
职别		六班长	四班副	战士	同
姓名		高炳南	车站高	李德	李三
籍贯	省县	河南内黄县	绥远凉城县	山西省朔县	山西省右玉县
	区	二区	二区	四区	二区
	乡	北乡	北乡	北乡	东乡
	村				
家庭通信处及收信人姓名		前民镇	城内	麻子口	东庄村
本人出身成份		贫农	贫农	同	同
家庭经济地位		人3口房3间田10亩	人7口房3间田60亩	人3口房3间无田	人6口房3间田30亩
入伍年月		1938年10月入伍	1938年10月入伍	1938年4月入伍	1938年7月入伍
来历		自己来的	同	同	扩大来的
受过什么教育					
文化程度					
作战及伤残					
任过什么工作		组织委员			
受何奖惩					
亡故原因		头部	头部	同	同
亡故年月日		1939年4月26日	1939年4月26日	同	同
亡故地点		在赵家营	同	同	同
埋葬地点		原地	同	同	同
是否党员		党	同	同	同
其他					

烈士芳名登记册

队别		同	同	同
职别		战士	同	同
姓名		王春德	王振海	黄锡福
籍贯	省县	河北省文安县	河北省文安县	河北省永清县
	区	四区	四区	一区
	乡	北乡	北乡	西乡
	村			
家庭通信处及收信人姓名		城内	林进村	南大王村
本人出身成份		贫农	贫农	贫农
家庭经济地位		人 9 口房 3 间田 10 亩	人 4 口房 2 间田 5 亩	人 6 口房 6 间田 10 亩
入伍年月		1939 年 2 月入伍	1939 年 2 月入伍	1939 年 4 月入伍
来历		新兵营来的	同	同
受过什么教育				
文化程度			读书二年	
作战及伤残				
任过什么工作				
受何奖惩				
亡故原因		胸部	头部	头部
亡故年月日		1939 年 4 月 26 日	同	同
亡故地点		在赵家营	同	同
埋葬地点		原地	同	同
是否党员				
其他				

烈士芳名登记册

队别		津汗部八连	同	同
职别		机班长	战士	同
姓名		王九成	郭三娃	冯守通
籍贯	省县	山西新〔兴〕县	绥远武川县	河北河间县
	区	二区		九区
	乡			
	村	余家帽	后窑子	左家庄
家庭通信处及收信人姓名		余家帽父王光明	后窑子父郭爱	左家庄父冯振清
本人出身成份		务农	务农	务农
家庭经济地位		人4口稞耘田	人3口地没	人1口地没房子二间
入伍年月		1937年10月入伍	1938年在倒啦窑入伍	1939年2月入伍
来历		自愿	自愿	自愿
受过什么教育				
文化程度		识字10个		
作战及伤残				
任过什么工作				
受何奖惩				
亡故原因		运动击死	带花退下击死	击死
亡故年月日		1939年4月25日	1939年4月25日	1939年4月25日
亡故地点		南留路	南留路	南留路
埋葬地点		南留路以南树林地	北留路	北留路
是否党员		党员		
其他				

烈士芳名登记册

队别		政治处	通讯连
职别		组织股长	政指
姓名		曾衍芳	代祥云
籍贯	省县	江西省	湖北宣恩县
	区	太和县	
	乡	古平乡	
	村	古平村	李家河
家庭通信处及收信人姓名		太和县古平村交曾玉林收	
本人出身成份		贫农	木工
家庭经济地位		人7口田7担	
入伍年月		1930年	1933年
来历		自愿来	自愿来
受过什么教育		住红大一次	
文化程度		看普通文件	看简单文件
作战及伤残		伤二次半残	二次
任过什么工作		排长政指总支	排长等工作
受何奖惩		没	没
亡故原因		追击敌人	被敌伏击
亡故年月日		1939年4月26日	1939年4月26日
亡故地点		河北河间县南留路	张曹村
埋葬地点		河间县北留路村	北留路
是否党员		党	党
其他			

伤员登记册

队别		津汗部	同
职别		通讯员	同
姓名		徐天培	皇林忠
年龄		27	18
籍贯	省县	湖南石门县	陕西黑水县
	区	元石区	五区
	乡		
	村	杜水村	东恒才
家庭通信处及收信人姓名		杜水林交徐兴福	西洋镇交王水城
本人出身成份		帮工	帮工
入伍年月		1935 年 7 月	1937 年 2 月
来历		自愿来	同
受伤如何		腿部轻	膀部重
受伤地点		南留路	同
受伤年月日		1939 年 4 月 25 日	1939 年 4 月 25 日
处置		送卫生队	同
党员		党	否
备考			

队别		津浦部	机枪连
职别		营长	战士
姓名		刘光汉	苗金
年龄		28	24
籍贯	省县	湖北荆门	绥远青河县
	区		
	乡		
	村		韭菜沟
家庭通信处及收信人姓名		本县本人	本县本村
本人出身成份		雇工	种田
家庭经济地位		人本人	人二口
入伍年月		1932 年 6 月入伍	1938 年入伍
来历		自愿	自愿
受过什么教育			
文化程度		能看文件	识 20 字
作战及伤残		胸部	头部
任过什么工作		班排连长	
受何奖惩			
亡故原因		带队冲锋	冲锋
亡故年月日		1939 年 5 月 13 日	同
亡故地点		河间找子营	同
葬藏地点		本地	本地
是否党员		党员	
其他			

烈士芳名登记册

队别	一连			
职别	支书	战士	同	副班长
姓名	张玉昇	裴合章	杨生云	杨茂云
年龄	31	26	35	32
籍贯 省县	河南叶县城	山西辛<兴>县	山西五寨	山西丁乡<定襄>县
籍贯 区		二区	一区	三区
籍贯 乡				
籍贯 村		黄草湾	小合村	红山村
家庭通信处及收信人姓名		本地交裴忠		本地交杨玉
本人出身成份	生意	贫农	同	同
家庭经济地位	人自己	人4口田5亩房6间	人4口田20亩房无	人2口田10亩房3间
入伍年月	1937年	1936年	1937年	1938年
来历	在晋军当兵11年			
受过什么教育				
文化程度	能看简单文件			
作战及伤残				
任过什么工作	组织委员			小组长
受何奖惩				
亡故原因	阵亡	同	同	同
亡故年月日	1939年5月13日	同	同	同
亡故地点	找子营	同	同	同
葬藏地点	同	同	同	同
是否党员	是			是
其他				

队别				
职别		战士	副班长	战士
姓名		李宝山	梁维	王宝连
年龄		25	18	21
籍贯	省县	河北文安县	山西五寨	山西金县
	区	二区	一区	一区
	乡			
	村	府南村	于东望	尧照村
家庭通信处及收信人姓名		李富曾收	交梁米拴	交王保珠
本人出身成份		贫农	同	中农
家庭经济地位		人5口田7亩房6间	人4口田20亩房3间	人7口田120亩房16间
入伍年月		1939年	1937年	
来历				在晋军99师当兵
受过什么教育		读书3年	读书4年	读书3年
文化程度				
作战及伤残				
任过什么工作				
受何奖惩				
亡故原因		阵亡	同	同
亡故年月日		1939年5月13日	同	同
亡故地点		找子营	同	同
埋葬地点		同	同	同
是否党员		是	同	不
其他				

队别		一营二连	同	同
职别		班长	战士	同
姓名		郭梦折	宋吉林	田成达
年龄		31	18	25
籍贯	省县	河北大名府	河间 ＜北＞定县	山西新 ＜兴＞县
	区			第二区
	乡			
	村	小新店	齐步村	青草村
家庭通信处及收信人姓名		本县小新店郭光云	本县本村宋鹤昌	本县本村田正玉
本人出身成份		贫农	贫农	
家庭经济地位		人 4 口房 3 间地没	人 14 口房 3 间地没	人 18 口房 1 地 30 亩
入伍年月		1936 年陕西入伍	1939 年河间入伍	1938 年本地入伍
来历		自愿	自愿	自愿
受过什么教育				
文化程度				
作战及伤残				
任过什么工作				
受何奖惩				
亡故原因		与敌相击	同	同
亡故年月日		1939 年 5 月 13 日	同	同
亡故地点		河间县找子营	同	同
葬藏地点		本地	同	同
是否党员		党员		同
其他				

队别		津浦三连	同
职别		班长	战士
姓名		胡西古	巨连志
年龄		34	24
籍贯	省县	甘肃省徽县	河北文安
	区	西区	四区
	乡	东南	北乡
	村		东沟
家庭通信处及收信人姓名		城内宽益成收	城内巨川顺生收信
本人出身成份		雇工	贫农
家庭经济地位		人 6 口无房无田	人 5 口田 5 亩无房
入伍年月		1936 年入伍	1939 年入伍
来历		自己来的	扩大来的
受过什么教育		没有	同
文化程度		没有	同
作战及伤残		没有	同
任过什么工作		小组长	没有
受何奖惩			
亡故原因		刺死	炸死
亡故年月日		1939 年 5 月 13 日	同
亡故地点		找子营	同
葬藏地点		此地	同
是否党员		党员	
其他			

烈士芳名登记册

队别	四连	同		
职别	三排长	九班长	副班长	战士
姓名	杨喜祥	王平安	马三小	张五子
年龄	24	24	29	25
籍贯 省县	山东省	贵州盘县	山西五寨县	绥远武川县
籍贯 区	临清县		三区	
籍贯 乡	城内人	水塘子人	黄家山	大车庙
籍贯 村				
家庭通信处及收信人姓名		贵州盘县转水塘子交王平义	五寨县转黄家山兄马二小收	武川县转大车庙村公所
本人出身成份				
家庭经济地位	人1口房地无	人7口房4间地70亩	人6口无房无地	人2口房5间地70亩
入伍年月	1937年2月入伍	1935年5月入伍	1938年4月入伍	1938年4月入伍
来历				
受过什么教育	没有	没有	没有	没有
文化程度	识字50个	不识字	不识字	不识字
作战及伤残				
任过什么工作	任过班长	任过副班长	任过战士	没有
受何奖惩				
亡故原因	炮弹打死	炮弹打死	子弹打死	子弹打死
亡故年月日	1939年5月13日	1939年5月13日	1939年5月13日	1939年5月13日
亡故地点	找子营	找子营	找子营	找子营
葬藏地点				
是否党员	1938年入党	1936年入党	1939年2月入党	不是党
其他				

队别			
职别		副连长	一班长
姓名		赵兴昌	杨天山
年龄		30	30
籍贯	省县	湖北孝感县	绥远凉城县
	区		
	乡		
	村	毛巴城	前窑子人
家庭通信处及收信人姓名		孝感县毛巴城交家中	凉城交前窑子母高氏收
本人出身成份			
家庭经济地位		人5口田6斗房3间	人2口地房无
入伍年月		1933年2月入伍	1938年9月入伍
来历			
受过什么教育		住过教导队	没有
文化程度		识字150个	不识字
作战及伤残			
任过什么工作		任过班排长	任过副班长
受何奖惩			
亡故原因			
亡故年月日		1939年5月13日	1939年5月13日
亡故地点		找子营	找子营
埋葬地点			
是否党员		1935年4月入党	1938年10月入党
其他			

烈士芳名登记册

队别		五连	同	同
职别		副班长	同	战士
姓名		赵崇明	刘六小	刘玉唐
年龄		18	17	21
籍贯	省县	绥远凉城	山西五寨	山西兴县
	区	四区		
	乡			
	村	红沙坝	古城角	北槐村
家庭通信处及收信人姓名		红沙坝交赵根小	古城角交刘树德	兴县南关交刘乔唐
本人出身成份		贫农	同	帮工
家庭经济地位		人6口房3间地50亩	人7口房10间地50亩	人7口房2间地10亩
入伍年月		1938年8月	1937年9月	1938年1月
来历		扩大来	游击队来	同
受过什么教育				
文化程度				
作战及伤残		被炮击伤	同	同
任过什么工作				
受何奖惩				
亡故原因		因冲锋	同	同
亡故年月日		1939年5月13日	同	同
亡故地点		孙庄	同	同
葬藏地点		未葬	同	同
是否党员		党	同	否
其他				已通知兴县府

烈士芳名登记册

队别		津汗七连	同	八班	同
职别		班长	战士	同	同
姓名		张化杰	王山	任登科	戍银顺
年龄		38	25	17	34
籍贯	省县	山西寿阳	山西朔县	同	山西朔县
	区				
	乡				
	村	段王村	临阳坡	沟上崖	花圪驼
家庭通信处及收信人姓名		本村张完席	本村王忠	本村	本村
本人出身成份		贫农	雇工	中农	贫农
家庭经济地位		无产阶级	无产阶级	人9口地4顷房16间	人5口房3间
入伍年月		1938年1月	1938年11月	1938年11月	1938年11月
来历		自愿来	游击队来	自愿来	同
受过什么教育		没	没	没	没
文化程度		不识字	识20余	不识字	同
作战及伤残		没	没	同	同
任过什么工作		没	没	同	同
受何奖惩		没	没	同	同
亡故原因		固守阵地	同	被敌包围	同
亡故年月日		1939年5月13日	同	同	同
亡故地点		赵李庄村	同	同	同
葬藏地点		赵李庄	同	同	同
是否党员		是			
其他					

队别		同	同
职别		同	同
姓名		苗怀来	王得胜
年龄		30	27
籍贯	省县	河北河间县	绥远隆县
	区		
	乡		
	村	史村	西河沿
家庭通信处及收信人姓名		本村苗得秀	本村王席
本人出身成份		贫农	贫农
家庭经济地位		人3口房田无	人3口地10亩房3间
入伍年月		1937年2月	1938年
来历		游击队	自愿来
受过什么教育		没	同
文化程度		识字10余	不识字
作战及伤残		没	没
任过什么工作		没	没
受何奖惩		没	没
亡故原因		被敌包围	同
亡故年月日		1939年5月13日	同
亡故地点		赵李庄村	同
埋葬地点		赵李庄村	同
是否党员			
其他			

烈士芳名登记册

队别		津汉八连
职别		战士
姓名		孙占同
年龄		53
籍贯	省县	河北河间
	区	中雁区
	乡	
	村	大行事
家庭通信处及收信人姓名		中雁区孙大雪
本人出身成份		贫农
家庭经济地位		人 4 口房 3 间地 7 亩
入伍年月		1939 年 2 月
来历		自愿来
受过什么教育		没
文化程度		不识字
作战及伤残		没
任过什么工作		没
受何奖惩		没
亡故原因		退却打死
亡故年月日		1939 年 5 月 13 日
亡故地点		李庄
葬藏地点		李庄
是否党员		群众
其他		

烈士芳名登记册

队别		三营九连
职别		战斗员
姓名		宋景春
年龄		
籍贯	省县	任丘县
	区	
	乡	
	村	三塚村
家庭通信处及收信人姓名		交该地宋庆收典
本人出身成份		雇农
家庭经济地位		人6口地无
入伍年月		
来历		
受过什么教育		
文化程度		
作战及伤残		
任过什么工作		
受何奖惩		
亡故原因		
亡故年月日		
亡故地点		
埋葬地点		
是否党员		非党
其他		

烈士芳名登记册

二排机枪班长	二排机枪班副班长	二排五班副班长
陈顺清	蔡三牛	
21	25	
贵州省方兰县寸田坝	山西省阳曲县扫峪人	
人5口田3亩	人5口地20亩房子3间	
	山西省阳曲县扫峪	
1936年在寸田坝自愿入伍	1937年12月入伍在本地	
1939年2月10日在河北省穆家庄战斗	1939年2月10日在河北省穆家庄作战	
在战场上被敌杀	在战场上被敌射死	
党员	党员	

烈士芳名登记册

战士	副班长	战士
李春朋	吴道友	徐二小
35	26	24
河北省邢台县宋家峪	贵州必那县关局人	山西省五寨县三岔人
人 4 口无房无田	人 2 口房 1 间田 20 亩	人 12 口房 5 间田 50 亩
河北省邢台县扫峪	贵州必那县关局	五塞县三岔刘家湾本人收
1937 年在河口入伍	1936 年在本地入伍	1937 年在三岔入伍
1939 年在穆家庄	1939 年在穆家庄	1939 年在穆家庄
在战场上被敌射死	被敌射死	被敌射死
党员	党员	

烈士芳名登记册

二连	亚一二连	亚一三连
战士	战士	班长副支书
□金池	候尚礼	吕春云
22	32	23
□府万县庭乡村	山西大同县本城	陕西长安本城
人□口房 17 间田 7 亩	人 6 口田房没有	人 6 口田 6 亩房 2 间
庭乡村	本县专城号收	长安县
1938 年 9 月在大青□入伍	1937 年 9 月在古交入伍	1937 年 12 月在本县入伍
1939 年 2 月 10 日作战地方李家庄	1939 年 2 月 10 日在河北李家庄	1939 年 2 月 10 日在河北李家庄
负伤死亡	从心口负伤死亡	
是	不是	党员
		生死不明

烈士芳名登记册

亚一三连	亚一三连
班长支委	通讯员小组长
王振华	王天生
36	18
河南开封新正县	陕西户县晋家走远
人 12 口田没房 6 间	人 4 口田没有房 1 间
新正县北大街交县丝线铺张海安收	
1937 年 1 月在晋阳入伍	1937 年 3 月在本县入伍
1939 年 2 月 10 日在李家庄	1939 年 2 月 10 日在李家庄
小肚子上负伤死亡	
党员	党员
	生死不明

烈士芳名登记册

二营七连	同	同
政指	机关班长	二班长
□朗垒	罗志清	马守业
25	23	21
湖南桃源县	贵州石千	陕西绥德县
□田收 10 石谷子	人五口田 15 亩房 3 间	人 3 口地 3 亩房 2 间
□铺交韩正来	平地村交罗应富	土地蜡交马豪钢
1934 年 11 月吴集河入伍	1935 年 12 月本地入伍	1935 年 10 月本村游击队来
1939 年 2 月 10 日于李家庄	同	同
刺伤脸	被敌击死	同
党	党	党

烈士芳名登记册

二营七连	同	同
一班副	二班副	战士
王玉虎	薛爱国	董福高
26	22	16
河南澄州	陕西绥德县	山西右玉县
人 6 口地 20 亩	人 3 口地没	人 4 口地 60 亩
于家村交王友	薛家内交薛双	柴仓村交董福保
1937 年 10 月古交入伍	1938 年 1 月娄烦入伍	1938 年 7 月石人坡入伍
1939 年 2 月 10 于深州李家庄	同	同
被敌击死	同	同
党	党	否

烈士芳名登记册

七连	同	同
战士	同	同
王海全	郝兰畔	李白小
21	19	17
山西 静乐县	同	绥远 归化县
人口地 10 亩	人 3 口地 5 亩	人 2 口地没
□庄交王定久	罗玉庄交郝二信	包尔哈哨交李鑫
1937 年 12 月娄烦	同	1938 年 8 月本村扩大来
1939 年 2 月 10 日于深 [州李] 家庄	同	同
被敌击死	同	同
否	否	否

烈士芳名登记册

二营七连	同	同
战士	同	司号员
吴金玉	徐英	张家典
23 岁	25 岁	17 岁
山西朔县	山西右玉县	湖南神州
人 8 口地 2 亩	人地都没	人 5 口田没
赵山村交吴魁	黄土梁村公所代收	桥头交张玉清
1938 年 9 月慈荣村入伍	1938 年 11 月柳沟门入伍	1934 年 9 月本村入伍
1939 年 2 月 10 日于深州李家庄	同	同
被敌击死	同	同
否	同	党

烈士芳名登记册

李德胜	宋绪桂	李子成
28 岁	28 岁	29 岁
绥远武川县	山西静乐东店上	湖南慈利县
人 4 口地 30 亩	人 2 口地 3 亩	人 6 口地 10 亩
武川县转交	静乐县转交	慈利县转交
1938 年在本地入伍	1938 年在本地入伍	1938 年在田家庄入伍
1939 年 2 月 10 日	1939 年 2 月 10 日	1939 年 2 月 10 日
冲锋打死	冲锋	冲锋
阵亡	阵亡	阵亡

烈士芳名登记册

孟玉庆	李志德
20 岁	29 岁
山西清阳县段王村	甘肃礼县李家坪
人 3 口地 3 亩	人 9 口地 20 亩
清阳县转交	礼县转交
1938 年在本地入伍	1938 年在本地入伍
1939 年 2 月 10 日	1939 年 2 月 10 日
冲锋死	冲锋死
阵亡	阵亡

烈士芳名登记册

队别		特务连	同	同
职别		战士	同	同
姓名		张学坤	周义	杨贵云
年龄		26 岁	27 岁	25 岁
籍贯	省	绥远	河南	四川
	县			
	区乡			
	村			
家庭通信处及收信人姓名				
家庭经济地位				
入伍年月		1938	1938	1933
任过什么工作				
亡故经过				
亡故地点		西安峪	西安峪	西安峪
亡故月日		1939 年 1 月	1939 年 1 月	1939 年 1 月
是否党员				
备考				

烈士芳名登记册

队别	特务连	同	同
职别	通讯员	给养士	马医官
姓名	唐学如	李在礼	赵自名
年龄	16 岁	41 岁	35 岁
籍贯 省	四川	山西	河北
籍贯 县		五寨	包村
籍贯 区乡			
籍贯 村			
家庭通信处及收信人姓名			
家庭经济地位			
入伍年月	1933	1938	1938
任过什么工作			
亡故经过			
亡故地点	西安峪	西安峪	西安峪
亡故月日	1939 年 1 月	1939 年 1 月	1939 年 1 月
是否党员			
备考			

烈士芳名登记册

队别	特务连	同	同
职别	班长	同	战士
姓名	刘登喜	任生诚	胡安财
年龄	31	26	18
籍贯 省	陕西	陕西	同
籍贯 县	富平		富平
籍贯 区乡			
籍贯 村			
家庭通信处及收信人姓名			
家庭经济地位			
入伍年月	1937 年	同	同
任过什么工作			
亡故经过			
亡故地点	流水沟	同	同
亡故月日	生死不明	杀死	同
是否党员			
备考			

烈士芳名登记册

队别		特务连	同	同
职别		班长	战士	同
姓名		元田	林占彪	张士保
年龄		20	22	16
籍贯	省	山西	绥远	绥远
	县	静乐		丰镇
	区乡			
	村			
家庭通信处及收信人姓名				
家庭经济地位				
入伍年月		1938 年	同	同
任过什么工作				
亡故经过				
亡故地点		流水沟	流水庄	西安峪
亡故月日		杀死	1939 年 1 月	同
是否党员				
备考				

烈士芳名登记册

队别		特务连	同	同
职别		战士	同	同
姓名		戴万清	向子鱼	武银高
年龄		24 岁	27 岁	26 岁
籍贯	省	云南	湖南	山西
	县			静乐
	区乡			
	村		双徐桥	
家庭通信处及收信人姓名				
家庭经济地位				
入伍年月		1936 年	1935 年	1938 年
任过什么工作				
亡故经过				
亡故地点		流水庄	同	同
亡故月日		杀死	同	同
是否党员				
备考				

烈士芳名登记册

队别		特务连	特务连	同
职别		战士	战士	同
姓名		刘俊	康金贵	林德胜
年龄		26 岁	24 岁	24 岁
籍贯	省	绥远人	山西	山西
	县		交城	右玉
	区乡			
	村	丰镇人		
家庭通信处及收信人姓名				
家庭经济地位				
入伍年月		1938 年	1938 年	1938 年
任过什么工作				
亡故经过				
亡故地点		流水庄	同	同
亡故月日		杀死	同	同
是否党员				
备考				

烈士芳名登记册

队别		特务连	特务连	同
职别		战士	战士	班长
姓名		冯满小	董金贵	杨光陶
年龄		19	29	22
籍贯	省	绥远	山西	湖北
	县	陶林	静乐	来凤
	区乡			
	村			
家庭通信处及收信人姓名				
家庭经济地位				
入伍年月		1938 年	1938 年	1933 年
任过什么工作				
亡故经过				
亡故地点		西安峪	同	同
亡故月日		1939 年 1 月	同	同
是否党员				
备考				

烈士芳名登记册

队别		特务连	同上	
职别		班长	战士	同
姓名		未青和	王有才	张苟福
年龄		20 岁	22 岁	24 岁
籍贯	省	湖南	甘肃省	四川
	县	桑植	成县人	泥龙人
	区乡			
	村			
家庭通信处及收信人姓名				
家庭经济地位				
入伍年月		1934 年	1937 年	1933 年
任过什么工作				
亡故经过				
亡故地点		西安峪	同	同
亡故月日		1939 年 1 月	同	同
是否党员				
备考				

烈士芳名登记册

队别		特务连	二营八连	同
职别		战士	班长	战士
姓名		王连成	周如海	吴兆福
年龄		22	22	17
籍贯	省	山西	山西	湖南
	县	□阳	静乐	慈利
	区乡			
	村			
家庭通信处及收信人姓名				
家庭经济地位				
入伍年月		1938 年	1938 年	1934 年
任过什么工作				
亡故经过				
亡故地点		西安峪	大城	同
亡故月日		1939 年 1 月	1939 年 2 月 22 日	同
是否党员				
备考				

烈士芳名登记册

队别		八连	八连	八连
职别			文书	班长
姓名		李令香	王志远	徐六元
年龄		28	19	21
籍贯	省	山西	河北	山西
	县	寿阳	任丘	静乐
	区乡			
	村			
家庭通信处及收信人姓名				
家庭经济地位				
入伍年月		1938 年	1939 年	1938 年
任过什么工作				
亡故经过				
亡故地点		大城	同	同
亡故月日		1939 年 2 月 23 日	同	同
是否党员				
备考				

烈士芳名登记册

队别		二连	同	三连
职别		战士	同	战士
姓名		李文玉	回德才	杨玉才
年龄		21	22	21
籍贯	省	山西	河北	河北
	县	静乐	青化	雄县
	区乡			
	村			
家庭通信处及收信人姓名				
家庭经济地位				
入伍年月		1938 年	1939 年	同
任过什么工作				
亡故经过				
亡故地点		北张村	同	同
亡故月日		1939 年 3 月 20 日	同	同
是否党员				
备考				

烈士芳名登记册

队别		三连	七连	同
职别		战士	班长	同
姓名		马文亮	刘□裳	孟维琴
年龄		36	29	27
籍贯	省	山西	山东	河北
	县	静乐	陪德	保德
	区乡			
	村			
家庭通信处及收信人姓名				
家庭经济地位				
入伍年月		1938 年	1938 年	1939 年
任过什么工作				
亡故经过				
亡故地点		北张村	米各庄	同
亡故月日		1939 年 3 月 25 日	同	同
是否党员				
备考				

烈士芳名登记册

队别		七连	七连	同
职别		战士	战士	同
姓名		吴如仁	王元和	李子如
年龄		28	28	32
籍贯	省	河北	山西	甘肃
	县	任丘	太原	成县
	区乡			
	村			
家庭通信处及收信人姓名				
家庭经济地位				
入伍年月		1939 年	1938 年	1939 年
任过什么工作				
亡故经过				
亡故地点		邢家村	同	同
亡故月日		1939 年 2 月	同	同
是否党员				
备考				

烈士芳名登记册

队别		七连	七连	同
职别			战士	同
姓名		周和	吴世臣	刘福生
年龄		28	27	39
籍贯	省	陕西	山东〈河北〉	山西
	县	三原	武强	阳曲
	区乡			
	村			
家庭通信处及收信人姓名				
家庭经济地位				
入伍年月		1937 年	1938 年	1938 年
任过什么工作				
亡故经过				
亡故地点		邢家村	同	同
亡故月日		1939 年 2 月 10 日	同	同
是否党员				
备考				

烈士芳名登记册

队别		七连	同	同
职别		战士	同	同
姓名		程志远	黄英	何士斌
年龄		29	18	26
籍贯	省	绥远	河北	山西
	县	武川	文安	榆次
	区乡			
	村			
家庭通信处及收信人姓名				
家庭经济地位				
入伍年月		1938 年	1939 年	1938 年
任过什么工作				
亡故经过				
亡故地点		邢家村	同	同
亡故月日		1939 年 2 月 10 日	同	同
是否党员				
备考				

烈士芳名登记册

队别		七连	同	同
职别		战士	同	同
姓名		李香甫	王纪仁	周宗耀
年龄		32	28	19
籍贯	省	山西	同	绥远
	县	忻县	右玉	隆县
	区乡			
	村			
家庭通信处及收信人姓名				
家庭经济地位				
入伍年月		1938 年	同	同
任过什么工作				
亡故经过				
亡故地点		邢家村	同	同
亡故月日		1939 年 2 月 10 日	同	同
是否党员				
备考				

烈士芳名登记册

队别		七连	同	同
职别		战士	同	同
姓名		李世发	董琢如	何云升
年龄		24	29	18
籍贯	省	河北	绥远	山西
	县	安平	武川	右玉
	区			
	村			
家庭通信处及收信人姓名				
家庭经济地位				
入伍年月		1939	1939	同
任过什么工作				
亡故经过				
亡故地点		邢家村	同	同
亡故月日		1939 年 2 月 10 日	同	同
是否党员				
备考				

烈士芳名登记册

队别		七连	同	同
职别		战士	同	同
姓名		李世芳	王成山	鲍尚元
年龄		27	31	36
籍贯	省	山西	陕西	绥远
	县	交城	三原	武川
	区			
	村			
家庭通信处及收信人姓名				
家庭经济地位				
入伍年月		1938	1937	1938
任过什么工作				
亡故经过				
亡故地点		邢家村	同	同
亡故月日		1939 年 2 月 10 日	同	同
是否党员				
备考				

烈士芳名登记册

队别		七连	同	同
职别		战士	同	同
姓名		马刚	贺中志	陈玉明
年龄		19	28	26
籍贯	省	陕西	绥远	山西
	县	富平	沙县	武翟
	区			
	村			
家庭通信处及收信人姓名				
家庭经济地位				
入伍年月		1937	1938	1938
任过什么工作				
亡故经过				
亡故地点		邢家村	同	同
亡故月日		1939 年 2 月 10 日	同	同
是否党员				
备考				

烈士芳名登记册

队别		七连	同	同
职别		战士	同	同
姓名		钱万贯	刁来臣	周正
年龄		28	38	18
籍贯	省	山西	山西	湖北
	县	交城	忻县	孝感
	区			
	村			
家庭通信处及收信人姓名				
家庭经济地位				
入伍年月		1938	同	1933
任过什么工作				
亡故经过				
亡故地点		邢家村	同	同
亡故月日		1939 年 2 月 10 日	同	同
是否党员				
备考				

烈士芳名登记册

队别		六连	七连	同
职别		战士	下士班长	同
姓名		崔兆任	吴九明	王玉峰
年龄		18	28	27
籍贯	省	绥远	山西	山西
	县	武川	右玉	神池
	区			
	村			
家庭通信处及收信人姓名				
家庭经济地位				
入伍年月		1938	同	同
任过什么工作				
亡故经过				
亡故地点		邢家村	同	同
亡故月日		1939 年 2 月 10 日	同	同
是否党员				
备考				

烈士芳名登记册

队别		七连	同	同
职别		战士	同	同
姓名		褚至德	何子明	冯珠
年龄		29	34	28
籍贯	省	绥远	河北	河北
	县	陶林	安国	文安
	区			
	村			
家庭通信处及收信人姓名				
家庭经济地位				
入伍年月		1938	1939	1939
任过什么工作				
亡故经过				
亡故地点		邢家村	同	同
亡故月日		1939 年 2 月 10 日	同	同
是否党员				
备考				

烈士芳名登记册

队别		六连	同	同
职别		班长	同	同
姓名		李况和	吴地之	王之和
年龄		26	28	32
籍贯	省	湖北	山西	陕西
	县	汉阳	大同	咸阳
	区			
	村			
家庭通信处及收信人姓名				
家庭经济地位				
入伍年月		1934	1938	1937
任过什么工作				
亡故经过				
亡故地点		邢家村	同	同
亡故月日		1939 年 2 月 10 日	同	同
是否党员				
备考				

队别		六连	同	同
职别		战士	同	同
姓名		刘文明	郑玉山	韩明山
年龄		28	32	28
籍贯	省	湖北	山西	同
	县	孝感	石玉	同
	区			
	村			
家庭通信处及收信人姓名				
家庭经济地位				
入伍年月		1933	1938	同
任过什么工作				
亡故经过				
亡故地点		邢家村	同	同
亡故月日		1939 年 2 月 10 日	同	同
是否党员				
备考				

烈士芳名登记册

队别		五连	同	同
职别		战士	同	同
姓名		李立和	翟金恒	刘德功
年龄		38	18	38
籍贯	省	陕西	绥远	山西
	县	咸阳	白子河	右玉
	区			
	村			
家庭通信处及收信人姓名				
家庭经济地位				
入伍年月		1937	1938	同
任过什么工作				
亡故经过				
亡故地点		邢家村	同	同
亡故月日		1939 年 2 月	同	同
是否党员				
备考				

烈士芳名登记册

队别		五连	同	六连
职别		战士	同	班长
姓名		张成汗	伍世奎	赵永生
年龄		24	31	29
籍贯	省	山西	山西	山西
	县	右玉	五寨	太原
	区			
	村			
家庭通信处及收信人姓名				
家庭经济地位				
入伍年月		1938	同	同
任过什么工作				
亡故经过				
亡故地点		邢家村	同	同
亡故月日		1939 年 2 月	同	同
是否党员				
备考				

烈士芳名登记册

队别		五连	同	同
职别		战士	同	同
姓名		钱目	王驹臣	李各人
年龄		34	22	34
籍贯	省	四川	山西	河北
	县	桃州	神池	束鹿
	区			
	村			
家庭通信处及收信人姓名				
家庭经济地位				
入伍年月		1937	1938	1939
任过什么工作				
亡故经过				
亡故地点		邢家村	同	同
亡故月日		1939 年 2 月 10 日	同	同
是否党员				
备考				

烈士芳名登记册

队别		五连	同	同
职别		战士	同	同
姓名		郑克仁	周长友	吴正发
年龄		28	29	28
籍贯	省	河南	山西	陕西
	县	郑州	大同	富平
	区			
	村			
家庭通信处及收信人姓名				
家庭经济地位				
入伍年月		1937	1938	1937
任过什么工作				
亡故经过				
亡故地点		邢家村	同	同
亡故月日		1939 年 2 月 10 日	同	同
是否党员				
备考				

烈士芳名登记册

队别		五连	同	同
职别		班长	同	同
姓名		周正之	吴人发	王和升
年龄		24	21	32
籍贯	省	山西	河北	河北
	县	大同	定县	
	区			
	村			
家庭通信处及收信人姓名				
家庭经济地位				
入伍年月		1938	1938	同
任过什么工作				
亡故经过				
亡故地点		邢家村	同	同
亡故月日		1939 年 2 月 10 日	同	同
是否党员				
备考				

烈士芳名登记册

队别		五连	同	同
职别		战士	同	同
姓名		赵子如	任占奎	何士奎
年龄		32	31	28
籍贯	省	河北	山西	河北
	县	完县	大同	任丘
	区			
	村			
家庭通信处及收信人姓名				
家庭经济地位				
入伍年月		1939	1938	1939
任过什么工作				
亡故经过				
亡故地点		邢家村	同	同
亡故月日		1939 年 2 月 10 日	同	同
是否党员				
备考				

烈士芳名登记册

队别		一连	同	同
职别		战士	同	同
姓名		徐二小	刘金池	侯尚礼
年龄		24	22	32
籍贯	省	山西	河北	河北
	县	五寨县	保定	大城
	区			
	村			
家庭通信处及收信人姓名				
家庭经济地位				
入伍年月		1938	1938	1938
任过什么工作				
亡故经过				
亡故地点		厂汉云	同	同
亡故月日		1938 年 12 月 18 日	同	同
是否党员				
备考				

烈士芳名登记册

队别		二连	三连	五连
职别		战士	同	班长
姓名		王天生	岳家贵	李成
年龄		18	29	31
籍贯	省	陕西	同	湖北
	县	富平	城内	孝感
	区			
	村			
家庭通信处及收信人姓名				
家庭经济地位				
入伍年月		1938	1938	1932
任过什么工作				
亡故经过				
亡故地点		厂汉云	同	邢家庄
亡故月日		1938 年 12 月 18 日	同	1939 年 2 月
是否党员				
备考				

烈士芳名登记册

队别		八连	同	六连
职别		战士	同	战士
姓名		武文臣	盖文化	吴学礼
年龄		34	25	21
籍贯	省	山东	山西	山西
	县	菏泽	五台	汾阳
	区			
	村			
家庭通信处及收信人姓名				
家庭经济地位				
入伍年月		1938	同	同
任过什么工作				
亡故经过				
亡故地点		马家庄	同	同
亡故月日		1938 年 11 月 4 日	同	同
是否党员				
备考				

烈士芳名登记册

队别		六连	同	五连
职别		战士		战士
姓名		韩凤其	杨山彦	程三小
年龄		28	32	17
籍贯	省	绥远	山西	绥远
	县	武川	河曲	固阳
	区			
	村			
家庭通信处及收信人姓名				
家庭经济地位				
入伍年月		1938	同	同
任过什么工作				
亡故经过				
亡故地点		马家庄	同	毕克齐
亡故月日		1938 年 11 月 4 日	同	1938 年 12 月 7 日
是否党员				
备考				

烈士芳名登记册

队别		四连	五连	同
职别		战士		同
姓名		高俊林	马根喜	张德耀
年龄		31	24	24
籍贯	省	绥远	绥远	绥远
	县	归绥	陶林	
	区			
	村			
家庭通信处及收信人姓名				
家庭经济地位				
入伍年月		1938	同	同
任过什么工作				
亡故经过				
亡故地点		乌兰花	同	同
亡故月日		1938 年 12 月 10 日	同	同
是否党员				
备考				

烈士芳名登记册

队别		五连	同	六连
职别		战士	同	战士
姓名		张连仲	刘永堂	范海山
年龄		26	26	33
籍贯	省	绥远〈河北〉	绥远〈河北〉	绥远
	县	大兴县	武强	黄岭
	区			
	村			
家庭通信处及收信人姓名				
家庭经济地位				
入伍年月		1938	同	同
任过什么工作				
亡故经过				
亡故地点		乌兰花	同	同
亡故月日		1938 年 12 月	同	同
是否党员				
备考				

烈士芳名登记册

队别		五连	七连	同
职别		战士	战士	同
姓名		王会	王占山	何永生
年龄		21	22	17
籍贯	省	绥远	同	河北
	县	固阳		武强
	区			
	村			
家庭通信处及收信人姓名				
家庭经济地位				
入伍年月		1938	同	同
任过什么工作				
亡故经过				
亡故地点		毕克齐	同	同
亡故月日		1938 年 12 月 7 日	同	同
是否党员				
备考				

烈士芳名登记册

队别		七连	八连	同
职别		战士	同	同
姓名		吴惠仁	马如龙	李甫生
年龄		27	31	24
籍贯	省	绥远	河北	河北
	县	武川	雄县	武强
	区			
	村			
家庭通信处及收信人姓名				
家庭经济地位				
入伍年月		1938	同	同
任过什么工作				
亡故经过				
亡故地点		毕克齐	同	同
亡故月日		1938 年 11 月	同	同
是否党员				
备考				

烈士芳名登记册

队别		十一连	一连	二连
职别		战士	战士	班长
姓名		白同	赵明山	何云
年龄		18	16	24
籍贯	省	山西	山西	四川
	县	朔县	交城	荣干县
	区			
	村			
家庭通信处及收信人姓名				
家庭经济地位				
入伍年月		1938	同	1936
任过什么工作				
亡故经过				
亡故地点		黑山子	讨逆村	同
亡故月日		1938 年 10 月 17 日	11 月 23 日	同
是否党员				
备考				

烈士芳名登记册

队别		五连	六连	二营部
职别		战士	同	战士
姓名		于列	任德贵	贺先章
年龄		21	32	17
籍贯	省	山西	山西	贵州
	县	右玉	平鲁	黔西
	区			
	村			
家庭通信处及收信人姓名				
家庭经济地位				
入伍年月		1938	同	1936
任过什么工作				
亡故经过				
亡故地点		塔坝	同	乌兰花
亡故月日		1938 年 11 月 23 日	同	1938 年 12 月 10 日
是否党员				
备考				

烈士芳名登记册

队别		七连	同	八连
职别		战士	同	班长
姓名		史振海	刁凤池	梁世超
年龄		27	35	26
籍贯	省	山西	山西	湖南
	县	寿阳	交城	龙山
	区			
	村			
家庭通信处及收信人姓名				
家庭经济地位		.		
入伍年月		1938	同	1934
任过什么工作				
亡故经过				
亡故地点		陶林	同	马家庄
亡故月日		1938 年 9 月 27 日	同	1938 年 12 月
是否党员				
备考				

烈士芳名登记册

队别		八连	同	同
职别		战士	同	同
姓名		王见全	于德水	欧阳庆长
年龄		29	26	27
籍贯	省	安徽	山西	陕西
	县	合肥	沂水	富平
	区			
	村			
家庭通信处及收信人姓名				
家庭经济地位				
入伍年月			1938	1937
任过什么工作				
亡故经过				
亡故地点		马家庄	同	同
亡故月日		1938 年 12 月	同	同
是否党员				
备考				

烈士芳名登记册

队别		三营机 K	二营机 K	四 K
职别		班长	班长	战士
姓名		陈大莫	闫德富	张光德
年龄		22	33	25
籍贯	省	湖南	绥远	绥远
	县	石门	窑子上	陶林
	区			
	村			
家庭通信处及收信人姓名				
家庭经济地位				
入伍年月		1935	1938	1938
任过什么工作				
亡故经过				
亡故地点		乌兰花	同	同
亡故月日		1938 年 12 月	同	同
是否党员				
备考				

注：K 代表骑兵。

烈士芳名登记册

队别	四连	同	同
职别	战士	同	同
姓名	张俊良	田三侯	范海山
年龄	30	36	33
籍贯 省	河北	绥远	同
县	霸县	陶林	同
区			
村			
家庭通信处及收信人姓名			
家庭经济地位			
入伍年月	1938	1938	同
任过什么工作			
亡故经过			
亡故地点	乌兰花	同	同
亡故月日	1938 年 12 月 10 日	同	同
是否党员			
备考			

烈士芳名登记册

队别	九连	十连	十连
职别	班长	战士	班长
姓名	张生云	刘明山	张万有
年龄	29	28	27
籍贯 省	陕西	河北	甘肃
县	富平	霸县	徽县
区			
村			
家庭通信处及收信人姓名			
家庭经济地位			
入伍年月	1937	1938	1937
任过什么工作			
亡故经过			
亡故地点			
亡故月日	1938 年 9 月 21 日	同	同
是否党员			
备考			

烈士芳名登记册

队别		十连	同	同
职别		战士	同	同
姓名		刘步宽	司学中	胡大明
年龄		27	29	25
籍贯	省	山西	陕西	四川
	县	左云	长安	江明
	区			
	村			
家庭通信处及收信人姓名				
家庭经济地位				
入伍年月		1938	1937	1932
任过什么工作				
亡故经过				
亡故地点				
亡故月日		1938 年 9 月 21 日	同	1938 年 9 月 21 日
是否党员				
备考				

烈士芳名登记册

队别		十一连	同	同
职别		战士	同	同
姓名		强占奎	云占海	杨茂林
年龄		21	24	21
籍贯	省	云南	绥远	陕西
	县	丽江	集宁	翠岚
	区			
	村			
家庭通信处及收信人姓名				
家庭经济地位				
入伍年月		1936	1938	1938
任过什么工作				
亡故经过				
亡故地点				
亡故月日		1938 年 9 月	同	同
是否党员				
备考				

烈士芳名登记册

队别		七连	同	同
职别		战士	同	同
姓名		何祥芝	佐凤元	苗鸿思
年龄		23	20	24
籍贯	省	陕西	山西	
	县	富平	怀仁	
	区			
	村			
家庭通信处及收信人姓名				
家庭经济地位				
入伍年月		1937	1938	1938
任过什么工作				
亡故经过				
亡故地点		陶林车站	同	同
亡故月日		1938 年 9 月 27 日	同	同
是否党员				
备考				

烈士芳名登记册

队别		三营机 K	同	同
职别		班长	副班长	战士
姓名		康成全	孟广林	马闰
年龄		17	20	36
籍贯	省	山西	四川	山东
	县	忻县	通江	金乡县
	区			
	村			
家庭通信处及收信人姓名				
家庭经济地位				
入伍年月		1938	1933	1937
任过什么工作				
亡故经过				
亡故地点				
亡故月日		1938 年 9 月 21 日	同	同
是否党员				
备考				

烈士芳名登记册

队别		三营机排	同	十一连
职别		战士	同	班长
姓名		满福春	曹彬	蔚三小
年龄		26	24	20
籍贯	省	山西	山西	山西
	县	右玉	榆次	朔县
	区			
	村			
家庭通信处及收信人姓名				
家庭经济地位				
入伍年月		1938	1938	1938
任过什么工作				
亡故经过				
亡故地点				
亡故月日		1938 年 9 月	同	同
是否党员				
备考				

烈士芳名登记册

队别		十一连	同	同
职别		战士	同	同
姓名		赵壁	黄三虎	葛天臣
年龄		33	23	37
籍贯	省	山西	陕西	山西
	县	榆次	蒲城	忻县
	区			
	村			
家庭通信处及收信人姓名				
家庭经济地位				
入伍年月		1938	1937	1938
任过什么工作				
亡故经过				
亡故地点				
亡故月日		1938 年 9 月 21 日	同	同
是否党员				
备考				

烈士芳名登记册

队别		十一连	同	同
职别		战士	班长	战士
姓名		卢秀石	鲁显铭	孟广德
年龄		28	35	40
籍贯	省	甘肃	同	山东
	县	西河	徽县	滕县
	区			
	村			
家庭通信处及收信人姓名				
家庭经济地位				
入伍年月		1937	1937	1938
任过什么工作				
亡故经过				
亡故地点				
亡故月日		1938 年 9 月 21 日	同	同
是否党员				
备考				

烈士芳名登记册

队别		十一连	同	同
职别		战士	班长	战士
姓名		孙先贵	马得功	彭顺福
年龄		37	40	26
籍贯	省	河南	山西	山西
	县	归德	五赛	忻县
	区			
	村			
家庭通信处及收信人姓名				
家庭经济地位				
入伍年月		1937	1938	同
任过什么工作				
亡故经过				
亡故地点				
亡故月日		1938 年 9 月 11 日	同	同
是否党员				
备考				

烈士芳名登记册

队别		十一连	同	同
职别		八班长	同	战士
姓名		邱来蓬	闫金立	贺德功
年龄		30	28	25
籍贯	省	河北	山西	甘肃
	县	定县	寿阳	徽县
	区			
	村			
家庭通信处及收信人姓名				
家庭经济地位				
入伍年月		1938	同	1937
任过什么工作				
亡故经过				
亡故地点				
亡故月日		1938 年 9 月	同	同
是否党员				
备考				

烈士芳名登记册

队别		三连	同	同
职别		战士	同	同
姓名		吕正堂	杨青川	施从章
年龄		38	36	28
籍贯	省	绥远	山西	河南
	县	固阳	榆次	旧德府
	区			
	村			
家庭通信处及收信人姓名				
家庭经济地位				
入伍年月		1938	1938	1937
任过什么工作				
亡故经过				
亡故地点		满汉山	同	同
亡故月日		1938 年 9 月 11 日	同	同
是否党员				
备考				

烈士芳名登记册

队别		三连	同	三连
职别		战士	同	战士
姓名		姬振铎	冉子民	单兴发
年龄		24	19	23
籍贯	省	河南	湖南	陕西
	县	羊丰	澧州	富平
	区			
	村			
家庭通信处及收信人姓名				
家庭经济地位				
入伍年月		1937	1935	1937
任过什么工作				
亡故经过				
亡故地点		满汉山	伤转院故	同
亡故月日		1938 年 9 月 11 日	同	同
是否党员				
备考				

烈士芳名登记册

队别		三连	同	同
职别		战士	同	同
姓名		张星	孔庆有	宋侯洞
年龄		34	26	20
籍贯	省	山东	湖南	山西
	县	寿光	大庸	忻县
	区			
	村			
家庭通信处及收信人姓名				
家庭经济地位				
入伍年月		1937 年入伍	1935 年入伍	1938 年入伍
任过什么工作				
亡故经过				
亡故地点		满汉山	同	同
亡故月日		1938 年 9 月 11 日	同	同
是否党员				
备考				

烈士芳名登记册

队别		三连	同	同
职别		战士	同	同
姓名		牛忠仁	谢兰思	郎培德
年龄		25	30	28
籍贯	省	湖南	山西	山西
	县	龙山	河津	忻县
	区			
	村			
家庭通信处及收信人姓名				
家庭经济地位				
入伍年月		1934	1938	同
任过什么工作				
亡故经过				
亡故地点		满汉山	同	同
亡故月日		1938 年 9 月 11 日	同	同
是否党员				
备考				

烈士芳名登记册

队别		四连	同	同
职别		战士	同	同
姓名		郭七虎	谭培照	巩凡文
年龄		21	25	40
籍贯	省	山西	山东	山西
	县	右玉	东昌	五寨县
	区			
	村			
家庭通信处及收信人姓名				
家庭经济地位				
入伍年月		1938	1937	1938
任过什么工作				
亡故经过				
亡故地点		满汉山	同	同
亡故月日		1938 年 9 月 11 日	同	同
是否党员				
备考				

烈士芳名登记册

队别		四连	同	同
职别		战士	同	战士
姓名		李国栋	汪培元	姚传保
年龄		35	28	24
籍贯	省	山西	陕西	湖北省
	县	右玉	富平	天门县
	区			
	村			
家庭通信处及收信人姓名				
家庭经济地位				
入伍年月		1938	同	1932
任过什么工作				
亡故经过				
亡故地点		满汉山	同	同
亡故月日		1938 年 9 月 11 日	同	同
是否党员				
备考				

烈士芳名登记册

队别		四连	同	同
职别		战士	同	同
姓名		白万保	王见都	曹海元
年龄		29	36	16
籍贯	省	河南	山东	山西
	县	木邑	肥城	五寨
	区			
	村			
家庭通信处及收信人姓名				
家庭经济地位				
入伍年月		1937	1938	1938
任过什么工作				
亡故经过				
亡故地点		满汉山	同	同
亡故月日		1938 年 9 月 11 日	同	同
是否党员				
备考				

烈士芳名登记册

队别		三营九连	同	同
职别		战士	同	同
姓名		牛振邦	鲍福堂	崔方良
年龄		28	24	28
籍贯	省	山西	山西	河北
	县	郭〈霍〉县	郭〈霍〉县	河间县
	区			
	村			
家庭通信处及收信人姓名				
家庭经济地位				
入伍年月		1938	同	1938
任过什么工作				
亡故经过				
亡故地点				
亡故月日		1938 年 9 月 21 日	同	同
是否党员				
备考				

烈士芳名登记册

队别		二连	同	同
职别		战士	同	同
姓名		蒋凤应	朱桂芝	孙文明
年龄		20	29	24
籍贯	省	河北	四川	四川
	县	南皮	中江	江明
	区			
	村			
家庭通信处及收信人姓名				
家庭经济地位				
入伍年月		1938	1934	同
任过什么工作				
亡故经过				
亡故地点		满汉山	同	同
亡故月日		1938 年 9 月 11 日	同	同
是否党员				
备考				

烈士芳名登记册

队别		二连	三连	同
职别		战士	同	同
姓名		康有英	严玉化	郭振标
年龄		25	35	28
籍贯	省	绥远	山西	河北
	县	归绥	五寨	沧县
	区			
	村			
家庭通信处及收信人姓名				
家庭经济地位				
入伍年月		1938	同	同
任过什么工作				
亡故经过				
亡故地点		满汉山	同	同
亡故月日		1938 年 9 月 11 日	同	同
是否党员				
备考				

烈士芳名登记册

队别		一营机 K	同	二连
职别		战士	同	战士
姓名		孙来臣	郝凤先	张文儒
年龄		25	30	25
籍贯	省	陕西	同	山西
	县	蒲城	同	忻县
	区			
	村			
家庭通信处及收信人姓名				
家庭经济地位				
入伍年月		1937	同	1938
任过什么工作				
亡故经过				
亡故地点		满汉山	同	同
亡故月日		1938 年 9 月 11 日	同	同
是否党员				
备考				

烈士芳名登记册

队别		二连	同	同
职别		战士	同	同
姓名		郝自雄	徐长海	唐三虎
年龄		28	25	22
籍贯	省	江苏	四川	陕西
	县	银江	宣汉	蒲城
	区			
	村			
家庭通信处及收信人姓名				
家庭经济地位				
入伍年月		1938	1933	1938
任过什么工作				
亡故经过				
亡故地点		满汉山	同	同
亡故月日		1938 年 9 月 11 日	同	同
是否党员				
备考				

烈士芳名登记册

队别		一营机连	同	同
职别		战士	同	同
姓名		冯天申	陈化东	钱在训
年龄		28	24	29
籍贯	省	陕西	甘肃	山东
	县	成县	徽县	泰安
	区			
	村			
家庭通信处及收信人姓名				
家庭经济地位				
入伍年月		1938	1937	1937
任过什么工作				
亡故经过				
亡故地点		满汉山	同	同
亡故月日		1938 年 9 月 11 日	同	同
是否党员				
备考				

烈士芳名登记册

队别		机连	同	同
职别		战士	同	同
姓名		祁照明	孙良	庞凤堂
年龄		30	19	21
籍贯	省	河北	山西	同
	县	宛平	五寨	寿阳
	区			
	村			
家庭通信处及收信人姓名				
家庭经济地位				
入伍年月		1938	1938	1938
任过什么工作				
亡故经过				
亡故地点		满汉山	同	同
亡故月日		1938 年 9 月 11 日	同	同
是否党员				
备考				

烈士芳名登记册

队别		一连	同	同
职别		战士	同	同
姓名		鲁满堂	白明义	赵作兴
年龄		17	20	34
籍贯	省	山西	同	陕西
	县	右玉	怀仁	西安
	区			
	村			
家庭通信处及收信人姓名				
家庭经济地位				
入伍年月		1938	1938	1937
任过什么工作				
亡故经过				
亡故地点		满汉山	同	同
亡故月日		1938 年 9 月	同	同
是否党员				
备考				

烈士芳名登记册

队别		一连	同	机连
职别		战士	同	同
姓名		罗长生	李常桂	董德祥
年龄		28	33	31
籍贯	省	湖南	河北	山西
	县	龙山	定县	神池
	区			
	村			
家庭通信处及收信人姓名				
家庭经济地位				
入伍年月		1934	1938	1938
任过什么工作				
亡故经过				
亡故地点		满汉山	同	同
亡故月日		1938 年 9 月 11 日	同	同
是否党员				
备考				

烈士芳名登记册

队别		二连	同	同
职别		战士	同	同
姓名		祁来保	褚玉鸿	蒋鸿儒
年龄		29	31	23
籍贯	省	湖北	安徽	山西
	县	天门	凤阳	忻县
	区			
	村			
家庭通信处及收信人姓名				
家庭经济地位				
入伍年月		1933	1937	1938
任过什么工作				
亡故经过				
亡故地点		满汉山	同	同
亡故月日		1938 年 9 月 11 日	同	同
是否党员				
备考				

烈士芳名登记册

队别		二连	同	同
职别		战士	同	同
姓名		沈鸿昌	徐广纯	李凤昌
年龄		19	24	24
籍贯	省	山西	江苏	山西
	县	朔县	丰县	五寨
	区			
	村			
家庭通信处及收信人姓名				
家庭经济地位				
入伍年月		1938	1937	1938
任过什么工作				
亡故经过				
亡故地点		满汉山	同	同
亡故月日		1938 年 9 月 11 日	同	同
是否党员				
备考				

烈士芳名登记册

队别		游击队	同	同
职别		战士	同	同
姓名		孙断法	马万礼	赵中元
年龄		29	27	34
籍贯	省	山西	山西	绥远
	县	怀仁	右玉	凉城
	区			
	村			
家庭通信处及收信人姓名				
家庭经济地位				
入伍年月		1938	1938	1938
任过什么工作				
亡故经过				
亡故地点		苏保盖	同	同
亡故月日		1938 年 9 月	同	同
是否党员				
备考				

烈士芳名登记册

队别		游击队	一连	同
职别		战士	战士	同
姓名		赵广生	甄光典	马保喜
年龄		19	22	34
籍贯	省	山西	山西	绥远
	县	右玉	五寨	武川
	区			
	村			
家庭通信处及收信人姓名				
家庭经济地位				
入伍年月		1938	1938	同
任过什么工作				
亡故经过				
亡故地点		苏保盖	医院伤故	同
亡故月日		1938 年 9 月	1938 年 9 月	同
是否党员				
备考				

烈士芳名登记册

队别		一连	同	同
职别		战士	班长	同
姓名		黄有文	赵怀有	何六基
年龄		27	30	21
籍贯	省	山西	陕西	云南
	县	五寨	翠岚县	礼口县
	区			
	村			
家庭通信处及收信人姓名				
家庭经济地位				
入伍年月		1938	1937	1936
任过什么工作				
亡故经过				
亡故地点		满汉山	医院伤故	同
亡故月日		1938 年 9 月 10 日	1938 年 9 月 13 日	同
是否党员				
备考				

烈士芳名登记册

队别		一连	同	同
职别		战士	同	同
姓名		向怀德	甄自江	周庆唐
年龄		22	40	27
籍贯	省	陕西	河南	陕西
	县	富平	夏邑	蒲城县
	区			
	村			
家庭通信处及收信人姓名				
家庭经济地位				
入伍年月		1937	1938	1937
任过什么工作				
亡故经过				
亡故地点		满汉山	同	同
亡故月日		1938	同	同
是否党员				
备考				

烈士芳名登记册

队别		七连	同	八连
职别		班长	同	战士
姓名		李文民	邱传富	马二全
年龄		24	19	26
籍贯	省	四川	湖南	山西
	县	江明	澧县	五寨
	区			
	村			
家庭通信处及收信人姓名				
家庭经济地位				
入伍年月		1933	1935	1938
任过什么工作				
亡故经过				
亡故地点		乌兰花	同	同
亡故月日		1938 年 9 月 6 日	同	同
是否党员				
备考				

烈士芳名登记册

队别		八连	游击队	同
职别		战士	战士	同
姓名		王明德	张虎	李长海
年龄		24	19	31
籍贯	省	湖南	绥远	山西
	县	大庸	武川	六安州
	区			
	村			
家庭通信处及收信人姓名				
家庭经济地位				
入伍年月		1934	1938	1938
任过什么工作				
亡故经过				
亡故地点		乌兰花	苏保盖	同
亡故月日		1938 年 9 月 6 日	1938 年 9 月 10 日	同
是否党员				
备考				

烈士芳名登记册

队别		一连	同	同
职别		战士	同	同
姓名		李玉龙	邵召五	杨五福
年龄		28	26	21
籍贯	省	山西	河北	山西
	县	五寨	元氏	寿阳
	区			
	村			
家庭通信处及收信人姓名				
家庭经济地位				
入伍年月		1938	1937	1938
任过什么工作				
亡故经过				
亡故地点		平绥路	同	同
亡故月日		1938 年 9 月	同	同
是否党员				
备考				

烈士芳名登记册

队别		二连	同	同
职别		战士	同	同
姓名		王志国	张士福	袁子谦
年龄		25	23	32
籍贯	省	河北	山西	江苏
	县	安邑	五寨	沛县
	区			
	村			
家庭通信处及收信人姓名				
家庭经济地位				
入伍年月		1938	同	1936
任过什么工作				
亡故经过				
亡故地点		平绥路	同	同
亡故月日		1938 年 5 月 4 日	同	同
是否党员				
备考				

烈士芳名登记册

队别		二营	同	同
职别		班长	战士	同
姓名		周凤才	闫广青	庞二虎
年龄		25	35	34
籍贯	省	甘肃	山西	山西
	县	礼县	交城	阳曲
	区			
	村			
家庭通信处及收信人姓名				
家庭经济地位				
入伍年月		1936	1938	1938
任过什么工作				
亡故经过				
亡故地点		陈家岭	同	同
亡故月日		1938 年 8 月	同	同
是否党员				
备考				

烈士芳名登记册

队别		四连	九连	同
职别		战士	战士	同
姓名		韩秀	范根艮	殷海民
年龄		27	21	25
籍贯	省	山西	山西	同
	县	神池	五寨	神池
	区			
	村			
家庭通信处及收信人姓名				
家庭经济地位				
入伍年月		1938	同	同
任过什么工作				
亡故经过				
亡故地点		陈家岭	大城村	同
亡故月日		1938 年 8 月 3 日	1938 年 8 月	同
是否党员				
备考				

烈士芳名登记册

队别		二连	同	五连
职别		战士	同	战士
姓名		李国士	李发	郭振元
年龄		18	24	28
籍贯	省	山西	同	山西
	县	朔县	阳曲	寿阳
	区			
	村			
家庭通信处及收信人姓名				
家庭经济地位				
入伍年月		1938	1938	1938
任过什么工作				
亡故经过				
亡故地点		平绥路	同	乌兰花
亡故月日		1938 年 9 月 4 日	同	1938 年 9 月 6 日
是否党员				
备考				

抗战来排长以上的烈士芳名至一九四〇年六月一日止

烈士芳名登记册

队别		十一连	十连	七连
职别		一排长	政指	政指
姓名		侯才保	杨左国	党同茂
年龄		31	33	26
籍贯	省	陕西	甘肃	贵州
	县	长安	徽县	毕节
	区			
	村			
家庭通信处及收信人姓名				
家庭经济地位				
入伍年月		1937	1936	1934
任过什么工作		战士班长	班长支书	战士支书
亡故经过		冲锋	伤转院故	变换地形阵亡
亡故地点		满汉山	同	陶林车站
亡故月日		1938 年 9 月 11 日	同	1938 年 9 月 20 日
是否党员		党	同	党
备考				

烈士芳名登记册

队别		八连	六连	七连
职别		连长	一排长	政指
姓名		陈高升	李二成	余光德
年龄		30	22	22
籍贯	省	湖北	甘肃	湖北
	县	石首	固阳	沔阳
	区			
	村			
家庭通信处及收信人姓名				
家庭经济地位				
入伍年月		1932	1937	1932
任过什么工作		班排长	战士班长	班长支书
亡故经过		伤转院故	冲锋阵亡	抵抗时阵亡
亡故地点		毕克其	同	小泉渠
亡故月日		1938 年 12 月 18 日	同	1937 年 10 月
是否党员		党	同	同
备考				

烈士芳名登记册

队别		一营一连	二连	一连
职别		连长	排长	三排长
姓名		罗显贞	刘玉才	吴海青
年龄		25	21	29
籍贯	省	湖北	湖南	陕西
	县	汉川	澧县	长安
	区			
	村			
家庭通信处及收信人姓名				
家庭经济地位				
入伍年月		1933	1935	1937
任过什么工作		班排长	战士班长	战士班长
亡故经过		冲锋	冲锋	阵亡
亡故地点		平绥路	同	同
亡故月日		1938 年 9 月 4 日	同	同
是否党员		是	同	同
备考				

烈士芳名登记册

队别		二连	七连	十一连
职别		二排长	副排长	连长
姓名		田九龙	陈长友	李海全
年龄		29	27	29
籍贯	省	湖南	贵州	湖北
	县	龙山	毕节	汉川
	区			
	村			
家庭通信处及收信人姓名				
家庭经济地位				
入伍年月		1934	1934	1932
任过什么工作		战士班长	同	战士班［排长］
亡故经过		转院伤故	阵亡	阵亡
亡故地点		平绥路	乌兰花	同
亡故月日		1938 年 9 月 8 日	1938 年 9 月 6 日	1938 年 9 月 13 日
是否党员		党	党	同
备考				

烈士芳名登记册

队别		十连	十一连	一连
职别		支书	一排长	支书
姓名		李绪清	孙英金	张玉计
年龄		25	18	31
籍贯	省	山西	河北	河南
	县	兴县	安平	叶县
	区			
	村	左郡		
家庭通信处及收信人姓名				
家庭经济地位				
入伍年月		1938	1939	1938
任过什么工作		支委工作	班长	班长支委
亡故经过		损变地形	阵亡	阵亡
亡故地点		找子营	同	同
亡故月日		1939 年 5 月 13 日	同	同
是否党员		党	同	同
备考				

烈士芳名登记册

队别		四连	二连	七连
职别		三排长	文书	政指
姓名		马思礼	何为生	王帅寨
年龄		22	22	25
籍贯	省	四川	河北	湖南
	县	巴州	清苑	桃园
	区			
	村			
家庭通信处及收信人姓名				
家庭经济地位				
入伍年月		1933	1939	1935
任过什么工作		班长战士	文书	班长支书政指
亡故经过		冲锋阵亡	阵亡	伏击阵亡
亡故地点		找子营	同	大冯营
亡故月日		1939 年 4 月 23 日	同	1939 年 2 月
是否党员		党	同	党
备考				

烈士芳名登记册

队别		三营十连	十二连	五连
职别		文教	政指	连长
姓名		崔国振	王林	苗金
年龄		19	27	24
籍贯	省	河北	绥远	绥远清河
	县	安平	成县	
	区			
	村	即人村		
家庭通信处及收信人姓名				
家庭经济地位				
入伍年月		1939	1938	1938
任过什么工作				班排长
亡故经过		抗击	同	同
亡故地点		南留路	同	同
亡故月日		1939 年 4 月 22 日	同	同
是否党员		党	同	同
备考				

烈士芳名登记册

队别		六连	七连	九连
职别		支书	一排长	支书
姓名		田成远	王平安	孙占同
年龄		25	24	53
籍贯	省	山西	贵州	山西
	县	兴县	沣县	阜平
	区			
	村			
家庭通信处及收信人姓名				
家庭经济地位				
入伍年月		1938	1936	1938
任过什么工作		班长支委	班长	班长支委
亡故经过		阵亡	阵亡	阵亡
亡故地点		找子营	同	同
亡故月日		1939 年 5 月 13 日	同	同
是否党员		党	同	同
备考				

烈士芳名登记册

队别		五连	十连	十一连
职别		连长		支书
姓名		黄文轩	晏廷海	王光典
年龄		25	29	25
籍贯	省	湖北	湖南	湖南
	县	汉川	华容	龙山
	区			
	村			
家庭通信处及收信人姓名				
家庭经济地位				
入伍年月		1931	1932	1934
任过什么工作		班排长	班排长	班长支委
亡故经过		攻击	冲锋时	抵抗
亡故地点		虎北村	同	满汉山
亡故月日		1938 年 3 月	同	1938 年 9 月 11 日
是否党员		党	同	党
备考				

烈士芳名登记册

队别		一连	七连
职别		政指	二排长
姓名		刘子汉	朱永宣
年龄		23	26
籍贯	省	陕西	湖南
	县	延川	慈利
	区		
	村		
家庭通信处及收信人姓名			
家庭经济地位			
入伍年月		1935	1934
任过什么工作		支书班长	战士班长
亡故经过		伤转院故	
亡故地点		平绥路	虎北村
亡故月日		1938 年 9 月 6 日	1938 年 3 月
是否党员		党	同
备考			

烈士芳名登记册

队别		七连	团部	三连
职别		支书	参谋	排长
姓名		王星让	樊汉清	梁明才
年龄		23	30	20
籍贯	省	四川	湖北	湖北
	县	剑洲	沔阳	石首
	区			
	村			
家庭通信处及收信人姓名				
家庭经济地位				
入伍年月		1933	1932	1932
任过什么工作		班长战士	班排连长	战士班长
亡故经过		抵抗亡	冲锋	阵亡
亡故地点		小泉会	宁武	牛家口
亡故月日		1937 年 10 月	1937 年 10 月 30 日	1937 年 10 月
是否党员		党	党	同
备考				

烈士芳名登记册

队别		十一连	三连	二营部
职别		连长		
姓名		杨丕祥	曹国才	潘有毕
年龄		31	32	30
籍贯	省	湖北	湘省〈河南〉	湖北
	县	沔阳	洛阳	监利
	区			
	村			
家庭通信处及收信人姓名				
家庭经济地位				
入伍年月		1933	1933	1932
任过什么工作		班排长	战士班长	班排连营长
亡故经过		抵抗	冲锋	攻击
亡故地点		卫村	黄岭	虎北村
亡故月日		1937 年 10 月 11 日	1938 年	1938 年 3 月
是否党员		党	是	是
备考			班级	

烈士芳名登记册

队别		团部		
职别		组织股长	组干	特派员
姓名		胡道全	李德康	罗会悦
年龄		25	25	26
籍贯	省	江西	湖北	湖北
	县	安克	荆门	汉川
	区			
	村			
家庭通信处及收信人姓名				
家庭经济地位				
入伍年月		1930	1931	1931
任过什么工作		政指支书	支书政指	支书政指干事
亡故经过		阵亡	同	敌机炸死
亡故地点		南南泉	同	陵井
亡故月日		1937 年 10 月 24 日	同	1937 年 8 月 1 日
是否党员		党	同	党
备考				

烈士芳名登记册

队别		二营营部	七连	三连
职别		教导员	排长	排长
姓名		陈正才	方善春	李光荣
年龄		32	32	28
籍贯	省	湖南	河南	湖南
	县	茶陵	光山	华容
	区			
	村			
家庭通信处及收信人姓名				
家庭经济地位				
入伍年月		1932	1936	1932
任过什么工作		班支书政指	战士班长	班长
亡故经过		攻击时	同	冲锋时
亡故地点		潮关峪	宁武	原平
亡故月日		1937 年 10 月	1937 年 10 月	1937 年 10 月
是否党员		党	党	党
备考				

烈士芳名登记册

队别		一营营部	三连	二连
职别		教导员	排长	排长
姓名		刘毕萱	王章早	陈子龙
年龄		23	24	29
籍贯	省	江西	湖南	湖北
	县	泰和	安福	天门
	区			
	村			
家庭通信处及收信人姓名				
家庭经济地位				
入伍年月		1930	1934	1933
任过什么工作		支书政指	班排长	副班长战士支委
亡故经过		攻击	追击	同
亡故地点		黄岭村	同	同
亡故月日		1938 年 2 月	同	同
是否党员		党	同	同
备考				

烈士芳名登记册

队别		十连	五连	同
职别		支书	副排长	支书
姓名		陈玉峯	赵成人	孙六合
年龄		26	22	20
籍贯	省	湖南	四川	河南
	县	石门	任充县	云县
	区			
	村			
家庭通信处及收信人姓名				
家庭经济地位				
入伍年月		1935	1939	1936
任过什么工作		班长支委		同
亡故经过		冲锋	抵抗	同
亡故地点		陶林车站	齐会村	同
亡故月日		1938 年 9 月 20 日	1939 年 4 月 23 日	同
是否党员		党	党	同
备考				

烈士芳名登记册

队别		三营十一连	供给处	七一五团
职别		一排长	粮秣科长	一参谋
姓名		李子高	赵锡山	崔光海
年龄		35	46	25
籍贯	省	河南	湘省	湖北
	县	长葛县	华容县	石首县
	区乡		塔市驿	
	村	城内	小墨乡	交子渊
家庭通信处及收信人姓名		本城李子仁	本村本人	本村崔光湖
家庭经济地位		人一口房地无	人二口房一间地无	
入伍年月		1937 年 2 月	1930 年入伍	1930 年
任过什么工作		司务长	特务长供给主任	班排连长通信参谋侦察参谋
亡故经过		担任警戒坚决抵抗		阵亡
亡故地点		晋关庄沟	在涞源东庄马	下关
亡故月日		1939 年 11 月 2 日	1939 年 11 月 15 日	1939 年 10 月 25 日
是否党员		党	党	党
备考				

烈士芳名登记册

队别		一营营部	通信连	五连
职别		营长	电话排长	支书
姓名		曾庆云	刘井生	陈起和
年龄		32	26	
籍贯	省	四川	江西省	贵州
	县	新翻县	赣县	□平县
	区乡	3 区	5 区	西区
	村	大印山村	睦村	陈于水
家庭通信处及收信人姓名		交曹玉堂收	冷口睦阜刘启街收	本村陈起方收
家庭经济地位			人 2 口田 4 亩房 2 间	人 6 口田无房 10 间
入伍年月		1931 年 5 月	1931 年 4 月	1933 年 9 月
任过什么工作		班排连副团长	班长	班长
亡故经过		阵亡	阵亡	阵亡
亡故地点		站上村	上寨	上寨
亡故月日		1939 年 10 月 24 日	1939 年 10 月 24 日	1939 年 10 月 24 日
是否党员		党	党	党
备考				

烈士芳名登记册

队别		津浦部	一连	四连
职别		营长	支书	三排长
姓名		刘光汉	张玉升	杨吉祥
年龄		28	31	24
籍贯	省	湖北	河南	山东
	县	荆门	叶县	凌庆
	区乡			
	村	城内	城内	城内
家庭通信处及收信人姓名		本县本人收	本县	本城
家庭经济地位		人本人	人自己	人一口房田无
入伍年月		1932 年 6 月	1937 年	1937 年 2 月
任过什么工作		班长连长	组织委员	班长
亡故经过		阵亡	阵亡	阵亡
亡故地点		找子营	同	同
亡故月日		1939 年 5 月 13 日	同	同
是否党员		党	党	党
备考				

烈士芳名登记册

队别		四连	三营营部	三营十连
职别		副连长	特派员	一排长
姓名		赵兴昌	瞿渤然	孙九余
年龄		30	25	25
籍贯	省	湖北	豫	四川
	县	孝感县	沁阳县	宣汉
	区乡			
	村	毛巴城	凌村	双庙
家庭通信处及收信人姓名		本村	凌村苗凤来收	本村罗万文
家庭经济地位		人5口田6亩房3间	人一口田房没	人七口田四亩房3间
入伍年月		1933年2月	1931年	1933年4月
任过什么工作		班长排长	支部委员书记	班长排副
亡故经过		阵亡	阵亡	阵亡
亡故地点		找子营	晋浑源南石府	晋浑源关庄沟
亡故月日		1939年5月13日	1939年10月29日	1939年11月2日
是否党员		党	党	党
备考			与日军作战	与日军作战

队别		二营七连	海一四连	津汉七连
职别		政指	排长	连长
姓名		王明垒	吴海青	向荣华
年龄		25	23	30
籍贯	省	湖南	湖南	四川
	县	桃源县	澧县	南川
	区乡	一区	二区	北五区
	村	三村	林庄	石连河
家庭通信处及收信人姓名		中家铺韩正来收	九集镇吴汗荣收	北五区向五金收
家庭经济地位		人七口田十石	人 5 口田 4 石房一间	人 11 口房三间田 15 亩
入伍年月		1934 年 11 月	1933 年 3 月	1934 年 10 月
任过什么工作		班长支书	班长	班长排长
亡故经过		阵亡	阵亡	阵亡
亡故地点		深州李家庄		齐云村
亡故月日		1939 年 2 月 10 日	1939 年 3 月 25 日	1939 年 4 月 22 日
是否党员		党	党	党
备考				

烈士芳名登记册

队别		五连	政治处	通信连
职别		排长	组织股长	政指
姓名		马恩礼	曾衍芳	代祥云
年龄		25	28	28
籍贯	省	四川	江西	湖北
	县	巴州	泰和县	宣恩县
	区乡		古平乡	
	村	城内	古平村	李家河
家庭通信处及收信人姓名		巴州城内交马万	泰和县古平村交曾工林收	
家庭经济地位		人二口田房没有	人七口田七石	
入伍年月		1932 年 12 月	1930 年	1933 年
任过什么工作		班长	排长政指总支	排长
亡故经过		阵亡	阵亡	阵亡
亡故地点		南留路	南留路	张曹村
亡故月日		1939 年 4 月 25 日	1939 年 4 月 26 日	1939 年 4 月 26 日
是否党员		党	党	党
备考				

烈士芳名登记册

队别		八连	一十连	同
职别		排长	一排长	政指
姓名		张光华	侯万保	王得勝
年龄		23	31	26
籍贯	省	贵州	陕西	四川
	县	潘县	长安	江明
	区乡	一区		
	村	上填村		
家庭通信处及收信人姓名		本村张顺成		
家庭经济地位		人4口田没房3间		
入伍年月		1935 年 2 月	1935	1933
任过什么工作		班排长	战士班长	班长支书
亡故经过		阵亡	冲锋阵亡	同
亡故地点		下关	满汉山	同
亡故月日		1939 年 10 月 24 日	1938 年 9 月 11 日	同
是否党员		党	党	同
备考				

烈士芳名登记册

队别		一连	同	九连
职别		三排长	一排长	一排长
姓名		赵成仲	唐保林	司成学
年龄		31	29	30
籍贯	省	湖南	贵州	湖南
	县	长沙	毕节	澧县
	区乡			
	村			
家庭通信处及收信人姓名				
家庭经济地位				
入伍年月		1933	1934	1935
任过什么工作		战士班长	战士班长	同
亡故经过		冲锋阵亡	阵亡	同
亡故地点		满汉山	阵亡	同
亡故月日		1938 年 9 月 11 日	同	同
是否党员		党	同	同
备考				

烈士芳名登记册

队别		十连
职别		连长
姓名		张顺卿
年龄		27
籍贯	省	贵州省
	县	大定县
	区乡	
	村	茶园村
家庭通信处及收信人姓名		本村自收信
家庭经济地位		人三口房地无
入伍年月		1936 年 2 月入伍
任过什么工作		班长排长副连长
亡故经过		因夺山头被敌人机枪扫射而亡
亡故地点		王家庄山头上
亡故月日		12 月 22 日亡故
是否党员		正式党员
备考		

烈士芳名登记册

队别		二营营部
职别		司号长
姓名		甘玉清
年龄		25
籍贯	省	蜀小江
	县	
	区乡	
	村	大鹿把
家庭通信处及收信人的姓名		
家庭经济地位		人无房无
入伍年月		1933 年 1 月自愿入伍
任过什么工作		
亡故经过		头部枪伤
亡故地点		二十里铺
亡故月日		1940 年 7 月 4 日
是否党员		党员
备考		

烈士名册

八路军第一二〇师　　　　旅七一五团

二营五连

月份

八路军120师七一五团组织股印

注明

（1）凡战斗中阵亡伤亡因公殉职积劳成疾病亡故，被敌探戕害之烈士均得填入此表，但因为违犯法律处以死刑者不应填册内。

（2）在医院病故亡故之烈士由医院通知烈士连队，由连根据军人登记册填造烈士芳名。

（3）此册存各连队应列入交替不得失弃损失，以作该连战斗史料参考。

（4）填法

A　为了使烈士生前之情形及履历得以详细保存，故填法与"抗日军人简单登记表"同。

B　"亡故经过"说明某次战斗阵亡伤亡何病病亡或被敌人暗害了。

C　"亡故年月"以码字写如1939 7/四月以华文写。

D　"亡故地点"只填地名，负伤在途中亡者写途中地名，医院里者即写医院的地名。

E　"是否党员"应填清正式、候补、入党年月日。

F　"备考"该烈士有什么遗金、遗物、遗嘱保存处，对其重要者填上，可资纪念者加以注明。

烈士芳名登记册

队别		五连		
职别		七班长	九班长	副班长
姓名		白得保	韩廷栋	王英奎
年龄		24	34	35
籍贯	省	绥远	河北	河北
	县	武川县	藁城县	饶阳县
	区乡		安梦区	三区
	村	于得水沟	牛村	曹庄
家庭通信处及收信人姓名		武川县于得水沟收信本人	藁城县安梦区牛村收信本人	饶阳县三区曹庄收信王老登
家庭经济地位		人2口无产	人8口房5间地17亩	人3口房2间地无
入伍年月		1936年9月入伍	1937年8月入伍	1939年6月入伍
任过什么工作				
亡故经过		被敌人捉去	同	自动交枪
亡故地点		暖泉会	同	同
亡故月日		3月28日	同	同
是否党员		党员	同	
备考		捉去被杀	同	同

烈士芳名登记册

队别		五连		
职别		战士	同	同
姓名		杨恺捐	张云阳	张喜山
年龄		17	40	34
籍贯	省	河北	河北	河北
	县	深县	饶阳县	晋县
	区	七区	二区	五区
	村	铁家陈村	西严王	北汪村
家庭通信处及收信人姓名		深县七区铁家陈村收信杨老贞	饶阳县二区西严王收信张志中	晋县五区北汪村收信张老没
家庭经济地位		人七口房四间地八亩	人五口房七间地二亩	人四口房三间地无
入伍年月		1939年7月入伍	1939年11月入伍	1939 年 6 月入伍
任过什么工作		没有	没有	没有
亡故经过		自动交枪	被敌人捉去	同
亡故地点		暖泉会	同	同
亡故月日		3月28日	同	同
是否党员				
备考		捉去被杀	同	同

烈士芳名登记册

队别	五连	
职别	战士	同
姓名	郑振虎	刘来翁
年龄	22	16
籍贯 省	河北	山西
籍贯 县	深县	临县
籍贯 区乡	六区	一区
籍贯 村	段家庄	小马坊
家庭通信处及收信人姓名	深县六区段家庄收信郑老从	临县一区小马坊刘沙锅收
家庭经济地位	人二口房三间	人四口房二间地二亩
入伍年月	1939 年 11 月入伍	1940 年 2 月入伍
任过什么工作		
亡故经过	被敌人捉去	同
亡故地点	暖泉会	同
亡故月日	3 月 28 日	同
是否党员		
备考	被杀	同

烈士芳名登记册

队别		七连	同	同
职别		战士	同	通讯员
姓名		郭成林	袁候拉	刘顺达
年龄		36	38	17
籍贯	省	晋	晋	冀
	县	岢岚	同	深县
	区乡			
	村	马家河	水子贯	南溪村
家庭通信处及收信人姓名		马家河郭成文	水子贯村袁中	南溪村刘立山
家庭经济地位		人五口房地没	人二口房二间地30垧	人十口房三间地二亩
入伍年月		1940 年 3 月入伍	同	1939 年 8 月入伍
任过什么工作		任过战士	同	同
亡故经过		冲锋至死	同	同
亡故地点		洪羊沟	同	同
亡故月日		1940 年 7 月 5 日	同	同
是否党员		否	同	党
备考				

队别		七连	同
职别		通讯员	同
姓名		王春辛	高木番
年龄		20	20
籍贯	省	冀	晋
	县	饶阳	静乐
	区乡		
	村	河伯村	楼烦村
家庭通信处及收信人姓名		饶阳河伯村王子进	本村公所
家庭经济地位		人四口房四间地没	人一口房一间地十垧
入伍年月		1939年10月入伍	1940年3月入伍
任过什么工作		任过战士	同
亡故经过		冲锋	同
亡故地点		洪羊沟	同
亡故月日		1940年7月5日	同
是否党员		否	同
备考			

烈士芳名登记册

队别	三营十连
职别	战士
姓名	贺信栓
年龄	24
籍贯	省	山西省
	县	岢岚县
	区乡	二区
	村	杨荫村
家庭通信处及收信人姓名	本村贺兰西收
家庭经济地位	人二口房一间地三垧
入伍年月	1940 年 2 月入伍
任过什么工作	没有
亡故经过	因死守阵地被敌机炸死
亡故地点	二十里铺
亡故月日	亡于 7 月 4 日
是否党员	不是
备考	

烈士芳名登记册

队别	二营五连		
职别	一排长	一排副	班长
姓名	游先卓	裴万春	刘世严
年龄	39	35	24
籍贯 省	湖南	河南	河北
籍贯 县	石门县	武东县	深县
籍贯 区乡	迭阳区		唐凤区
籍贯 村	游家刚	图良镇	田家庄
家庭通信处及收信人姓名	石门县迭阳区游家刚收信本人	武东县图良镇交王恺之	深县唐凤区田家庄交本人
家庭经济地位	人四口无产	人二口房三间地一亩	人六口房六间地六亩
入伍年月	1935 年 8 月入伍	1938 年 1 月入伍	1939 年 10 月入伍
任过什么工作	任过班长排长	任过班长	战士
亡故经过	被敌人包围	同	同
亡故地点	兴县二十里铺	同	同
亡故月日	7 月 4 日	同	同
是否党员	党员		
备考			

烈士芳名登记册

队别				
职别		通讯班长	通讯员	同
姓名		苏全信	曹振海	乔二里
年龄		18	17	18
籍贯	省	河北	河北	绥远
	县	晋县	深泽县	武川县
	区乡	二区	西区	七区
	村	屯上村	大贾村	大民沟
家庭通信处及收信人姓名		晋县二区屯上村交苏柏涯	深泽县西区大贾村交本人	武川县七区大民沟交乔包拢
家庭经济地位		人五口房五间地无	人三口房三间地二亩	人三口房二间地二十五亩
入伍年月		1939 年 6 月入伍	1939 年 10 月入伍	1938 年 8 月入伍
任过什么工作				
亡故经过		被敌包围	同	同
亡故地点		兴县二十里铺	同	同
亡故月日		7 月 4 日	同	同
是否党员		党		
备考				

烈士芳名登记册

队别				
职别		战士	同	同
姓名		张福畴	郝万玉	姜茂海
年龄		32	27	30
籍贯	省	山西	山西	山西
	县	静乐县	岢岚县	静乐县
	区乡	二区	三区	一区
	村	常家坡	天马村	黄家艾
家庭通信处及收信人姓名		本村交段增灵	本村交本人	本村交苟石
家庭经济地位		人三口房一间地三十亩	人一口房一间地二十亩	人三口房二间地三十六亩
入伍年月		1940 年 3 月入伍	1940 年 3 月入伍	1940 年 3 月入伍
任过什么工作				
亡故经过		被敌包围	同	同
亡故地点		兴县二十里铺	同	同
亡故月日		7 月 4 日	同	同
是否党员		党		
备考				

烈士芳名登记册

队别				
职别		同	同	同
姓名		王山烈	吴银顺	李二小
年龄		32	25	29
籍贯	省	山西	山西	山西
	县	静乐县	宁武县	岢岚县
	区乡	二区	二区	六区
	村	马家翁	吉家平	五家村
家庭通信处及收信人姓名		本村交本人	本村交吴四滩	本村交本人
家庭经济地位		人一口无产	人五口房五间地十五亩	人一口房无地三十亩
入伍年月		1940 年 3 月入伍	1940 年 4 月入伍	1940 年 3 月入伍
任过什么工作				
亡故经过		冲锋被敌包围	同	同
亡故地点		兴县二十里铺	同	同
亡故月日		7 月 4 日	同	同
是否党员				
备考				

烈士芳名登记册

队别		二营五连		
职别		战士	同	同
姓名		王山孩	李王起	张德胜
年龄		28	21	25
籍贯	省	山西省	河北	山西
	县	静乐县	饶阳县	静乐县
	区乡	二区	二区	二区
	村	常家坡	许先王村	敬之村
家庭通信处及收信人姓名		本村交本人	本村交李栓城	本村交本人
家庭经济地位		人三口房一间地三十亩	人三口房五间地十亩	人四口房二间地
入伍年月		1940 年 3 月入伍	1939 年 11 月入伍	1940 年 3 月入伍
任过什么工作				
亡故经过		因冲锋被敌人包围	同	同
亡故地点		兴县二十里铺	同	同
亡故月日		7 月 4 日	同	同
是否党员			党	
备考				

烈士芳名登记册

队别				
职别		战士	同	副班长
姓名		张来顺	贾富贵	刘保会
年龄		32	31	23
籍贯	省	山西	山西	河北
	县	岢岚县	岢岚县	定县
	区乡	二区	三区	五区
	村	辛田上村	霍世营	图良村
家庭通信处及收信人姓名		本村交本人	本村交本人	本村刘老壮
家庭经济地位		人二口房二间地三十亩	人三口无产	人八口房三间地三亩
入伍年月		1940 年 3 月入伍	1940 年 3 月入伍	1939 年 10 月入伍
任过什么工作				
亡故经过		因冲锋被敌人包围	同	同
亡故地点		兴县二十里铺	同	同
亡故月日		7 月 4 日	同	同
是否党员				
备考				

烈士芳名登记册

队别	二营五连		
职别	战士		同
姓名	李三连	蔡德为	杨保谦
年龄	25	25	30
籍贯	省	山西	山西	山西
	县	静乐县	静乐县	静乐县
	区乡	二区	二区	二区
	村	丰岭地	石炭沟	青加皮
家庭通信处及收信人姓名	静乐县二区丰岭地交李步青	本村收信蔡盘常	本村交杨勋
家庭经济地位	人三口房一间地三十亩	人四口无产	人二口房二间地十五亩
入伍年月	1940 年 3 月入伍	1940 年 3 月入伍	1940 年 3 月入伍
任过什么工作			
亡故经过	因冲锋被敌包围	同	同
亡故地点	兴县二十里铺	同	同
亡故月日	7 月 4 日	同	同
是否党员			
备考			

烈士芳名登记册

队别				
职别		战士	同	副班长
姓名		张树小	郭盛荣	苏大奇
年龄		27	36	22
籍贯	省	山西	山西	河北
	县	岢岚县	岢岚县	晋县
	区乡	二区	四区	二区
	村	水鱼村	松井村	屯上村
家庭通信处及收信人姓名		本村交张耀树	本村交郭任汉	交本村苏老笑
家庭经济地位		人三口房无租地种	人三口无产租地种	人四口房二间地无
入伍年月		1940 年 3 月入伍	1940 年 4 月入伍	1937 年 6 月
任过什么工作				
亡故经过		同	同	同
亡故地点		同	同	同
亡故月日		同	同	同
是否党员				党
备考				

烈士芳名登记册

队别		七一五团一营营部
职别		勤务员
姓名		赵永成
年龄		18
籍贯	省	河北
	县	深县
	区	陈二庄区
	村	赵家岭村
家庭通信处及收信人姓名		赵家岭村父赵大海收
家庭经济地位		人三口房三间地无
入伍年月		1939 年 7 月
任过什么工作		任过通信员
亡故经过		撤退时被飞机上机枪打死的
亡故地点		于二十里铺东北山上
亡故月日		1940 年 7 月 5 日
是否党员		不是
备考		

烈士芳名登记册

队别		四连	同	同
职别		一班长	三班副	战士
姓名		邵中义	刘正宏	梁步元
年龄		37	23	21
籍贯	省	河北	河北	山西
	县	饶阳	深泽	静乐
	区	三区	东区	二区
	村	南关庄	西三村	王村
家庭通信处及收信人姓名		本村交邵林身收	本村交刘洛窝收	本村兄梁景明收
家庭经济地位		人六口地没房五	人八口地三亩房三间	人七口地十亩房没
入伍年月		1939 年 5 月	1939 年 11 月	1940 年 3 月
任过什么工作		副班长小组长	战士	没
亡故经过		因露目标被敌枪击死	因不会利用地形被敌枪打死	同
亡故地点				
亡故月日		7 月 5 日	7 月 5 日	7 月 5 日
是否党员		党	党	非党
备考				

烈士芳名登记册

队别		四连	同	同
职别		战士	同	同
姓名		陈根元	周风山	张卷僧
年龄		39	28	31
籍贯	省	河北	河北	山西
	县	深泽	武邑	静乐
	区	北区	南区	二区
	村	北冶庄头	安托村	冯街
家庭通信处及收信人姓名		本村兄陈仁傍收	本村兄周印清收	本村父张冠正收
家庭经济地位		人七口地四亩房四间	人四口地四亩房四间	人四地十八房四间
入伍年月		1939 年 7 月	1939 年 7 月	1940 年 3 月
任过什么工作		没	没	没
亡故经过		因露目标被敌枪击死	同	打冲锋被敌炮炸死
亡故地点				
亡故月日		7 月 5 日	7 月 5 日	7 月 5 日
是否党员				
备考				

烈士芳名登记册

队别		司令部	同	同
职别		司号长	警卫员	警卫员
姓名		汪兴邦	邢玉林	崔岳
年龄		22	19	22
籍贯	省	湖南	河北	山西
	县	永顺	深县	神池
	区			
	村	龙家寨	邢王兴庄村	虎北村
家庭通信处及收信人姓名		龙家寨转	本村交	本村交
家庭经济地位		人四口田六亩	人七口田十余亩	人四口地十亩
入伍年月		1931	1939	1937 年入伍
任过什么工作		司号员	通讯员等	同
亡故经过		随首长在阵地阵亡	同	同
亡故地点		兴县二十里铺	同	同
亡故月日		1940 年 7 月 4 日	同	同
是否党员		正式党员	同	同
备考			现负伤已回来了	

烈士芳名登记册

队别		政治处	卫生队	同
职别		通讯员	担架员	同
姓名		曹文海	刘卫栓	张生旺
年龄		19	30	23
籍贯	省	河北	山西	山西
	县	正定	临县	临县
	区	二区	五区	五区
	村	东上宅	西北乡	中庄村
家庭通信处及收信人姓名		东上宅交曹云煇收	白文镇区公所转交	同
家庭经济地位		人十一口田二十六亩	人二口田十亩	人一口无田
入伍年月		1937 年	1940 年	1940 年
任过什么工作		宣传员	战士	同
亡故经过		在阵地上传命令阵亡	运送伤员阵亡	同
亡故地点		兴县二十里铺	同	同
亡故月日		1940 年 7 月 4 日	同	同
是否党员		不是	同	同
备考		前是党员因在外地方工作贪污定期开除了		

队别		八连
职别		战士
姓名		赵根桓
年龄		26
籍贯	省	晋省
	县	岢岚县
	区乡	六区
	村	土寨村
家庭通信处及收信人姓名		土寨村本人家中收
家庭经济地位		人 4 口地 120 亩房 7 间
入伍年月		1940 年 2 月入伍
任过什么工作		战士
亡故经过		伤后即亡
亡故地点		宁化县
亡故月日		1940 年 9 月 18 日
是否党员		党员
备考		

烈士芳名登记册

队别		七一五团一营三连	同	
职别		八班长	六班长	七班副
姓名		李志彬	李兴周	李耀华
年龄		32	39	32
籍贯	省	河北省	河北省	河北省
	县	深县	深泽县	束鹿
	区	榆科区	东区	四区
	村	大李村	范家庄	小周村
家庭通信处及收信人姓名		传交本村李志才收	传交本村李振海收	传交本村张殿华收
家庭经济地位		人三口房三间地无	人十口房七间地没	人六口房六间地无
入伍年月		1939 年 7 月	1939 年 7 月入伍	1939 年 5 月入伍
任过什么工作		任战士班长	战士班长	战士副班长
亡故经过				
亡故地点		二十里铺后山上	二十里铺后山上	二十里铺后山上
亡故月日		1940 年 7 月 4 日	1940 年 7 月 4 日	1940 年 7 月 4 日
是否党员		党员	否	党员
备考				

队别		七一五团一营三连	
职别		战士	战士
姓名		阴保玉	李金定
年龄		28	30
籍贯	省	山西省	山西省
	县	交城县	静乐
	区	二区	楼烦
	村	西沟村	李家村
家庭通信处及收信人姓名		传交本村阴殿甲	本村本人收信
家庭经济地位		人六口房二间地三十亩	人三口房一间地无
入伍年月		1940 年 2 月入伍	1940 年 2 月
任过什么工作		战士	战士
亡故经过			
亡故地点		二十里铺后山上	二十里铺后山上
亡故月日		1940 年 7 月 4 日	1940 年 7 月 4 日
是否党员		否	否
备考			

烈士芳名登记册

队别		三营十一连	同	同
职别		战士	副班长	班长
姓名		石常瑞	朱起勋	刘殿臣
年龄		30	40	26
籍贯	省	河北省	同	同
	县	无极	深泽	无极
	区乡			
	村	石家庄	大柴阳	石家庄
家庭通信处及收信人姓名		大候村石常年收	本村朱志锦收	本村刘老洛收
家庭经济地位		人四口房二间地一亩	人三口地三亩房一间	人八口地四亩房三间
入伍年月		1939 年 11 月	1939 年 6 月	1939 年 11 月
任过什么工作		战士	同	同
亡故经过		因敌机炸未埋	同	同
亡故地点		于二十里铺	同	同
亡故月日		1940 年 7 月 4 日	同	同
是否党员		不是	是	是
备考				

烈士芳名登记册

队别		同
职别		战士
姓名		杨春林
年龄		31
籍贯	省	河北省
	县	深泽县
	区乡	
	村	白村
家庭通信处及收信人姓名		本村杨老廷收
家庭经济地位		人四口无产
入伍年月		1939 年 8 月
任过什么工作		战士
亡故经过		同
亡故地点		同
亡故月日		同
是否党员		是
备考		

烈士芳名登记册

队别		七一五团一营机连	同
职别		战士	同
姓名		胡炳德	侯战清
年龄		34	30
籍贯	省	山西	山西
	县	太谷	岢岚
	区		四区
	村	生凤村	杨平正村
家庭通信处及收信人姓名		本村交胡炳德家中收	本村交侯户全收
家庭经济地位		人四口房三间地无	人五口房地无
入伍年月		1937 年 11 月	1940 年 3 月
任过什么工作			
亡故经过		转移阵地头部中子弹死	转移阵地小腹中子弹死
亡故地点		兴县二十里铺东大山	同
亡故月日		1940 年 7 月 4 日	同
是否党员		否	否
备考			

烈士芳名登记册

队别		三营十一连	同	同
职别		班长	战士	同
姓名		李绍田	陈元德	王茄子
年龄		29	25	22
籍贯	省	河北省	同	山西
	县	任丘	藁城	岢岚
	区乡	六区		六区
	村	七里庄	曹庄村	郝波村
家庭通信处及收信人的姓名		鄚州镇交李子田收	本村陈老杰收	本村王七生儿收
家庭经济地位		人四口无产	人三口地二亩房二间	人三口地十垧无房
入伍年月		1939 年 11 月	同	1940 年 3 月
任过什么工作		战士	同	同
亡故经过		因敌轰炸未埋	同	同
亡故地点		于二十里铺	同	同
亡故月日		1940 年 7 月 4 日	同	同
是否党员		是	不是	不是
备考				

烈士芳名登记册

队别		同	同	同
职别		战士	文书	副班长
姓名		张振波	高清连	刘常计
年龄		31	35	32
籍贯	省	河北省	同	同
	县	无极	深县	同
	区乡	一区		四区
	村	台城	高家寺村	小寨村
家庭通信处及收信人姓名		本村张根来收	本村刘连介收	本县大候村石长年收
家庭经济地位		人十四口房七间地二十八亩	人四口房二间地一亩	人二口地四亩房二间
入伍年月		1939 年 11 月	1939 年 7 月	1939 年 6 月
任过什么工作		战士	战士	战士
亡故经过		因敌机轰炸未埋	同	同
亡故地点		于二十里铺	同	同
亡故月日		1940 年 7 月 4 日	同	
是否党员		不是	是	是
备考				

烈士芳名登记册

队别		八连	同	同
职别		副班长	战士	同
姓名		杨永福	张润芝	刘二小
年龄		36	22	28
籍贯	省	冀省	冀省	晋省
	县	深县	武强县	岢岚县
	区乡	六区	三区	一区
	村	唐奉镇	齐界村	花岔村
家庭通信处及收信人姓名		唐奉镇交杨永义	齐界村交张殿芝	花岔村本人家中收
家庭经济地位		人七口地七亩房四间	人三口地二亩房三间	人一口地六十亩房三间
入伍年月		1939 年 7 月在西河町入伍	1939 年 6 月在□庄入伍	1940 年 4 月在宋家村扩入伍
任过什么工作		任过副班长	成斗员	同
亡故经过		冲锋敌人英勇	冲锋敌人	同
亡故地点		兴县二十里堡村	同	同
亡故月日		1940 年 7 月 4 日	同	同
是否党员		党员	党员	否
备考				

烈士芳名登记册

队别		八连	同	同
职别		战士	同	同
姓名		贺二小	李满洞	马国丙
年龄		26	31	30
籍贯	省	晋省	晋省	晋省
	县	岢岚县	河曲县	岢岚县
	区乡	六区	三区	二区
	村	贺家岩	五孟楼	阳印子村
家庭通信处及收信人姓名		贺家岩贺明登	五孟楼本人家中	阳印子村交马牛卷
家庭经济地位		人四口地三十六亩房无	人一口无产	人五口地三十六亩房三间
入伍年月		1940 年 3 月在本区入伍	1940 年 3 月在西保元入伍	1940 年 3 月在本村入伍
任过什么工作		战斗员	同	同
亡故经过		冲锋敌人	同	同
亡故地点		兴县二十里堡村	同	同
亡故月日		1940 年 7 月 4 日	同	同
是否党员		否	否	否
备考				

队别		七一五团一营一连	同	同
职别		机枪班长	战士	同
姓名		关永胜	刘福山	闫青山
年龄		33	32	26
籍贯	省	冀	同	晋
	县	藁城县	晋县	静乐县
	区	四区	槐树区	二区
	村	南门镇	张弋村	喳家庄
家庭通信处及收信人姓名		交本县四区南门镇关老胖收	交本县槐树区张弋村刘老史收	交本县二区喳家庄闫有玉收
家庭经济地位		人四口田三亩房三间	人七口田没房一间	人二口地房没有
入伍年月		1937 年 6 月入伍	1939 年 11 月入伍	1940 年 3 月入伍
任过什么工作		战士副班长	战士	同
亡故经过		阵地炮弹炸亡	同	同
亡故地点		二十里铺东南大山	同	同
亡故月日		1940 年 7 月 4 日亡故	同	同
是否党员		党的组织委员		
备考				

队别		七一五团一营一连	同	同
职别		战士	同	同
姓名		韩丁永	史宗保	郭二廉
年龄		19	26	32
籍贯	省	晋	冀	晋
	县	岢岚县	徐明县	静乐县
	区	一区	三区	一区
	村	铁道沟	小刘庄	李家会
家庭通信处及收信人姓名		交本县一区铁道沟韩龙凤收	交本县三区小刘庄史老安收	交本县一区李家会郭存孝收
家庭经济地位		人四口地六亩房二间	人四口地三亩半房三间	人四口地六十亩房二间
入伍年月		1940年2月入伍	1939年10月入伍	1940年3月入伍
任过什么工作		战士	同	同
亡故经过		退时飞机炸亡	阵地炮弹炸亡	同
亡故地点		二十里铺东南大山	同	同
亡故月日		1940年7月4日亡故	同	同
是否党员				
备考				

烈士芳名登记册

队别		二营五连	
职别		副班长	战士
姓名		贾登拴	齐丙良
年龄		27	29
籍贯	省	河北	山西
	县	深县	静乐
	区乡		
	村	祁家池	下家宁
家庭通信处及收信人姓名		本村交本人	本村齐有岭
家庭经济地位		人二口无产地一亩	人四口无产
入伍年月		1939 年 10 月	1940 年 1 月
任过什么工作		任过战士	同
亡故经过		和敌人激战	同
亡故地点		王家庄山上	同
亡故月日		1940 年 12 月 19 日	同
是否党员		是	不是
备考			

烈士芳名登记册

队别		三营九连	三营营部
职别		副班长	特派员
姓名		王三大	唐子林
年龄		27	20
籍贯	省	晋省	湘省
	县	静乐	慈利
	区乡		磨市区
	村	陈家玉	望月坪
家庭通信处及收信人姓名		本村尤墨宁收	本村唐子铸收
家庭经济地位		人五口没产	人四口房三地没
入伍年月		1940 年 2 月	1935 年 9 月
任过什么工作			任过通讯员班长小组长
亡故经过		伤亡	病亡
亡故地点		串道	山西白家庄
亡故月日		1940 年 9 月 22 日	1940 年 10 月 2 日
是否党员		是	正式党员
备考			1937 年在陕西入党

烈士芳名登记册

队别		四连	同	同
职别		副连长	战士	同
姓名		顾长胜	王金才	何来子
年龄		34	20	19
籍贯	省	河南	山西	河北
	县	南阳	岢岚	深县
	区乡			
	村	大古中	杨家坡	流增
家庭通信处及收信人姓名		本村父齐宪收	本村母金氏收	本村父何耀智收
家庭经济地位		人三口房地没	人二口地三十亩房没	人三口地房没
入伍年月		1937年11月	1940年2月	1939年7月
任过什么工作		班排长	没	没
亡故经过		负伤致亡	同	同
亡故地点		庄儿上	同	同
亡故月日		9月18日	同	同
是否党员		党	非党	党
备考				

64. 八路军第120师晋西北部队排以上干部伤亡统计表
（1940 年）

区分队分队长	团政委	团政治处主任	旅组织科长	政治教导员副股长	参谋股长	军需股长	特派员	组织干事	教育干事	副营长	副教导员	军医	看护长	文化教员	测绘员	管理员	特务长	连长	副连长	政治指导员	副政治指导员	支书	排长	副排长	合计

负伤 343 名

阵亡 213 名

附记
1. 此表从一九四零年一月二十日师部回到晋西北起至十月十日止。
2. 此表根据部队报告制成，但有些部队报告未分开干部与战士的即未列入；百团大战初结束后，部队还未报来详细之伤亡，故很多未列入。

1940 年 10 月 15 日于李家湾

65. 八路军第120师1940年人马械弹减少统计表
(1940年)

说明

1. 此统计系根据部队现有之建制制成，但某部编入以前之增减全未统计在内（如二，三支队编入三五八旅以前之增减未算入，五支队编入一旅以前之增减未算入等）。

2. 此统计根据部队之月终报告表制成，但部队有时将所属某个单独活动之部队因联络关系不统计在旅单位内，这些未能统入时期中之增减，不在表内（如独二旅有个时期将六支队未统计入，三五九旅有个时期将独四支队，雁北支队，七一九团未统计入，三五八旅有几次将独四团未统计入等）但现有总数内已经加入。

独二支队自冀察晋边区起到晋西北编入三五八旅止人员武器马匹减少统计表

区分	人员	武器	马匹
四月在边区	1195	579	84
七月编入三五八旅	722	377	49
减少	473	202	35

独五支队自冀察晋边区起到晋西北编入独立一旅止人员武器马匹减少统计表

区分	人员	武器	马匹
四月在边区	925	499	68
六月编入独一旅	783	454	53
减少	142	45	15

独三支队自冀察晋边区起到晋西北止人员武器马匹减少统计表

区分	人员	武器	马匹
四月在边区	4500	2375	383
五月到晋西北	4118	2246	296
减少	382	129	87

"独六支队在内"1941年1月30日

66. 八路军第120师抗战以来我各级人员伤亡比较表（1940年）

各级人员伤亡比较表

项目			一二零师					新军	附记:
			抗战第一周年	抗战第二周年	抗战第三周年	一九四零年七月八日至年底	自抗战至一九四零年底	一九四零年全年	
负伤	旅级	人数		1		·	1		1. 一二零师挺进军不在内。
		百分比		0.023%			0.008%		2. 晋西北新军反叛军伤亡不在内，且材料不很完全。
	团级	人数	8	7	5	3	23	1	
		百分比	0.291%	0.165%	0.152%	0.23%	0.198%	0.163%	
	营级	人数	1	48	32	11	102	6	3. 工作人员，因无材料根据分级，故全数统在班级内。
		百分比	0.401%	1.135%	0.972%	0.844%	0.882%	0.978%	
	连级	人数	75	174	146	72	467	21	
		百分比	2.737%	4.114%	4.439%	5.525%	4.039%	3.425%	
	排级	人数	142	301	208	117	828	39	
		百分比	5.182%	7.117%	8.148%	8.979%	7.162%	6.362%	

项目\数目\时间\部别		一二零师					新军
		抗战第一周年	抗战第二周年	抗战第三周年	一九四零年七月八日至年底	自抗战至一九四零年底	一九四零年全年
班级	人数	348	587	487	210	1632	128
	百分比	12.7%	13.88%	14.806%	16.116%	14.116%	20.88%
战士	人数	2158	3111	2351	890	8508	418
	百分比	78.686%	73.563%	71.48%	68.303%	73.592%	68.189%
合计	人数	2740	4229	3289	1303	11561	613
	百分比	100%	100%	100%	100%	100%	100%
阵亡 旅级	人数			2		2	
	百分比			0.102%		0.034%	
阵亡 团级	人数	2	2	3		7	
	百分比	0.154%	0.104%	0.154%		0.119%	
阵亡 营级	人数	7	20	21	6	54	7
	百分比	0.546%	1.039%	1.081%	0.83%	0.918%	1.405%

部别 数目 时间 项目		一二零师					新军
		抗战第一周年	抗战第二周年	抗战第三周年	一九四零年七月八日至年底	自抗战至一九四零年底	一九四零年全年
连级	人数	67	78	78	48	271	16
	百分比	5.174%	4.054%	4.014%	6.6%	4.607%	3.212%
排级	人数	83	133	154	73	449	28
	百分比	6.403%	6.912%	7.925%	10.972%	7.633%	5.622%
班级	人数	227	324	275	124	950	111
	百分比	17.528%	16.839%	14.153%	17.2%	16.15%	22.289%
战士	人数	909	1367	1410	463	4149	336
	百分比	70.193%	71.049%	72.568%	64.305%	70.537%	67.469%
合计	人数	1295	1924	1943	720	5882	498
	百分比	100%	100%	100%	100%	100%	100%

67. 八路军第129师抗战以来人员伤亡统计表
(1940年)

类别	数目	一旅 伤	一旅 亡	四旅 伤	四旅 亡	五旅 伤	五旅 亡	六旅 伤	六旅 亡	十旅 伤	十旅 亡	八旅 伤	八旅 亡	九旅 伤	九旅 亡	七旅 伤	七旅 亡	一分区 伤	一分区 亡	三分区 伤	三分区 亡	五分区 伤	五分区 亡	合计
军事人员	旅									2														2
	团		1	5	2	4		2	3			3										1		24
	营		8	32	14	59	2	10	10	2	16	10	1	6	7	7	3		7	2	2	2	6	207
	连	4	7	126	129	97	277	83	25	34	52	16	10	17	6	116	18	8	21	6	12	14	12	1087
	排	6	3	487	416	322	421	202	89	60	130	22	18	22	9	143	62	12	25	20	44	16	48	2555
	班			327	700	806	534	562	546	171	241	69	58	69	16	289	101	82	47	47		45	66	4829
政治人员	旅				1	1									1				1		1			4
	团					2	1															1		7
	营	2		9	8	35	2		7	8	4	1		4	2	7	13		8					92
	连	5		113	47	114	124		27	7	11	9	9	6	3	44		2		6	3	13	19	583
	排			10	2	6	5		3	3	5	3			2	7	1	16		1	1	3	2	70
其他	供给人员					1																		1
	卫生人员			3		15	2	13	2							1		1			2			45
	杂务人员			1		22	4	4	4									1			4	4	4	56
战士		19	36	1414	1467	2291	903	1540	1438	561	762	197	123	206	107	512	246	171	142	203	121	101	190	12693
总计		36	55	2786	2330	3775	2268	2416	2154	849	1239	330	219	330	107	1126	445	314	251	185①	201②	201	348	22255

①② 原文如此，计算有误。

· 1026 ·

68. 八路军第129师1940年阵亡人员统计表
(1940年)

(1941年3月)

月份	统计单位	阵亡总数	阵亡党员	百分比
一月份	师直 五旅 六旅	72	28	
二月份	师直 五旅 六旅	16	11	
三月份	师直 五旅 青纵	32	16	
四月份	师直 五旅 六旅 青纵 东纵	71	19	
五月份	师直 五旅 六旅 一旅 十一旅 四旅 十旅	155	78	
六月份	师直 四旅 六旅 一旅 十一旅 三纵 四旅	119	40	
七月份	师直 五旅 六旅 一旅 十一旅 九旅 冀南军区 四旅	157	68	
八月份	师直 五旅 六旅 一旅 十一旅 三纵 冀南军区	372	126	
九月份	师直 五旅 六旅 一旅 十一旅 三纵 冀南军区 五分区	568	225	
十月份	师直 五旅 六旅 十旅 十一旅 三纵 冀南军区 五分区	767	244	
十一月份	师直 五旅 六旅 一旅 十一旅 三纵 冀南军区 十旅	125	41	
十二月份	师直 五旅 六旅 一旅 一分区 三纵 三十二团 十旅	7	4	
总计		2395①	902②	37.6%

注明：因统计单位不一，所以与司令机关统计不同，司令机关总数为3219名。

---

①② 原文如此，计算有误。

69. 八路军第 3 纵队战斗伤亡营级以上干部名册
(1940 年)

报告

三月二日于安平羽林司令部

战报 28 号

本纵队于一九四〇年战斗伤亡营级以上军政干部职别、姓名、简明履历，除七、九、十分区继续催报外，谨将六、八分区、南支、回支伤亡营级以上军政干部姓名、职别、简明履历缮列清册一份送呈。

军区司令部

附：六、八分区，南支、回支营级以上干部伤亡履历册一份

三纵队一九四〇年战斗伤亡营级以上干部名册

队号	警备旅一团	一营	二营	二营	三营	三营	三营
职别	一营营长	副营长	营长	副教导员	营长	教导员	副教导员
姓名	张和	刘振邦	曹申化	李鸿钧	林子元	刘汗文	文连高
年龄	26	51	29	22	32	29	27
籍贯	湖南浏阳	河北清苑	湖南	辽宁辽阳	湖南龙山	河北无极	湖南石门
伤	伤	伤	伤	伤	伤	伤	伤
亡			病故				
日月	十一月十九日	一月十二日	八月二十九日	七月四日	九月二十六日	七月二十六日	七月十五日
作战地点 县	河北隆化	河北宁晋	河北赞皇	河北元氏	河北宁晋	河北宁晋	河北临城
作战地点 村	乡管	羊杯	王家坪	马岭	大陆村	浩固	胶泥沟
备考	任过排连长指导员团特派员	一九三八年入伍任过游击队长连长副营长	一九三七年入伍任过班排连长及正副营长	高中毕业一九三八年入伍任过连指导员	十七岁曾参加一一五师二十岁在家为农二十六岁参加红军任过排连长	中学毕业在县建设局任建设员在县高小任训育主任事变后参加革命在边区军政学校受训	一九三五年参加红军二六军团任副班长编八路军任班排长指导员

三纵队一九四〇年战斗伤亡营级以上干部名册

队号	二团一营	一营	二营	八分区卫生部	分区教导队	二十三团	三营
职别	营长	副营长	营长	政委	教导员	政治主任	营长
姓名	孙子芳	王子才	郭季芳	李纯仁	傅省	孟庆武	傅宝才
年龄	30	36	24	26		23	23
籍贯	山东	贵州织金	江西永新	河北文安新镇芦各庄	河北束鹿	河北曲阳西诸侯	山东临沂县傅庄
伤	伤	伤	伤	病故		伤	伤
亡					亡		
日月	三月六日	七月七日	三月二十一日	五月	三月十五日	九月	十月
作战地点 县	河南武安	河北平山	河南林县	献县	建国	在沧石路	安平
作战地点 村	牧牛池	尚庄	井上村	于寺	张详	攻堡垒	长屯
备考	在一一九师任班排长事变后在人民自卫军二十五大队任营长	十五岁参加革命任战士班排长到冀中任连长副营长	在红军任通信员班排长到红军分校毕业后任连营长	任过宣传员干事组织科长	任过军区干事二十五大队总支书教导队教导员	任过排长指导员教导员	任过排连营长

三纵队一九四〇年战斗伤亡营级以上干部名册

队号		三十团二营	政部组织科	南支二十一团一营	三营	三营	二十四团一营	二营
职别		教导员	副科长	教导员	营长	副营长	营长	营长
姓名		袁凤	王达元	王震	赵通	韩树铭	孟庆学	高希痒
年龄		25	26	20	33	44	27	34
籍贯		河北深泽袁庄	内蒙古察哈尔	河北饶阳长刘庄	河北深泽	河北望都张城	河北饶阳君乡村	四川天全县
伤			伤		伤	伤	伤	伤
亡		亡		亡				
日月		十月六日	十一月十五日	八月五日	二月	二月	八月二十五日	八月二十一日
作战地点	县	建国	武强	清丰			清丰	清丰
	村	李居民	小范	瓦屋头	白家庄	白家庄	吴菜园	孟霄
备考		中学生任过宣传员干事教导员	任过副官特派员副科长	任过青年宣传干事	任过营长特务营政委	任过副营长 十二月五日古云集战斗双耳失鸣	任过总支书政治主任	过去任过排连营长教导队长作战副科长

三纵队一九四〇年战斗伤亡营级以上干部名册

队号	二营	三营	回民支队			
职别	教导员	营长	参谋长	副大队长	副大队长	教导员
姓名	程实	刘业动	冯克	马国忠	贾国贤	马澄
年龄	24	23	26	36	34	24
籍贯	河北饶阳徐庄	河北蠡县刘家营	河北博野何村	河北定县杨家桥	河北无极东朱村	河北蠡县辛兴村
伤	伤		伤	伤		
亡		亡			亡	亡
日月	八月二十五日	九月十四日	十一月十九日	十一月十九日	五月三日	二月三日
作战地点 县	清丰	新阮城	袭深泽	袭深泽	东鹿	深县
作战地点 村	吴菜园	传村			磨头	起凤庄
备考	任过教导员政治主任	任过副营长教导员	干部训练班毕业任过参谋教育股长参谋长	回民干部教导队毕业后任副大队长六月十八日东阜村伤一次，十一日袭深泽伤一次，虎头王伤一次共伤三次	事变后参加回民支队任大队副	安平训练班毕业任过指导员教导员

70. 太岳纵队百团大战榆辽战役中缴获伤亡统计表
(1940 年)

战斗伤亡统计

类别	数目	七七二团	十六团	二五团	三八团	总计
负伤	团级干部					
	营级干部	3				3
	连级干部	10		5	1	16
	排级干部	19		5	2	26
	班级干部	31		25	10	66
	战士	143		64	29	236
	其他人员	3				3
	合计	209		99	42	350
牺牲	营级干部					
	连级干部					
	排级干部	3			1	4
	班级干部	8		1	2	11
	战士	5		8	3	16
	其他人员	15		21	8	44
	合计	32①		30	14	76②
生死不明的	连级干部					
	排级干部	2				2
	班级干部	1				1
	战士	16				16
	其他人员	1				1
	合计	20				20
总计		261③		129	56	446④
伤亡损失马匹						

①②③④　原文如此，计算有误。

缴获及毙俘敌之统计

类别	数目 \ 部别	七七二团	二五团	三八团		总计
武器	步枪		19	2		18
	马枪					
	轻机枪					
	重机枪					
	掷弹筒					
	小炮					
	迫击炮		1			1
	八音手枪		1			1
	合计			2		20
弹药	步马弹			1140		1240
	轻机枪弹					
	重机枪弹					
	讯号弹					12
	迫炮弹					35
	山炮弹		手枪弹2			2
	手榴弹					
	掷筒弹					45
	合计			1140		1334
毙敌	官长					
	士兵	1801				1801
	夫役					
	合计					
	马匹					
俘敌	士兵					2
	合计					2
	马匹					

缴获及毙俘敌之统计

类别 ＼ 数目 ＼ 部别	七七二团	二五团	三八团		总计
洋锹		1	降落伞2		3
洋镐					
子弹盒					
钢帽					
毯子					
自来水笔					
表					
雨衣					
油布		大军雨	1		1
大衣					
皮挂包		毯衣			
背包			3		3
毒气		一台			1
水壶					
托鞍					
文件					
药品					
电台					
电池					
战刀		1			1
十万分之一地图					
铁丝					
汗衣					
合计		3	6		9

缴获及毙俘敌之统计

类别		部别\数目	七七二团	二五团	三八团		总计
武器	损失	步枪	26	8	11		45
		马枪					
		手枪			1		1
		驳壳枪	1				1
		合计	27	8	12		47
	毁坏	步枪		4			4
		手机枪	1				1
		自动步枪	1				1
		轻机枪		2			2
		手枪					
		合计	2	6			8
弹药	消耗	步马枪弹	10833	2517	7886		21236
		驳壳弹	自动弹1130				1130
		轻机弹	9676	4905	390		14971
		重机弹	5020	手榴弹592	1115		6727
		手枪弹	手榴弹535		手榴弹467		1002
		手机枪弹		185	140		325
		迫炮弹	58				58
		燃烧弹					
		讯号弹			3		3
		掷筒弹	11		46		57
		合计	27263	8199	10747①		46209
	损失	步马弹	1792	200			1992
		驳壳弹	14				14
		手榴弹	19				19
		合计	1823	200			2023
合计			29115	8413	10759		48387②

①② 原文如此，计算有误。

损失军用品之统计

类别	数目\部别	七七二团	二五团	三八团		总计
损失	洋镐		1			1
	洋锹	59	轻机预筒1	1		61
	刺刀	8				8
	机枪夹	3				3
	背包	21				21
	机枪套	1				1
	捅条	31				3①
	合计	173	2	1		176
毁坏						
附记						

---

① 原文如此，计算有误。

71. 八路军第120师第358旅冬季反"扫荡"战役伤亡登记表
(1941年2月20日)

八路军第120师358旅716团一营1月份

八路军120师政治部组织部翻印

注明

（1）凡战斗中阵亡伤亡因公殉职积疲成疾病亡故被敌探戕害之烈士均得填入此表但因违反法律处死刑者不应填此册内。

（2）在医院病故亡故之烈士由医院通知烈士连队由连根据军人登记表填造烈士名册。

（3）此册存各连队应列入交转不得遗弃损失以作该连战斗史料的参考。

（4）填法。

a. 为了使烈士生前之情形及履历得以详细保存故填法与"抗日军人简单登记表"同。

b. "亡故经过"说明某次战斗阵亡或伤亡何疾病病亡或被敌人暗害等。

c. "亡故年月日"用以码字写如1936 7/四月以华文写

d. "亡故地点"只写地名负伤在途中亡者写途中地名医院里死写医院名。

e. "是否党员"应填清正式候补入党年月日。

f. "备考"该烈士有什么遗金遗物遗嘱保存处对其重要的填可资纪念者加以注明。

358 旅　冬季反扫荡战役伤亡登记表

队别		通信连		
职别		副连长	侦察副排长	通信员
姓名		王韩宝	祁德山	陶增元
年龄		21	28	17
籍贯	省	陕西省	河北省	河北省
	县	神木县	固安县	新城县
	区乡	一区		
	村	盘唐村	林城村	四各庄
家庭通信处及收信人的姓名		本村公所	本村祁亭	本村陶永丰
家庭经济地位		人1口房2间地4亩	人4口地没房3间	人12口地20亩房5间
入伍年月		1935年在本村	1939年2月在卒法	1939年2月在米家务
任过什么工作		连长	排长	
亡故经过				
亡故地点		阳曲西庄	盖家庄背后山	盖家庄背山
亡故月日		1941年1月	1941年1月	1941年1月
是否党员		正式	正式	正式
备考				

358 旅　冬季反扫荡战役伤亡登记表

队别				
职别		同前		
姓名		石有泽	赵开贞	翟振合
年龄		18	17	20 岁
籍贯	省	河北省	河北省	河北省
	县	固安县	蠡县	深泽县
	区乡			
	村	吴家庄子	刘家佐	野庄头
家庭通信处及收信人的姓名		本村石大人	本村赵兰满	本村公所
家庭经济地位		人 4 口地 4 亩房 5 间	人 11 口地 14 亩房 2 间	人 3 口地 3 亩房 2 间
入伍年月		1939. 3 在小营	1939. 10 在士器	1939 年在范家庄
任过什么工作				
亡故经过				
亡故地点		阳曲西庄	阳曲西庄	阳曲西庄
亡故月日		1941 年 1 月	1941 年 1 月	1941 年 1 月
是否党员		正式	不是	正式
备考				

358 旅 冬季反扫荡战役伤亡登记表

队别		特务连	同	同
职别		副班长	战士	同
姓名		张广田	姜志海	郭清江
年龄		19	27	22
籍贯	省	河北	河北	河北
	县	任丘	固安县	雄县
	区乡		二区	北区
	村	马赵村	马家屯	望家台
家庭通信处及收信人的姓名		本村张玉臣收	本村本人收	同
家庭经济地位		人 8 口地房无	人 2 口地 2 亩房 3 间	人 5 口地 10 亩房 3 间
入伍年月		1939 年在本孤庄斗入伍	1937 年于里家营入伍	1939 年于本村入伍
任过什么工作				
亡故经过				
亡故地点		在后山村	同	同
亡故月日		1941. 1. 10	同	同
是否党员		是党员		是党员
备考				

358 旅　冬季反扫荡战役伤亡登记表

队别		侦察连		八团二营营部
职别		侦察员	同	伙夫
姓名		穆墨林	孟庆南	冯广田
年龄		22	18	32
籍贯	省	河北	同	河北
	县	高阳	安平	
	区乡		香光屯	
	村	边渡口		
家庭通信处及收信人的姓名		本村程万春收	本人收	
家庭经济地位		人 4 口房 3 间地 4 亩	人 3 口房 7 间地 2 亩	
入伍年月		1939 年入伍	1939 年入伍	1939 年入伍
任过什么工作				
亡故经过		送信被敌击死	被敌包围	
亡故地点		天池店	康家会	西庄
亡故月日		1 月 18 日	12 月 20 日	1 月 10 日
是否党员		是	非	同
备考				

358 旅　冬季反扫荡战役伤亡登记表

队别		通信连	
职别		伙夫班长	伙夫
姓名		李长庆	孙安民
年龄		26	28
籍贯	省	河北省	河北省
	县	清苑县	晋县
	区乡		
	村	少庄村	庞村
家庭通信处及收信人的姓名		本村李佳喜	本村公所
家庭经济地位		人4口地5亩房没	人5口地6亩房3间
入伍年月		1939.10 在西吴庄	1940 年在本村
任过什么工作		伙夫	
亡故经过			
亡故地点		盖家庄背山上	阳曲西庄
亡故月日		1941 年 1 月	1941 年 1 月
是否党员		正式	
备考			

358旅　冬季反扫荡战役伤亡登记表

队别		八团二营营部		
职别		军需	特干	文书
姓名		李向辰	刘耀宗	王惠周
年龄		30	19	19
籍贯	省	河北	河北	河北
	县	新城	新城	固安
	区乡	昝岗区		
	村	王马浒	任义庄	
家庭通信处及收信人的姓名				
家庭经济地位				
入伍年月		1939年入伍	1939年入伍	1939年入伍
任过什么工作				
亡故经过				
亡故地点		西庄	同	同
亡故月日		1月10日	同	同
是否党员		非	正式党员	同
备考				

358 旅 冬季反扫荡战役伤亡登记表

队别				
职别		勤务	通讯员	同
姓名		梁瑞林	刘宝吉	刘福利
年龄		16	27	17
籍贯	省	河北	河北	河北
	县	新城	蠡县	新城
	区乡			
	村	宫井营	宋张岗	任义庄
家庭通信处及收信人的姓名				
家庭经济地位				
入伍年月		1940 年	1939 年	1939 年
任过什么工作				
亡故经过				
亡故地点		西庄	同	同
亡故月日		1 月 10 日	同	同
是否党员		非	党员	同
备考				

358 旅 冬季反扫荡战役伤亡登记表

队别		八团二营五连		
职别		战士	战士	战士
姓名		宋占生	赵玉光	田天海
年龄		28	27	25
籍贯	省	吉林省	晋	晋
	县	农安县	兴县	章至县
	区乡		三区	三区
	村	二道沟	黄协村	西场村
家庭通信处及收信人的姓名		信交本村宋永欣	信交本村赵全有	信交本村田海
家庭经济地位		人 17 口没房地	人 6 口地 30 亩房 2 间	人 5 口地无房 2 间
入伍年月		1939 年 6 月入伍	1940 年 6 月入伍	1940 年 1 月入伍
任过什么工作		战士	战士	战士
亡故经过				
亡故地点		阳曲西庄	同左	同左
亡故月日		1941 年 1 月 8 日	同左	同左
是否党员		非	非	非
备考				

358 旅 冬季反扫荡战役伤亡登记表

队别		五连		
职别		战士	战士	战士
姓名		刘群	沉士云	张文聚
年龄		19	22	18
籍贯	省	冀	冀	冀
	县	任丘县	蠡县	晋县
	区乡	一区	五区	二区
	村	南芦庄	仇村	牙厂村
家庭通信处及收信人的姓名		信交刘双明	信交沉德顺	信交本村张小福
家庭经济地位		人 5 口 地 3 亩 房 2 间半	人 7 口 地 30 亩 没房	人 10 口 地 15 亩 房 6 间
入伍年月		1938 年 8 月入伍	1939 年 6 月入伍	1940 年 1 月入伍
任过什么工作		通讯员	战士	战士
亡故经过				
亡故地点		阳曲 西庄	同左	同左
亡故月日		1941 年 1 月 8 日	同左	同左
是否党员		非	是	是
备考				

358 旅　冬季反扫荡战役伤亡登记表

队别		第二营第五连		
职别		战士	二班副	通讯员
姓名		蔡杰兆	刘保顺	李殿禄
年龄		20	33	18
籍贯	省	晋	冀	晋
	县	兴县	蠡县	阳曲
	区乡	六区	五区	三区
	村	罗峪口	郑村	王桥铺
家庭通信处及收信人的姓名		本村蔡端具	信交本村刘老会	信交李金瑞收
家庭经济地位		人 6 口没房地	人 13 口地 29 亩半房 4 间	人 4 口地 3 亩房 2 间
入伍年月		1940 年 5 月入伍	1939 年 10 月入伍	1938 年入伍
任过什么工作		战士	副班长	战士
亡故经过				
亡故地点		阳曲　西庄	阳曲　西庄	阳曲　西庄
亡故月日		1941 年 1 月 8 日	1941 年 1 月 8 日	1941 年 1 月 8 日
是否党员		非	是	是
备考				

358 旅　冬季反扫荡战役伤亡登记表

队别		八团政治处	同
职别		总支书	马夫
姓名		黄相	尹全可
年龄		27	23
籍贯	省	湖南	河北
	县	平江	饶阳
	区乡	黄景区	一区
	村	马石坳	刘古村
家庭通信处及收信人的姓名		平江县长寿线义利公转	本村尹福瑞
家庭经济地位		人 4 口地 3 亩	人 3 口地 5 坰
入伍年月		1930 年入伍	1940.1
任过什么工作		政指政教	
亡故经过		被敌包围	转移时被枪打死
亡故地点		阳曲西庄	岚县六区宁京湾南山
亡故月日		1 月 8 日	1940. 1. 17
是否党员		党员	非
备考			

358 旅　冬季反扫荡战役伤亡登记表

队别		八团二营六连	同	同
职别		一排副排长	文书	司务长
姓名		王汉臣	刘光荣	薛纪禄
年龄		40	32	
籍贯	省	河北省	同	同
	县	任丘县	饶阳	新城县
	区乡			
	村			
家庭通信处及收信人的姓名				
家庭经济地位				
入伍年月		1939 年 7 月入伍	1939 年入伍	同
任过什么工作				
亡故经过		火线阵亡	同	同
亡故地点		西庄	同	同
亡故月日				
是否党员		是党员	同	同
备考				

358 旅　冬季反扫荡战役伤亡登记表

队别		八团二营六连	同	同
职别		通讯员	战士	卫生员
姓名		周砚田	于尚	郑福生
年龄		18	28	17
籍贯	省	冀	同	同
	县	蠡县	安国县	蠡县
	区乡	二区		
	村	洪善保		
家庭通信处及收信人的姓名				
家庭经济地位				
入伍年月		1937 年入伍	同	同
任过什么工作				
亡故经过		火线阵亡	同	同
亡故地点		西庄	同	同
亡故月日				
是否党员		是党员	不是	同
备考				

358 旅　冬季反扫荡战役伤亡登记表

队别		二营八连		
职别		司务长	给养士	伙夫班长
姓名		侯正益	孙瑞清	颜金才
年龄		22	40	36
籍贯	省	河北省	同	同
	县	河间县	任丘县	里〔蠡〕县
	区乡			第二区
	村	侯家庄	大尚屯	胞庄
家庭通信处及收信人的姓名		本村收信人侯梅香	本村收信人孙双增	本村收信人颜常如
家庭经济地位		地 18 亩房 8 间人 9 口	人 5 口	地 2 亩房 3 间人 4 口
入伍年月		1940 年 1 月入伍	1939 年 9 月入伍	1939 年 5 月入伍
任过什么工作		副班长	伙夫	排班长
亡故经过				
亡故地点		西庄	同	同
亡故月日		1 月 8 日	同	同
是否党员		党员		党员
备考				

358 旅　冬季反扫荡战役伤亡登记表

队别		二营八连		
职别			伙夫	伙夫
姓名		李振廷	孟现忠	傅起堂
年龄		47	38	32
籍贯	省	河北省	同	同
	县	任丘县	同	肃宁县
	区乡			二区
	村	王家庄	远庄	许家庄
家庭通信处及收信人的姓名		本村收信人李荫福	本村收信人孟现俊．	本村收信人傅四
家庭经济地位		地 20 亩房 7 间人 9 口	地 6 亩房 4 间人 4 口	地 5 亩房 4 间人 7 口
入伍年月		1939 年 9 月入伍	同	1939 年 11 月入伍
任过什么工作				
亡故经过				
亡故地点		西庄	同	同
亡故月日		1 月 8 日	同	同
是否党员			党员	同
备考				

六团

队别		二营八连		
职别		伙夫		挑夫
姓名		杜指国	张红祥	王银生
年龄		44	34	28
籍贯	省	河北省	同	山西
	县	深泽县	里［蠡］县	新［忻］州
	区乡			四区
	村	小杜家庄	辛庄	张根正
家庭通信处及收信人的姓名		本村收信人杜双锁	本村收信人张小要	王氏
家庭经济地位		人2口	地2亩房2间人4口	人3口
入伍年月		1940年3月入伍	1939年6月入伍	1940年3月入伍
任过什么工作				
亡故经过				
亡故地点		西庄	同	同
亡故月日		1月8日	同	同
是否党员				
备考				

六团

队别		六团一营三连	卫生队
职别		排长	司药
姓名		王万寿	王万方
年龄		27	19
籍贯	省	山西	陕西
	县	汾阳县	吴堡县
	区乡	一区	
	村	杏花村	山头村
家庭通信处及收信人的姓名		本村王万禄收	本村王喜收
家庭经济地位		人2口铺1座	人5口地10垧房2间
入伍年月		1937年10月	1935年
任过什么工作		班排长特务长	任过看护长
亡故经过			遇敌牺牲
亡故地点		胡兴沟	大夫庄南
亡故月日		1月6日	1940年12月25日
是否党员		1938党员	党员
备考			

旅直

队别		政治部	同	同
职别		统计干事	通信员	青干
姓名		薛化齐	王振生	贾治平
年龄		26 岁	16	20 岁
籍贯	省	山西省	河北	河北
	县	太原县	武强	深县
	区乡			
	村	小店子村		
家庭通信处及收信人的姓名		太原小店子铺转本人		马官达
家庭经济地位		贫农	贫农	农
入伍年月		1938 年 4 月在延安入伍	1939 年 4 月入伍	1937 年 8 月入伍
任过什么工作		统计干事	勤务员	宣传员
亡故经过				
亡故地点		南峪山头	南峪山头	南峪山头
亡故月日		12 月 20 日	12 月 20 日	12 月 20 日
是否党员		党员		党员
备考				

旅直

队别			通讯连
职别			班长
姓名			苏二小
年龄			26
籍贯	省		山西
	县		岢岚
	区乡		
	村		黄土坡
家庭通信处及收信人的姓名			本村本人
家庭经济地位			人5口房地均无
入伍年月			1938年9月
任过什么工作			战士
亡故经过			押犯<人>被犯<人>打死
亡故地点			兴县曹家坡
亡故月日			1月18日
是否党员			是
备考			

教导营

队别		第三队	第四队
职别		学员	同
姓名		何将如	刘廷瑞
年龄		28	21
籍贯	省	河北	河北
	县	饶阳	深县
	区乡		
	村	东里满村	
家庭通信处及收信人的姓名		本村何桥收	
家庭经济地位			
入伍年月		1939 年 4 月入伍	1939 年 10 月入伍
任过什么工作		副班长	战士
亡故经过		被敌机枪射中腰部当即阵亡	大小路子附近战斗阵亡
亡故地点		静乐六区大小路子附近	同
亡故月日		1941. 1. 9	同
是否党员		正式党员	同
备考			

教导营

队别	特务连	同	同
职别	排长	战士	同
姓名	周存让	金梦吉	赵振英
年龄	26	20	21
籍贯	山西太原县杏皮村	河北新城口头村	河北新城旮岗
入伍年月	1937 年于杏皮村	1940 年于板家窝入伍	1939 年在本村入伍
负伤部位及负伤轻重	手部轻伤	左上肢轻伤	腿部手部中部重伤
负伤地点	在后山村	同	同
负伤年月日	1940 年 1 月 10 日	同	同
伤后处置	带伤后随队来的	同	11 号寄在车道坡
是否党员	党员	同	
备考			

教导营

队别	特务连	同	同
职别	战士	同	伙夫
姓名	徐仁桐	曹国发	刘秃
年龄	23	34	19
籍贯	河北新城一区双堂	湖南太湖县王于村	河北饶阳
入伍年月	1939 年在程岗入伍	1939 年在雄县入伍	1939 年于河头入伍
负伤部位及负伤轻重	脚部重伤	上肢轻伤	腿部重伤
负伤地点	在后山村	同	在盖家庄后面山上
负伤年月日	1941 年 1 月 10 日	同	同
伤后处置	寄在车道坡	随队来的	12 日寄在南峪
是否党员			
备考			

教导营

队别	八团二营六连	政治处	
职别	战士	马兵	宣传员
姓名	杨庆田	侯运成	郝树功
年龄	17	20	19
籍贯	河北省新城县米黄庄	河北蠡县	河北蠡县
入伍年月	1939.1 入伍	1939 年入伍	1939 年入伍
负伤部位及负伤轻重	腿部轻	腿部较轻	腿臂
负伤地点	西庄	警家岔	同
负伤年月日		1940.1.17	同
伤后处置	随队休息	现在卫生队	同
是否党员	党员		
备考			

教导营

队别	八团政治处	八团十二连	
职别	统计干事	战士	
姓名	赵勋勤	武信昌	冀有信
年龄	25	19	20
籍贯	山西省平遥	河北藁城	河北固城
入伍年月	1937 年入伍	1939 年入伍	同
负伤部位及负伤轻重	头部轻伤	脖上	手部轻伤
负伤地点	盖家庄后山	吉家庄	同
负伤年月日	1941 年 1 月 11 日	1941 年 1 月 11 日	同
伤后处置	随队	随队	同
是否党员	是	党员	同
备考			

教导营

队别	二营第五连		
职别	政指	一排长	一班副
姓名	张记南	冯元茂	刘东海
年龄	25	31	17
籍贯	福建省云完县九旧村	晋省夏县西营村	河北省固安孟江村
入伍年月	1932 年 6 月入伍	1936 年入伍	1939 年 2 月入伍
负伤部位及负伤轻重	手指轻	腿部重	肩膀轻
负伤地点	阳曲西庄	阳曲西庄	同左
负伤年月日	1941 年 1 月 8 日	1941 年 1 月 8 日	同左
伤后处置	随队	送院休养	随队休养
是否党员	是	是	是
备考			

教导营

队别			十二连
职别	战士	战士	给养士
姓名	贾老三	刘永和	徐景增
年龄	34	28	34
籍贯	冀省新城刘家屯	冀省肃宁南王村	河北霸县
入伍年月	1939 年 10 月入伍	1939 年 10 月入伍	同
负伤部位及负伤轻重	臀部轻	项部轻	腿部轻伤
负伤地点	阳曲西庄	阳曲红灵崖	吉家庄
负伤年月日	1941 年 1 月 6 日	1941 年 1 月 6 日	1 月 11 日
伤后处置	随队	随队	同
是否党员	非	非	是
备考			

教导营

队别	六团一营二连	六团三营十二连
职别	副班长	连长
姓名	王取来	王辉友
年龄	26	27
籍贯	河北安平	河［湖］北黄安瑞寨
入伍年月	1939 年 7 月	1931 年入伍
负伤部位及负伤轻重	腿部轻伤	头部轻伤
负伤地点	胡兴沟	马家庄
负伤年月日	1 月 6 日	12 月 23 日
伤后处置	送院	送院
是否党员	是	是
备考		现已归队

七团

队别	二营营部	五连
职别	通讯副班长	战士
姓名	刘永玉	刘小锁
年龄	20	18
籍贯	河北献县四区杜林镇	河北无极一区中汗村
入伍年月	1938 年 8 月	1940 年 1 月
负伤部位及负伤轻重	头部重伤	颈部轻伤
负伤地点	岚县山底村	同
负伤年月日	40 年 12 月 29 日	同
伤后处置	送卫生队	同
是否党员	不	是
备考		

旅直教导营

队别	第一队	同	第三队
职别	学员	同	副队长
姓名	王子全	陈应学	邓永有
年龄	27		37
籍贯	湖南桑梓〔植〕县		山西大同大马营
入伍年月	1934.10 入伍		1938.3 入伍
负伤部位及负伤轻重	大臂轻伤	肋部重伤	腿部轻伤
负伤地点	大小路子附近	同	同
负伤年月日	1941.1.9	同	同
伤后处置	送院	同	同
是否党员	正式党员	同	同
备考			

旅直教导营

队别	第四队	同
职别	通讯员	学员
姓名	鲁庚戍	李同乐
年龄	19	19
籍贯	河北蠡县城内	河北雄县
入伍年月	1939 年 6 月入伍	1939 年入伍
负伤部位及负伤轻重	脚部重伤	头部及背部重伤
负伤地点	大小路子附近	同
负伤年月日	1941.1.9	同
伤后处置	失联络了	同
是否党员	正式党员	同
备考		

旅直教导营

队别		
职别	招呼员	勤务员
姓名	张长生	张平福
年龄	17	15
籍贯	河北献县	河北安平
入伍年月	1939 年	1939 年 8 月
负伤部位及负伤轻重	左下腿股骨烧伤轻	左锁骨贯通轻
负伤地点	交城神尾沟	同
负伤年月日	1941.1.1	同
伤后处置		
是否党员		
备改		

旅直教导营

队别	休养三所		
职别	政指	文教	文书
姓名	于友民	王润芬	郭俊芳
年龄	28	21	21
籍贯	河北安次	河北蠡县	河北霸县
入伍年月	1938 年		1938 年
负伤部位及负伤轻重	右股骨贯通重	右股骨贯通同	左骨盆刺伤重
负伤地点	交城神尾沟	同	静乐杨家庄
负伤年月日	1941.1.1	同	1941.1.16
伤后处置			
是否党员	是	是	
备改			

72. 八路军第 120 师独立第 1 旅伤亡、病亡登记表
(1941 年 3 月 25 日)

陆军 120 师独立一旅卫生处
伤亡病亡登记簿

队职别	旅部工兵连战士	五团二营五连战士	二团特务连通信员
姓名	顾振刚	梁俊周	郭福来
年龄	34	45	18
入院日期	40 年 11 月 29 日	同	40 年 12 月 28 日
籍贯及详细通信处	冀文安赵贤庄	冀无极池杨村	冀深县百宋庄
诊断	梅毒	跌伤	炸伤
治疗简单经过	水银普涂擦法交换绷带内服碘化钾	注射止血剂及生理盐水	防腐交换绷带
何时何地伤病亡	41 年 1 月 2 日陕葭县康家港	41 年 1 月 3 日同	41 年 1 月 6 日晋临县
死亡原因	虚脱而死	肺出血不止而亡	炸伤肺脏出血不止而亡
主治医生是何人	王世全	同	丁荣
备考			

伤亡病亡登记簿

队职别	五团三营十二连炊食员	五团炮兵连战士	二团三营十连排长
姓名	王义章	孙汝章	冯占標
年龄	38	27	33
入院日期	41年1月10日	40年11月20日	41年1月11日
籍贯及详细通信处	晋岢岚石利庄	冀	冀任丘正乐村
诊断	冻伤	肠窒扶斯	足部冻伤
治疗简单经过	涂擦樟脑冻疮姜内服强心剂	通下解热收敛浣肠等疗法	行离断手术
何时何地伤病亡	41年1月13日陕葭县康家港	41年1月17日临县	41年1月18日葭县康家港
死亡原因	血中毒	肠出血虚脱而亡	心脏衰弱亡
主治医生是何人	王世全	赖大仁	王世全
备考			党员

伤亡病亡登记簿

二团卫生队看护班长	独一大队战士	五团三营十连排长	教导营司务长
赵秉忠	王福林	冯保来	刘柱顺
17	23	36	28
41年1月8日	41年1月9日	41年1月19日	41年1月24日
冀任丘李庄子	冀容城	冀任丘	深县
伤寒	流感	肺炎	流感
解热通下剂	同	理学疗法镇咳解热剂	解热通下剂
41年1月18日临县杜家沟	41年1月21日松峪村	41年1月22日榆林沟	41年1月24日同
呼吸困难而亡	心脏麻痹而亡	肺出血而死	呼吸困难而亡
丁荣	李宝清	赖大仁	鲍邦云
党员		党员	党员

伤亡病亡登记簿

队职别	工兵连班长	招待所	同
姓名	骆树柏	张增太	李树芳
年龄	22	46	39
入院日期			
籍贯及详细通信处	山东子羊县山村	晋岢岚县羊沟	冀束鹿县泊庄
诊断	伤寒	肺炎	流感
治疗简单经过	通下收敛防腐剂	却痰镇静强心等剂	解热通下强心等剂
何时何地伤病亡	41 年 1 月 2 日临县康富村	1 月 22 日松峪村	1 月 23 日松峪村
死亡原因	心脏麻痹	呼吸困难	心脏衰弱
主治医生是何人	李宝清	同	同
备考	党员		

伤亡病亡登记簿

队职别	招待所	五团卫生队看护员	警备连战士
姓名	于学江	刘吉芝	李凤祥
年龄	22	17	29
入院日期			
籍贯及详细通信处	冀行鹿〔唐〕县杨庄	晋静乐县林村	冀霸县米家务
诊断	赤痢	麻疹	肠加谷尔
治疗简单经过	收敛通下强心等剂	解热强心利尿等剂	通下解热健胃等剂
何时何地伤病亡	41 年 1 月 23 日临县松峪村	1 月 26 日松峪村	1 月 28 日松峪村
死亡原因	肠穿孔	呼吸困难	身体衰弱
主治医生是何人	李宝清	同	同
备考			

伤亡病亡登记簿

队职别	卫生处看护员	二团特务连战士	供给部伙夫
姓名	谷志	朱宝山	沈学曾
年龄	19	26	35
入院日期	41年1月10日	41年1月20日	40年12月1日
籍贯及详细通信处	冀固安谷家庄	冀博野	雄县李郎
诊断	感冒	伤寒	双足冻疮
治疗简单经过	解热通下剂	同	行离断手术
何时何地伤病亡	41年1月24日陕葭县康家港	41年1月25日临县暖泉会	41年1月27日康家港
死亡原因	心脏衰弱而亡	呼吸困难死	虚脱而亡
主治医生是何人	王世全	丁荣	王世全
备考			

伤亡病亡登记簿

招待所	同	警备连战士	卫生处运输员
魏求俊	田桂林	何振兴	牛明生
37	30	29	26
41年1月13日	41年2月5日	41年1月25日	41年1月12日
冀无极田村	晋太原古村义	冀深泽何家庄	晋阳城姚头村
流感	同	流感	同
解热通下剂	未经治疗	通下解热强心剂	同
41年2月2日临县松峪村	41年2月5日松峪村	41年2月6日松峪村	41年2月7日葭县康家港
心脏麻痹	转运途中死亡	心脏衰弱而亡	同
靳贤卿	同	同	王世全

伤亡病亡登记簿

队职别	教导营学员	警备连战士	五团供给处通信员
姓名	张德顺	金有义	李德荣
年龄	27	18	19
入院日期	40 年 11 月 3 日	41 年 1 月 23 日	1 月 2 日
籍贯及详细通信处	冀永清后义村	无极北河庄村人	冀岢岚西堡玉
诊断	肠加答尔	流感	同
治疗简单经过	通下收敛强心等剂	通下解热强心等剂	同
何时何地伤病亡	41 年 2 月 10 日同	2 月 10 日松峪村	2 月 13 日同
死亡原因	虚脱而亡	心脏麻痹而亡	同
主治医生是何人	王世全	靳贤卿	同
备考			

伤亡病亡登记簿

一大队通信员	二团五连班长	招待所	同
董冠峰	张大双	程国华	张成汗
20	23	38	40
41 年 1 月 13 日	2 月 11 日	41 年 2 月 5 日	2 月 13 日
冀新城下岔河	霸县	冀深县赵伯庄	任丘临河村
伤寒	流感	同	肺炎
通下解热防腐收敛等剂	通下解热强心等剂	解热通下等剂	却痰镇静强心剂
41 年 2 月 22 日松峪村	2 月 17 日安业	2 月 26 日天洪村	同
肠穿孔	肺炎肋膜炎	心脏衰弱而亡	呼吸困难
靳贤卿	李树茂	靳贤卿	同
党员	党员		

伤亡病亡登记簿

队职别	警备连战士	供给部工人	二团八连战士
姓名	贾文川	杨子奎	朱顺才
年龄	19	41	22
入院日期	2月9日		3月5日
籍贯及详细通信处	冀深县西中村	豫祥府县	冀无极庄子上
诊断	流感	腹水	流感
治疗简单经过	发汗通下解热强心等剂	强心利尿等剂	缓下洗肠解热镇痛收敛健胃等剂
何时何地伤病亡	3月6日临县天洪村	3月10日陕葭曹家沟	3月17日天洪村
死亡原因	心脏衰弱亡	呼吸困难	心脏麻痹亡
主治医生是何人	靳贤卿	王世全	靳贤卿
备考		党员	

伤亡病亡登记簿

五团三营十连战士	五团二营部伙夫	招待所	二团供给处通讯员
何德奎	陶恩普	李鲜花	张庚新
25	33	37	19
41年3月13日	2月27日	3月14日	3月29日
晋静乐县	冀雄县	河北省	深县
流感合并肺炎	肺结核	癫痫	流感
强心剂	润肺止咳强心健胃等剂	服镇静药	强心解热通下等剂
3月13日临县赵家石岩	3月18日同	3月21日天洪村	3月29日林家坪
痰物过多而战〔窒〕息空死	心脏衰弱	身体衰弱亡	同
赖太仁	同	李宝清	李树茂
党员			

伤亡病亡登记簿

队职别	剧社	警备连二排长
姓名	张保刚	金雁岭
年龄	22	25
入院日期		41 年 3 月 2 日
籍贯及详细通信处	冀文安胜芳镇	冀
诊断	流感	流感
治疗简单经过	未经治疗	通下洗肠解热却痰剂
何时何地伤病亡	3 月 29 日刘家坪	3 月 10 日东北村
死亡原因	转运路途而亡	心脏麻痹亡
主治医生是何人	钟清才	鲍祁云
备考		党员

73. 八路军第120师烈士名册（1941年4月2日）

自1940年至1941年4月2日止

烈士名册

队职别	旅部伙夫	供给部伙夫	旅政通信员
姓名	周国元	李英魁	刘春华
年龄	35	40	20
籍贯	河北安平牛巨村	河北、阳太区白家庄	安徽、福阳王庄村
死亡日期及地点	1940年7月4日亡于李家堡	1940年7月14日亡于刘家庄	1940年7月23日亡于万户峪
入院日期	6月20日	6月11日	同
入伍日期	1939年	1939年	1939年
通信处	本人	同	同
是否党员			
备考			

烈士名册

二支通信员	旅副官处伙夫	一所伙夫	六团机枪连战士
刘宪廷	孙魁山	邓玉林	李庆和
17	49	47	21
河北河间柳下村	河北饶阳何伯村	山西汾阳平路村	河北蠡县李家坟
1940年7月26日亡于万户峪	1940年7月28日亡于万户峪	1940年7月29日亡于万户	1940年7月31日亡于万户峪
6月28日	同	7月1日	同
1939年	同	同	同
本人	同	同	同
党员			

烈士名册

队职别	旅部司号员	六团十连上士	四团特务连班长
姓名	秦长捷	刘玉明	郭凤山
年龄	16	45	32
籍贯	山西方山县黄家庄村	河北清苑叚家庄	河北束鹿旧城
死亡日期及地点	1940 年 8 月 9 日亡于万户	1940 年 8 月 9 日亡于万户	1940 年 8 月 10 日亡于万户
入院日期	7 月 2 日	同	同
入伍日期	1938 年	1939 年	同
通信处	本人	同	同
是否党员			是
备考			

烈士名册

六团一连班长	六团三连战士	旅通信班长	旅特政指
周跟明	李全成	李双杏	魏世杰
25	35	18	24
河北深泽西王村	河北无极	河北宁晋江里村	陕西葭县张家沟
1940 年 8 月 12 日亡于万户	1940 年 8 月 16 日亡于万户	1940 年 8 月 16 日亡于万户	1940 年 8 月 7 日亡于罗峪口
7 月 3 日	6 月 27 日	7 月 30 日	7 月 11 日
1939 年	同	同	1938 年
本人	同	同	同

烈士名册

队职别	六团五连班长	四团五连伙夫	二所卫生员
姓名	王茂生	梁文彩	李文秀
年龄	22	22	15
籍贯	山西汶水白家庄	河北无极东池阳	河北献县中王大村
死亡日期及地点	1940年8月6日亡于桑湾	1940年8月17日亡于万户	1940年8月18日亡于万户
入院日期	7月5日	7月10日	7月5日
入伍日期	1938年	1939年	同
通信处	本人		
是否党员			
备考			

烈士名册

四团一连副班长	六团四连伙夫	四团二营看护长	二支战士
李立根	张乃生	张天西	赵万发
22	24	23	29
河北饶阳桑园村	山西临县杜家合	河北武强东宋村	河北深县檀无极
1940年8月18日亡于万户	1940年8月19日亡于万户	1940年8月22日亡于万户	1940年8月19日亡于西斗峪
7月20日	同	同	7月26日
1938年	同	1939年	同
本人			

烈士名册

队职别	四团特务员	旅政伙夫班长	二所医生
姓名	赵保柱	尹忠信	马步原
年龄	19	46	18
籍贯	山东官〔冠〕县王县村	河北饶阳留楚村	山西隰县焉上村
死亡日期及地点	1940年8月29日亡于万户	1940年8月31日亡于万户	1940年8月31日亡于万户
入院日期	8月1日	同	8月7日
入伍日期	1936年	1938年	同
通信处	本人		
是否党员			是
备考			

烈士名册

旅政民运科科员	四团一连战士	旅供运输班长	四团七连通信员
李保之	赵振昌	孙定镇	赵文玉
29	30	22	18
河北霸县唐二里	河北深泽赵庄村	河北阜平大富庄	河北安平韩村堡
1940年9月2日亡于万户	1940年9月2日亡于万户	1940年9月2日亡于万户	1940年9月4日亡于万户
8月11日	同	8月3日	同
1938年	1939年	同	同
本人			
党员			党员

烈士名册

队职别	四团参谋	旅供伙夫	旅政通信员
姓名	殷承利	崔应道	李朱
年龄	25	19	15
籍贯	河北监邑太平庄	山西方山洪全村	河北饶阳花村
死亡日期及地点	1940 年 9 月 7 日亡于万户	1940 年 9 月 1 日亡于万户	1940 年 9 月 10 日亡于万户
入院日期	9 月 5 日	8 月 16 日	同
入伍日期	1938 年	同	1939 年
通信处	本人		
是否党员	是		
备考			

烈士名册

六团机枪连副班长	六团十连战士	六团五连排长	旅教营学员
张玉芬	高计西	李恩良	刘君十
32	26	21	20
河北任丘王大城村	山西临县李家哥台	山西省尧家庄	河北安平县兴工村
1940 年 9 月 13 日亡于万户	1940 年 9 月 14 日亡于万户	1940 年 9 月 7 日亡于张家村	1940 年 9 月 14 日亡于万户
8 月 16 日	同	同	同
1938 年	同	同	1939 年
本人			
		党员	

烈士名册

队职别	六团通信员	四团二连战士	六团机枪连战士
姓名	靳国峰	李青林	李万道
年龄	22	18	35
籍贯	河北博野凤凰甫	河北深泽赵庄村	山西方山县王家庄
死亡日期及地点	1940年9月15日亡于万户	1940年9月16日亡于万户	1940年9月17日亡于万户
入院日期	8月20日	8月1日	8月15日
入伍日期	1938	1939	1938
通信处	本人	同	同
是否党员	是		
备考			

烈士名册

旅卫卫生员	六团一营通信员	六团通信排长	四团五连文教
刘云集	姜雨	张贵华	刘老平
14	17	23	23
河北深县富池村	山西大同王家沟	湖北□安阜台村	山西宁武安东为村
1940年9月17日亡于万户	1940年9月19日亡于万户	1940年9月24日亡于万户	1940年9月24日亡于万户
7月29日	8月7日	8月13日	8月26日
1939	1938	1934年	1938
本人	同	同	刘老平
		党员	

烈士名册

队职别	四团十一连战士	四团三连战士	六团卫队伙夫
姓名	赵东营	路小立	孟书才
年龄	35	27	27
籍贯	河北安平北赵町村	河北蠡县北辛庄	河北河间二十里铺
死亡日期及地点	1940年9月27日亡于万户	1940年9月29日亡于万户	1940年9月30日亡于万户
入院日期	8月10日	同	同
入伍日期	1938年	1939年	同
通信处	本人		
是否党员			是
备考			

烈士名册

旅政马夫班长	四团三连战士	三支战士	四团三连战士
翟树山	牛文治	张见远	许德臣
38	30	32	39
河北安平大寨村	河北新乐缶村	河北高阳高家庄	河北永清小朱庄
1940年10月9日亡于万户	1940年10月11日亡于万户	1940年10月9日亡于万户	1940年10月15日亡于万户
9月1日	同	同	8月21日
1939年	同	同	同
本人			

烈士名册

队职别	旅特班长	六团九连战士	六团七连战士
姓名	白俊卿	袁成华	刘世恩
年龄	29	21	27
籍贯	河北任丘高家屯	河北安平五庙营	河北安平易门村
死亡日期及地点	1940年10月8日亡于万户	1940年10月6日亡于万户	1940年10月6日亡于万户
入院日期	7月29日	8月19日	同
入伍日期	1938年	1939年	同
通信处	本人		
是否党员			是
备考			

烈士名册

特务团机枪连	六团九连战士	旅特战士	四团三连班长
张春田	张培荣	王景田	杨凌云
32	27	20	25
河北河间韩北村	山西岚县大东头	山东曹县王营村	山西武泽尾巴村
1940年10月2日亡于万户	同左	同左	1940年10月1日亡于万户
9月17日	同	同	8月19日
1939年	1938年	1938年	同
本人			
党员			

烈士名册

队职别	四团九连战士	旅运输员	六团七连战士
姓名	刘大水	谷世昌	李元福
年龄	23	28	23
籍贯	河北安平报子营	山西临县土番村	同左
死亡日期及地点	1940 年 10 月 15 日亡于万户	1940 年 10 月 17 日亡于万户	同左
入院日期	9 月 20 日	8 月 30 日	同
入伍日期	1939 年	1938 年	同
通信处	本人		
是否党员			
备考			

烈士名册

旅侦司号员	六团十二连战士	四团政治处工作员	四团特连通信员
薛志恒	方步清	王立祺	王世民
19	30	19	20
河北文安仲口村	山西临县草家山	河北郊〔交〕河八里庄	河北霸县唐二里村
1940 年 10 月 20 日亡于万户	1940 年 10 月 21 日亡于万户	1940 年 10 月 28 日亡于万户	1940 年 10 月 29 日亡于万户
8 月 2 日	同	同	同
1938 年	同	同	同
本人			
		党员	

烈士名册

队职别	四团侦察员	旅侦察员	旅部伙夫
姓名	邸岚习	张海泉	杨大江
年龄	30	25	31
籍贯	山西岚县大石头	河北河间	河北文安胜芳
死亡日期及地点	1940年10月29日亡于万户	1940年10月30日亡于万户	1940年10月31日亡于万户
入院日期	9月1日	同	同
入伍日期	1938年	1939年	同
通信处	本人		
是否党员		是	
备考			

烈士名册

旅部通信员	旅侦察员	六团五连副班长	四团二营勤务
甄福元	郭占云	宋秀荣	任永发
20	22	21	16
河北霸县韩家堡	河北深州庄各头	河北肃宁南答村	河北安平
1940年10月31日亡于万户	同左	1940年11月1日亡于万户	1940年11月7日亡于万户
9月20日	同	同	同
1939年	同	同	同
本人			
		党员	

烈士名册

队职别	四团二营理发员	旅通信员	六团特务连战士
姓名	李壮图	高大壮	曹志忠
年龄	25	18	20
籍贯	河北饶阳张苑村	河北安平各早村	河北蠡县齐村
死亡日期及地点	1940年11月8日亡于万户	1940年11月12日亡于万户	同左
入院日期	8月10日	同	同
入伍日期	1939年	同	同
通信处	本人		
是否党员			
备考			

烈士名册

四团电话员	一所司务长	六团二连战士	六团一连班长
崔树德	冯学海	王志高	韩福生
19	48	25	18
河北霸县唐二里	河北深县南溪村	山西阳曲青坡上村	山西汶水县石永镇
1940年11月13日亡于万户	1940年11月14日亡于万户	1940年11月15日亡于万户	1940年11月16日亡于万户
8月20日	同	同	同
1939年	同	同	1938年
本人			
党员			

烈士名册

队职别	旅部伙夫	民众学校勤务	旅通伙赤
姓名	李德成	路交	段礼恒
年龄	46	12	48
籍贯	河北霸县唐二里	山西灵丘杏花	河北武强
死亡日期及地点	1940 年 11 月 17 日亡于万户	1940 年 11 月 18 日亡于万户	1940 年 11 月 20 日亡于万户
入院日期	9 月 5 日	同	同
入伍日期	1939 年	1938 年	同
通信处	本人		
是否党员			
备考		未登记送延安	

烈士名册

六团二连战士	三支教营通信员	旅宣传员	四团一连战士
王志刚	耿栓玉	李海峰	曹小刁
50	16	25	17
河北清苑县	河北饶阳许司马	山西岚县城内	河北无极邰村
同左	1940 年 11 月 25 日亡于万户	1940 年 11 月 28 日亡于万户	1940 年 11 月 29 日亡于万户
10 月 6 日	同	同	同
1938 年	同	同	同
本人			
		党员	

烈士名册

队职别	教营通信员	四团部马夫	供给部马夫
姓名	马玉民	李连啟	高汝祥
年龄	18	38	19
籍贯	河北安平前子文	河北安平	山西临县恒山村
死亡日期及地点	1940 年 12 月 2 日亡于万户	1940 年 12 月 9 日亡于万户	同左
入院日期	10 月 7 日	同	同
入伍日期	1939 年	同	同
通信处	本人		
是否党员			
备考			

烈士名册

六团文书	四团伙夫	六团一连伙夫班长	供部马夫
高文汗	路鹤先	常德胜	白光德
51	44	53	54
山西交城	河北饶阳崔村	山西阳曲	河北安次各城
1940 年 12 月 17 日亡于万户	1940 年 12 月 20 日亡于万户	1940 年 12 月 23 日亡于万户	1940 年 12 月 23 日亡于万户
11 月 5 日	同	同	同
1938 年	1939 年	1938 年	同
本人			

烈士名册

队职别	二所看护	二所马夫	修械所运输员
姓名	郑海宽	沙玉明	刘连起
年龄	16	37	27
籍贯	河北深县河乐寺	河北交河北区沙路大村	河北大城城内
死亡日期及地点	1940 年 12 月 23 亡于万户	1940 年 12 月 27 日亡于万户	1941 年 1 月 1 日亡于万户峪
入院日期	11 月 10 日	11 月 20 日	12 月 9 日
入伍日期	1939 年	1939 年	1939 年
通信处			
是否党员			
备考			

烈士名册

八团六连伙夫	旅特战士	六团三营战士	六团卫生队战士
吴春生	董振山	景树华	李树才
45	27	17	33
河北任丘大长屯	河北高阳除按村	河北固安相公庄	河北新城杨击河
1940 年 1 月 1 日亡于李家堡	1941 年 1 月 2 日亡于万户	1941 年 1 月 8 日亡于万户	1941 年 1 月 10 日亡于万户
12 月 3 日	12 月 10 日	12 月 7 日	同
1939 年	1938 年	同	同
	本村董信奎	本人	同

烈士名册

队职别	八团八连战士	八团五连伙夫班长	旅特战士
姓名	周产	陈动	靳国华
年龄	35	30	20
籍贯	河北蠡县洪善保	河北蠡县保曲	河北宛平安第村
死亡日期及地点	1941 年 1 月 16 日亡于万户	1941 年 1 月 17 日亡于万户	1941 年 1 月 24 日亡于兰家会
入院日期	12 月 10 日	同	同
入伍日期	1940 年	1937 年	1940 年
通信处	本人	同	靳子祺
是否党员			
备考			

烈士名册

六团一连上士	警备连战士	警备连副班长	七团七连战士
张少武	蒋凤全	荣占发	刘登山
43	27	34	32
贵州省比皆〔毕节〕县张家屯	河北河间城内	河北镇〔正〕定西里双	河北安平县寨子村
1941 年 1 月 30 日亡于李家堡	1941 年 2 月 1 日亡于兰家会	1941 年 2 月 3 日亡于兰家会	1941 年 2 月 12 日亡于兰家会
12 月 20 日	1 月 1 日	同	1 月 9 日
1936 年	1937 年	1939 年	1939 年
本人	蒋凤来	荣老正	本人

烈士名册

队职别	四团电话员	教营学员	一所伙夫
姓名	刘树滋	王振生	荣庆馀
年龄	20	21	40
籍贯	河北河间宋鸭鹅村	河北饶阳田庄	河北霸县唐二里
死亡日期及地点	1941年2月27日亡于兰家会	1941年3月7日亡于兰家会	1941年3月8日亡于兰家会
入院日期	1月1日	12月10日	1月29日
入伍日期	1938年	1939年	1937年
通信处	刘树岗	王干泽	本人
是否党员			
备考			

烈士名册

旅侦察员	七团二营支书	八团二连马夫	旅特伙夫
李云池	宋右知	李海森	刘秃
20	20	25	20
河北饶阳空城	河北清苑县	河北雄县平王村	河北饶阳王岗村
1941年3月9日亡于兰家会	1941年3月9日亡于兰家会	1941年3月10日亡于兰家会	1941年3月11日亡于兰家惠［会］
3月6日	同	同	同
1939年	同	1939年	1939年
本人	同	同	同
	党员		

烈士名册

队职别	八团司务长	四团政伙夫	四团特战士
姓名	郭振坤	崔庆山	杨德和
年龄	33	35	20
籍贯	河北肃宁郭家庄	河北安平崔各庄	河北磁州彭城
死亡日期及地点	1941年3月12日亡于兰家会	1941年3月14日亡于兰家会	1941年3月17日亡于兰家会
入院日期	2月25日	3月8日	2月23日
入伍日期	1939年	1939年	同
通信处	郭瑞祥	崔老兴	本人
是否党员			
备考			

烈士名册

七团一连战士	七团二连战士	八团十连战士
崔木林	彭双立	左德润
21	32	21
河北蠡县北代□	河北安平彭家庄	河北蠡县八里庄
1941年3月22日亡于兰家会	1941年3月24日亡于兰家会	1941年4月2日亡于兰家会
3月14日	3月15日	3月14日
1939年	1940年	1939年
崔老云	彭宝兴	左老玉

74. 新四军第3师[1] 1940 年战斗伤亡统计表

（1941 年 5 月 12 日）

军委、集总、军部：

（一）三师 1940 年战斗伤亡总数 3450 名。

（二）伤指战员 2539 名，内党员 879 名。

（三）亡指战员 911 名，内党员 378 名。

黄　吴[2]

5 月 8 日

（黄克诚来）

---

① 新四军第 3 师是皖南事变后，由八路军第 5 纵队改编而成。

② 黄吴：指黄克诚、吴法宪。

75. 冀中军区4月份战斗伤亡情况报告
（1941年5月22日）

二十七团一营长李茂人，年29，河南郜城县人，1938年春入伍，1939年2月入党，任过连长、副营长、营长，曾负伤一次，于4月2日在北念头阵亡。

四支五大队长余毛恩，44岁，定县号头北庄人，1938年2月入伍，8月入党，任过指导员，于4月7日在徐水战斗阵亡。

一支回民大队长马增宋，保定县东辛庄人，1938年3月入伍，9月入党，任过中队长，曾负伤二次，于4月7日在除水遂城阵亡。

二十四团三营长张广祥，33岁，山东峄县人，1934年入伍，曾任军七七团改为八路军，1938年入党，任过排连长、副营长、营长，于4月9日在东×北郭村战斗负伤。

11团特派员张长炎，20岁，饶阳县人，于郭村战斗负伤。

吕　程①

5月22日

---

① 吕程：指吕正操、程子华。

76. 晋察冀军区干部伤亡统计表

（1941 年 5 月）

十一、十二、一、二、三、四月份统计报告如下：

（一）连以上阵亡

职别	姓名	年龄	籍贯	何时何地牺牲
三团五连长	刘函发	23	闽上 杭人	40 年 12 月阜平白沙村
三团四连政指	滕焕章	32	晋屯甾	41 年 1 月 12 日王楮北山
游击三支队二大队政指	李助山	21	晋灵丘	41 年 2 月 7 日定兴县北幸村
三四团四连政指	陈继善	22	冀定 兴县	2 月 14 日徐水于庄
三三团六连机枪教员	石树彬	19	晋［冀］定兴县	40 年 12 月入伍龙口东山坡
三团部特派干事	张英禄	23	冀 曲阳	
五三团供给处政指	杨积程		冀 井陉	
三团四连政指	张钊升	25	晋 五台	41 年 16 日易县东门村
三四团一连长	陈顺保	27	晋县	41 年 14 日徐沂腒枝棉
三团三营部政指	步任玉	23	晋曲沃	40 年 11 月 10 日榆林庄
二支队一中队长	韦庆昌	25	冀 定县	41 年 10 月黄土坊
河南区队第四中队长	钟□蹙	28	赣雩都	41 年 3 月 21 日寿阳小王强村
第二游击支队大队长	吴大才	25	鲁 文昌县	42 年 6 月 1 日庞家窑
司令部译电员	杨树荒	17	冀 定县	
司令部译电员	宁澜田	18	冀 定县	
政治部组织干事	左金昌	23	冀 唐县	40 年 11 月 19 日曲阳张家峪
供给处政指	孙化南	22	冀 饶阳	40 年 11 月 15 日山镇
游击一支队副政指	王哲华	27	蔡 蔚县	40 年 10 月

（一）连以上阵亡

职别	姓名	年龄	籍贯	何时何地牺牲
游击军司令员	王博	32	臻城	40 年 11 月 16 日曲阳张家峪
游击军司令部副主任	郝玉明		冀 原平	同上
游击军司令部一股长	严经武	37	扶余	同上
游击军政治部民运干事	李质轩			同上
游击军政治部宣传队长	杨福锁	17	冀 唐县	同上
特务大队副政指	孙进修	31	冀 清苑	同上
第三支队教导员	腾蛟	24		同上
第三支队特派员	刘金山	22	赣 瑞金	同上
第八大队长	渠中福	32	冀 衡水	同上
第三大队政指	赵英杰	21	冀 曲阳	40 年 11 月 10 日西带川政新
灵行支队副	苏士茂	33	冀 行唐	41 年 2 月 17 日行唐西礼仁村
120 师管理员	□声高	28	鄂 天门	41 年 3 月 13 日下平山元坊
新兵团一大队军教干事	张伦	34	四川 □保城	41 年 3 月 20 日平山□木
灵行支队一营管理员	张玉清	27	鄂 宣恩县	正定陈家
灵行支队管理员	阎惠陵	24	冀 斗门	正定陈家
灵行支队二机枪连副	许国章	23	冀平山	40 年 12 月 9 日冷井认
骑团团部通讯参谋	肖泽民	23	冀 任丘	40 年 11 月 31 日
骑团除奸股长	张清辉			40 年 11 月 13 日
第二支队五大队政指	张绍对	20	陕	40 年 11 月 16 日曲阳张家峪
共计	37 人			

（二）排长以下：阵亡排级 13，班级 3，战士 9，共计 25 名。

77. 八路军第120师抗战第四周年战斗伤亡、消耗统计表
（1941年5月）

120师抗战第四周年战斗统计表

部队＼战斗次数数目	战斗次数	我军伤亡			我军失联络	我军马匹伤亡
		负伤指战员	阵亡指战员	合计		
第120师	519	2880	1534	4414	475	100
晋西北新军	284	1086	620	1706	119	19
晋西北地方游击队	221	290	134	424	35	
合计	1024	4256	2288	6544	629	119
单位				名	名	匹

我军武器军用品损坏

部队	步马枪	驳壳枪	轻机关枪	重机关枪	冲锋枪	合计	掷弹筒	刺刀	马刀	轻机枪顶备筒	工作器具
第120师	395	33	12	2	29	471	2	87	18	2	91
晋西北新军	160	9	5	1	10	187		38			30
晋西北地方游击队	33				1	34					
合计	588	42	17	3	40	692	2	125	18	2	121
单位						支	个	把	把	个	把

我军武器军用品损坏

部队	步马枪	驳壳枪	轻机关枪	冲锋枪	合计	剩刀	马刀	工作器具	自行车	电话单机	被覆线
第120师	207	12	8	9	236	41	9	91	16	4	
晋西北新军	60	3	3	4	70	20	11	32		5	60
晋西北地方游击队	11				11						
合计	278	15	11	13	317	61	20	123	16	9	60
单位					支	把	把	把	辆	架	斤

我军消耗弹药

部队	步马枪弹	驳壳枪弹	手枪弹	轻机关枪弹	重机关枪弹	冲锋枪弹	合计	掷弹筒弹	手榴弹	迫击炮弹	山炮弹	机炮弹	合计
第120师	410879	3449	456	109807	12239	10697	547527	108	10127	370	215	15	600
晋西北新军	198272	2325	267	34706	3296	3809	242675	25	8710	40			40
晋西北地方游击队	4675	828		6149		688	54416		721				
合计	[1]655902	6602	723	150662	15535	15194	844618	133	19558	410	215	15	640
单位							发		颗				发

附记：此统计时间自1940年7月8日起至1941年5月底止且材料不很完全。

① 原文如此，计算有误。

78. 晋察冀军区 5 月份干部伤亡统计表

（1941 年 5 月）

（一）连以上干部伤亡以队别职别姓名年龄籍贯作战日期伤亡地点之次序：

阵 亡

四团一营一连长	谢承操	27	陕西绥德县	41 年 3 月 22 日五台东茹村
五团支部书记	董贵山	21	河北平山	41 年 3 月 5 日行唐西关
特务团支书	乔永平	22	冀安平	41 年上下南波庄
卫生处医生	袁汝让	22	冀安平	41 年 3 月 7 日阜平下店村

共计 4

负 伤

司令部副股长	王洁清	28	皖宿县	41 年 3 月 23 日徐水县小庄
二十团七连长	张福成	31	冀唐县	41 年 3 月 28 日满城石头村
三团一营连长	张玉跃	29	冀清平	41 年 3 月 7 日孔山赖
四团副团长	刘正恒	28	赣新县	41 年 3 月 22 日五台毛家村
四团见习参谋	甘麟瑞	29	晋五台	41 年 5 月 22 日东茹村
四团敌军干事	刘锡寿	22	冀定县	41 年 5 月 22 日东茹村
四团一营一连政指	徐昌明	26	晋忻	41 年 5 月 22 日东茹村
四团一营一连机枪教员	杨玉焦	26	晋代县	41 年 5 月 22 日东茹村
四团一营四连连长	彭辛福	24	天津市	41 年 5 月 22 日东茹村
四团二营政委	古德保	27	赣兴国	41 年 5 月 22 日东茹村
四团二营副政教	李队	25	浙江鄞县	41 年 5 月 22 日东茹村
四团二营七连政指	邵儒林	35	冀望都	41 年 5 月 22 日东茹村
四团二营十连连长	吴稠明	22	四川宣汉	41 年 5 月 22 日五台东茹村
四团二营营部政指	孙昭	22	晋浑源	同上
四团二营十二连政指	张宣狗	21	晋五台	同上
五团连长	齐润身	25	河北井陉	41 年 5 月 21 日于灵寿
五团政指	李芳迟	20	冀平山	41 年 5 月 15 日于灵寿
五团三营营长	谢洪昌	29	豫计昌	41 年 5 月 5 日平山水碾
八连连长	陈征林	28	宁夏红村	41 年 5 月 5 日于曲阳

（二）排级以下伤亡：

阵亡：123　　负伤：176

（缺署名）

（晋察冀来）

79. 八路军第120师第716团娄烦战斗烈士名册
（1941年6月6日）

1941年6月6日于静乐

七一六团政

队别		一连		二连
职别		班长	战士	战士
姓名		刘启垚	尹银中	张二顺
年龄		25	17	25
籍贯	省	山西	山西	山西
	县	浑源	静乐	阳曲
	区乡	一区	一区	一区
	村	下炕宋	稷子沟	冶元村
家庭通信处及收信人的姓名		本村刘龙章收	尹银中家收	本村张林顺
家庭经济地位		人3口地20亩房3间	人2口地60亩房2间	人5口房4间地10亩
入伍年月		38.11入伍	41.4入伍	41.6入伍
任过什么工作		战斗员	战士	战士
亡故经过		中弹胸部亡	步弹射腹亡	中机弹致死
亡故地点		尹家窑	同	普峪
亡故月日		41.6.5	同	41.6.6
是否党员		党员	非	非
备考				

队别	二连	七连	
职别	战士	战士	同
姓名	张三只	张子利	闫元义
年龄	22	29	26
籍贯 省	山西	山西	山西
籍贯 县	阳曲	阳曲	阳曲
籍贯 区乡	五区	三区	一区
籍贯 村	刘家岭	南山村	梭峪
家庭通信处及收信人的姓名	本村交张二只	张玉召收	本村闫来众
家庭经济地位	人5口地10坰房2间	人5口地10亩	人2口地5亩房2间
入伍年月	41.6入伍	41.3.6	41.3.6
任过什么工作	战士	战士	战士
亡故经过	中机弹下腹亡	步弹中胸致亡	步弹中胸膛
亡故地点	普峪	官庄	官庄
亡故月日	41.6.6	41.6.6	41.6.6
是否党员	非	非	非
备考			

队别	一营二连	同	二营机连
职别	战士	战士	排长
姓名	范合林	李占清	白虎成
年龄	19	27	31
籍贯	河北交河县贾家庄	山西临县七区卜家头村	四川名山县北寨村
入伍年月	1939.8入伍	1940.9入伍	1933入伍
负伤部位及负伤轻重	下腹重伤	肚腹轻伤	负伤左大腿轻伤
负伤地点	普峪村	普峪村	上石家庄
负伤年月日	1941.6.5	1941.6.5	1941.6.5
伤后处置	送入院	随队休养	送入院
是否党员	党员	党员	党员
备考			

队别	七连		
职别	班长	班长	战士
姓名	张义和	刘凤祥	王三子
年龄	33	27	22
籍贯	河北河间县	河北深县	山西阳曲
入伍年月	1939.8 入伍	1939 入伍	41.3 入伍
负伤部位及负伤轻重	大腿轻伤	手部轻伤	臂部大腿重伤
负伤地点	在石家庄	石家庄	石家庄
负伤年月日	41.6.6	41.6.6	41.6.6
伤后处置	队上休息	随队	入院
是否党员	党员	党员	非党
备考			

队别	七连
职别	战士
姓名	张有才
年龄	30
籍贯	山西阳曲
入伍年月	1940.7 入伍
负伤部位及负伤轻重	大腿重伤
负伤地点	石家庄
负伤年月日	41.6.6
伤后处置	入院
是否党员	非党
备考	

80. 冀中军区干部伤亡报告
（1941 年 6 月 8 日）

叶左聂唐①：

1940 年 3 月至 1941 年 5 月我军伤亡团级以上干部：二团团长闵洪友，8 月 21 日负伤，三十三团政治主任孟庆武 9 月间负伤，三十二团政治主任赵济舟，10 月 19 日负伤，三十二团参谋长朱相海 12 月 21 日阵亡，政治主任朱万福（系十分区团主任）10 月 28 日负伤，回民支队参谋长冯克，11 月 19 日负伤，十分区回民大队参谋长吴兆升 1 月 5 日负伤，八分区任何大支队支队长丁占明 2 月 16 日负伤，任何大支队政委贾原 2 月 16 日阵亡。

吕程沙②

6 月 8 日午

---

① 叶左聂唐：指叶剑英、左权、聂荣臻、唐延杰。

② 吕程沙：指吕正操、程子华、沙克。

81. 八路军第120师第358旅零星烈士名册
（1941年6月10日）

1941年

全旅零星烈士名册

6月10日于界河口

队别		八团六连	旅特务连	六团三营
职别		伙夫	战士	战士
姓名		吴春生	董振山	景树华
年龄		45	27	17
籍贯	省	河北	河北	河北
	县	任丘	高阳	固安
	区乡			
	村	大长屯	除安村	相公庄
家庭通信处及收信人的姓名				
家庭经济地位				
入伍年月				
任过什么工作				
亡故经过		葭县万户峪	同	同
亡故地点		1月1日	1月2日	1月8日
亡故月日			是	
是否党员				
备考				

队别		六团卫生队	八团八连	八团五连
职别		战士	战士	伙夫
姓名		李树才	周铲	陈动
年龄		33	35	30
籍贯	省	河北	河北	河北
	县	新城	蠡县	蠡县
	区乡			
	村	杨击河村	洪善堡	保曲
家庭通信处及收信人的姓名				
家庭经济地位				
入伍年月				
任过什么工作				
亡故经过				
亡故地点		葭县万户峪	万户峪	同
亡故月日		1月10日	1月16日	1月17日
是否党员				
备考				

队别		旅特务连	本旅修械所
职别		战士	运输员
姓名		靳国华	刘连起
年龄		20	27
籍贯	省	河北	河北
	县	宛平	大城
	区乡		
	村	安第村	城内
家庭通信处及收信人的姓名			
家庭经济地位			
入伍年月			
任过什么工作			
亡故经过			
亡故地点		蓝家庄	葭县万户峪
亡故月日		1月24日	1月1日
是否党员			
备考			

队别	七团二营	八团卫生队	四团
职别	支书	司务长	电话员
姓名	周常荣	郭振坤	刘树滋
年龄	20	33	20
籍贯 省	河北	河北	河北
籍贯 县		肃宁	河间县
籍贯 区乡			
籍贯 村		郭家庄	宋鸭鹅村
家庭通信处及收信人的姓名		本村郭瑞祥	本村刘树岗
家庭经济地位			
入伍年月		1939 年	1938 年
任过什么工作			
亡故经过			
亡故地点	蒗县兰家会	同上	同上
亡故月日	3 月 9 日	3 月 12 日	2 月 27 日
是否党员	党员		
备考	到时就［不］省人事了故不能写详细		

队别	旅侦察连	七团特务连	七团一连
职别	侦察员	战士	同上
姓名	李云池	杨德和	崔木林
年龄	20	20	21
籍贯 省	河北	河北	河北
籍贯 县	饶阳	磁州	里［蠡］县
籍贯 区乡			
籍贯 村	空城村	彭城镇	北代柳林
家庭通信处及收信人的姓名	本村本人	本村本人	本村崔光云
家庭经济地位			
入伍年月	1939 年	1939 年	1939 年
任过什么工作			
亡故经过			
亡故地点	同上	同上	同上
亡故月日	3 月 9 日	3 月 17 日	3 月 22 日
是否党员			
备考			

队别		八团二连	供给部	一所
职别		马夫	伙夫	伙夫
姓名		李海深	王振生	荣庆余
年龄		25	21	40
籍贯	省	河北	河北	河北
	县	雄县	饶阳	霸县
	区乡			
	村	平王村	田庄	唐二里
家庭通信处及收信人的姓名		本村本人	本村王干泽	本村本人
家庭经济地位				
入伍年月		1939 年	1939 年	1937 年
任过什么工作				
亡故经过				
亡故地点		同上	同上	同上
亡故月日		3 月 10 日	3 月 7 日	3 月 8 日
是否党员				
备考				

队别		旅特务连	四团政治处
职别		伙夫	伙夫
姓名		刘秃	崔庆山
年龄		20	35
籍贯	省	河北	河北
	县	饶阳	安平
	区乡		
	村	王岗村	崔各庄
家庭通信处及收信人的姓名		本村本人	本村崔老兴
家庭经济地位			
入伍年月		1939 年	1939 年
任过什么工作			
亡故经过			
亡故地点		同上	同上
亡故月日		3 月 11 日	3 月 14 日
是否党员			
备考			

队别	休养第三所		
职别	文书	上士	通讯班长
姓名	褚本玉	孔繁杰	王献章
年龄	36	24	
籍贯 省	河北	河北	
籍贯 县	饶阳	献县	
籍贯 区乡			
籍贯 村	褚家庄		
家庭通信处及收信人的姓名			
家庭经济地位			
入伍年月	1939 年		
任过什么工作			
亡故经过			
亡故地点	于交城神尾沟		
亡故月日	1941. 1. 1		
是否党员			
备考			

注：因文书阵亡，将军人登记表丢掉，不能详细登记。

队别			
职别	看护员		
姓名	刘福庆	张子钧	邢荣昌
年龄	17		
籍贯 省	河北	河北	同
籍贯 县	饶阳	安平	同
籍贯 区乡			
籍贯 村	许张堡		
家庭通信处及收信人的姓名	本村本人		
家庭经济地位			
入伍年月	1939 年	1939 年	
任过什么工作			
亡故经过			
亡故地点	交城神尾沟	同	同
亡故月日	1941. 1. 1	同	同
是否党员			
备考			

队别				
职别				
姓名		苏殿卿	李海中	程金池
年龄				
籍贯	省	河北	同	同
	县	霸县	安国	安平
	区乡			
	村			
家庭通信处及收信人的姓名				
家庭经济地位				
入伍年月		1939 年入伍	同	同
任过什么工作				
亡故经过				
亡故地点				
亡故月日				
是否党员				
备考				

队别				
职别				
姓名		张为忠	赵存显	王同造
年龄				
籍贯	省	河北	同	同
	县	安平	同	深且〈县〉
	区乡			
	村			
家庭通信处及收信人的姓名				
家庭经济地位				
入伍年月		1939 年入伍	同	同
任过什么工作				
亡故经过				
亡故地点				
亡故月日				
是否党员				
备考				

队别				
职别		马兵		
姓名		吕村由	薛长更	吴行单
年龄				
籍贯	省	河北	同	同
	县	饶阳		
	区乡			
	村			
家庭通信处及收信人的姓名				
家庭经济地位				
入伍年月				
任过什么工作				
亡故经过				
亡故地点				
亡故月日				
是否党员				
备考				

七团二营

队别		五连	一营三连	二连
职别		战士	同	同
姓名		韩瑞祥	于汝彬	杨德昆
年龄		29	27	19
籍贯	省	河北省	同	同
	县	平山县	林青〔临清〕县	深县
	区乡	十三区		七区
	村	后街村	苑潭村	官庄村
家庭通信处及收信人的姓名		平山县后街村韩多收信		本村杨子琴收
家庭经济地位		房3间地4亩人4口	人5口房4间地10亩	人4口房6间地8亩
入伍年月		1939年7月	1938年入伍	1939年
任过什么工作		没有	班长	
亡故经过		在冬季扫荡在官庄补〈被〉敌捕		枪走火打死
亡故地点		岚县官庄	在宁武西遥马山上	在岚县会礼
亡故月日		1941年1月6日	1月2日	1月23日
是否党员		不是	非	非
备考				

队别		九连		
职别		战士	战士	上士
姓名		田宽福	周志安	张九朋
年龄		32	33	32
籍贯	省	山西省	河北	河北
	县	静乐县	深县	霸县
	区乡	八区	五区	
	村	榆林掌	周家庄	信安
家庭通信处及收信人的姓名		榆林掌	周家庄周志信收	信安张宝安收
家庭经济地位		房2间地60亩人2口	房3间地4亩人4口	房5间地10亩人9口
入伍年月		1940年南原入<伍>	1940年王庄入<伍>	1938年本地入<伍>
任过什么工作		战士	战士	任过司务长
亡故经过		在杨岭坡受敌袭击阵亡的	在斜家沟病亡	在斜家沟病亡
亡故地点		岚县杨岭坡	宁武斜家沟	宁武斜家沟
亡故月日		1941.1.8阵亡	1941年1月	1941年1月
是否党员		不是	不是	不是
备考				

烈士名册

2月份

358卫生部休养二所

队别	六团一连	警备连	警备连
职别	上士	战士	副班长
姓名	张少武	蒋凤全	荣占发
年龄	43	27	34
籍贯 省	贵州省	河北	河北
籍贯 县	比皆［毕节］县	河间	镇［正］定
籍贯 区乡			
籍贯 村	张家屯村	城内	西里双
家庭通信处及收信人的姓名	本村本人	本村兄蒋凤来	本村兄荣老正
家庭经济地位			
入伍年月	1936年1月入伍	1937年1月入伍	1939年入伍
任过什么工作			
亡故经过			
亡故地点	葭县李家堡	葭县兰家会	同
亡故月日	2月1日	2月1日	2月3日
是否党员			
备考			

队别	七团七连	旅直供贸易局
职别	战士	政指
姓名	刘登山	齐学忠
年龄	32	27
籍贯 省	河北	陕西
籍贯 县	安平	汉阴
籍贯 区乡		
籍贯 村	寨子村	开化铺
家庭通信处及收信人的姓名	通信本人	
家庭经济地位		中农
入伍年月	1939年4月入伍	1939年8月入抗大
任过什么工作		工作团主任
亡故经过		由感冒转伤寒重犯后为穿肠伤寒
亡故地点	葭县兰家会	陕西葭县万户峪
亡故月日	2月12日	3月7日
是否党员		39年入党
备考		

烈士登记表

队别	八团二营营部		五连
职别	军需	粮秣员	给养士
姓名	赵玉桥	彭春年	宋志欣
年龄	28	39	31
籍贯 省	河北	同	同
籍贯 县	新城	蠡县	同
籍贯 区乡	大辛庄区	二区	
籍贯 村	东岱上	中念村	留史
家庭通信处及收信人的姓名			
家庭经济地位			
入伍年月	1939 年入伍	1939 年入伍	1940 年入伍
任过什么工作			
亡故经过	催粮被包围击毙	同	同
亡故地点	山底	同	同
亡故月日	1941 年 4 月 28 日	同	同
是否党员	党员	同	非党员
备考			

烈士登记表

队别	六连	七连	八连
职别	给养士	同	同
姓名	赵永兴	王永和	张西珍
年龄	36	43	27
籍贯 省	河北	同	同
籍贯 县	新城	霸县	新城
籍贯 区乡			
籍贯 村	西河营	和庄	蛮子营
家庭通信处及收信人的姓名			
家庭经济地位			
入伍年月	1939 年入伍	同	同
任过什么工作			
亡故经过	因搞粮被敌包围击毙	同	同
亡故地点	山底	同	同
亡故月日	4 月 28 日	同	同
何时入党		党员	党员
备考			

烈士登记表

队别		八团一营三连
职别		战士
姓名		张景春
年龄		18
籍贯	省	河北
	县	新安〈安新〉
	区乡	三区
	村	宋家庄
家庭通信处及收信人的姓名		本村村公所收
家庭经济地位		人 1 口房地无
入伍年月		1939 年入伍
任过什么工作		战士
亡故经过		小简沟村后大山上遇敌
亡故地点		同上
亡故月日		41 年 5 月 14 日
何时入党		
备考		

82. 八路军第120师抗战第四周年部队负伤、阵亡、敌捕、病亡人员统计表

（1941年6月）

抗战第四周年各项增减统计表

1940.6—1941.5

120师政治部组织部

于山西兴县

抗战第四周年指战员及党员增减总报告表

八路军120师政治部组织部制

1941.6

附　　记

（A）此表即根据各部的报告材料而作出的。

（B）时间即自1940年6月至1941年5月底止。

（C）大青山骑支因部队分散关系，其数目即自1941年1月至6月止。

五分区即自1941年3月成立至6月止。

抗战第四周年部队病亡人员统计表（三）

部别	军事干部						政治干部					战其				总计	党员
职别／数目	团	营	连	排	班	计	团	营	连	排	计	战士	什务人员	卫生人员	计		
师直				1		1				1	1	5			5	7	3
后勤			4	18	35	57			3	6	9	154	70	23	247	313	21
教导团										1	1	1	2		3	4	1
特务团		1		4	7	12		1	3	4	8	109	50	2	161	181	56
三五八旅		3	2	6	6	17	1	1	8	2	12	115	39	4	158	187	51
三五九旅			1	4	1	6		1		1	2	58	5	4	67	75	24
独一旅				11	20	31			6	4	10	132	48	9	189	230	61
独二旅			1	3	3	7		2	5	1	8	5	10		15	30	14
五分区																	
大青山支队			1			1		2			2	7		1	8	11	6
总计		4	9	47	72	132	1	7	25	20	53	586	224	43	853	1038	237

附记：

（A）军干营级：特团卫生队长杨贤志，八旅八团营长傅鼎输原三支科长林青（水淹死）医务科长黄生明。

（B）政干团级：八旅八团主任张元和，特团教导员王德国，八旅原三支锄奸科长张友照，九旅一名二旅教导总支书胡减兴，四团特派员向中友，大青山三团特派员邹光明，又四支政委委孙春晚。

（C）后勤部的病亡人员包括大部分在院因伤重而牺牲的数目。

抗战第四周年部队失联、掉队人员统计表（四）

部别\数目 职别	军事干部						政治干部					战其				总计	党员
	团	营	连	排	班	计	团	营	连	排	计	战士	什务人员	卫生人员	计		
师直										2	2	38	2		40	42	1
后勤												7	6	9	22	22	3
教导团				2		2						4	9		13	13	2
特务团										1	1	92	12	7	111	114	27
三五八旅				8	16	24			1	1	2	151	116	2	269	295	92
三五九旅					3	3						88	74	3	165	168	43
独一旅			3	7	19	29				1	1	175	33	3	211	241	48
独二旅			3	13	42	58				5	5	259	146	10	415	478	78
五分区												2			2	2	2
大青山支队					2	2						61			61	63	8
总计			6	30	82	118			1	10	11	877	398	34	1309	1438	304

附记

（A）此失掉数主要是40年秋季百团大战战役及冬季反扫荡两时期中为减员的大部分数。（此数目即失联络和掉队）

抗战第四周年部队敌捕人员统计表（七）

部别 \ 职别	军事干部							政治干部					战其				总计	党员
	旅	团	营	连	排	班	计	团	营	连	排	计	战士	什务人员	卫生人员	计		
师直			1				1		1	1	1	3					4	2
后勤														3		3	3	
教导团				1			1						1	3		4	5	1
特务团													2			2	2	2
三五八旅						2	2			4	5	9	20	6		26	37	15
三五九旅													4	4		8	8	1
独一旅													3			3	3	1
独二旅					2	2	4			1		1	11	6		17	22	6
五分区													3			3	3	
大青山支队	1			2	6		9						30	6	1	37	46	9
总计	1		1	3	8	4	17		1	6	6	13	74	28	1	103	133	37

附记：（A）军干旅级：即大青山骑支参谋长张成功，营级：是师电台队长尤静轩。

抗战第四周年部队阵亡人员统计表（九）

部别＼职别数目	军事干部						政治干部					战其				总计	党员
	团	营	连	排	班	计	团	营	连	排	计	战士	什务人员	卫生人员	计		
师直			1	1	2	4	1				1					5	5
后勤																	
教导团		1	1	1		3			2		2	8			8	13	9
特务团				6	7	13			3		3	25			25	41	22
三五八旅	1	2	19	21	55	98		2	13		15	262	30		292	405	226
三五九旅			2	6	1	9			3		3	62		6	68	80	42
独一旅		1	8	14	19	42		1	6		7	83	1	0	84	133	71
独二旅	1	1	14	22	48	86			9		9	175	9		184	279	154
五分区			1	1	2	3				1	1	4			4	8	4
大青山支队	1		1	6	25	39①		1	5		6	76		1	77	122	40
总计	3	5	52②	78	159	297	1	4	41	1	47	695	40	7	742	1086	573

附记

（A）军干团级：八旅八团副左清臣，大青山团长王贤光，二旅九团长王贤光，一旅二团参训队长林长云，教团参谋长秦实庵，又旅部科长一名。营级：教团营长秦实庵，纯二旅二科长张元基，八旅六团一营副谢家泉，一旅二团总支书黄湘，又大青山政军科长一名。

（B）政干团级：师民运副部长王帮秀；营级：八旅六团政教魏光芝，八团总支书黄湘，一旅二团政教唐开先，又大青山政军科长一名。

① ② 原文如此，计算有误。

· 1113 ·

抗战第四周年部队负伤人员统计表（十）

职别 数目 部别	军事干部						政治干部					战其				总计	党员
	团	营	连	排	班	计	团	营	连	排	计	战士	什务人员	卫生人员	计		
师直		1				1						19			19	20	8
后勤																	
教导团			1	1		2						4			4	6	2
特务团			2	12	13	27		1	2		3	61		2	63	93	49
三五八旅	1	3	25	40	119	188		4	18	3	25	464	17	5	486	699	433
三五九旅		1	6	17	33	57		1			1	137	3		140	198	96
独一旅	1		6	18	44	69		1	9		10	125			125	204	106
独二旅	1	6	24	33	62	126	1	2	13		16	352			352	494	222
五分区		1	1	2	3	7			2		2	4			4	13	5
大青山支队			8	16	24	48		2	4	1	7	158			158	213	64
总计	3	12	73	139	298	525	1	11	48	4	64	1324	20	7	1351	1940	985

附记

（A）军干团级：九旅1，一旅五团参〔谋〕长鲁赤成，二旅四团长鲁绍武；营级：八旅四团营长余致泉，六团营长张迷芝游好杨，七团营长龚兴业，卫生队长陈纯炳，四团一参仇泰兴，营长李家富，副营长陈文科，营长连金海，五分区营长一，师供军实科长一。

（B）政干，团级：二旅四团政委张世良，营级特团政教覃正品，八旅六团政教齐成德，三支七团政教高诗德，又政教一，组织股长朱指南，九旅七团政委齐春育，一旅二团政教王代志，二团工作团主任王坚，四团教育副教导员股长冯枫，大青山政教副教导员一名。

83. 八路军第120师野战医院抗战四年来人员伤病统计（1941年6月）

野战医院抗战一周年负伤部位统计表1938年8月于山西岚县

区别 伤别	头预部 枪伤贯通	头预部 刀伤	头预部 搽伤	头预部 跌伤	头预部 合计	胸腹部 枪伤贯通	胸腹部 刀伤	胸腹部 搽伤	胸腹部 跌伤	胸腹部 剁伤	胸腹部 合计	背部 枪伤贯通	背部 炸刀伤	背部 搽伤	背部 挫伤	背部 跌伤	背部 合计	臀部 枪伤贯通	臀部 炸刀伤	臀部 搽伤	臀部 挫伤	臀部 剁伤	臀部 合计	上肢 枪伤贯通	上肢 枪伤盲贯	上肢 炸伤	上肢 刀伤	上肢 搽伤	上肢 挫伤	上肢 跌伤	上肢 剁伤	上肢 合计	下肢 枪伤贯通	下肢 枪伤盲贯	下肢 炸刀伤	下肢 搽伤	下肢 挫伤	下肢 跌伤	下肢 剁伤	下肢 合计	总计	附记
原有	36	13	23	3	93	24	8				52	15					47	16	5	10			42	213	50	38	46	15	16	20	29	381	166	41	46	15	15	40	9	332		
增加	24	6	23	5	52	54	16	5	3	5	93	74	14	24	2	13	153	60	41	17	3	18	187	308	80	56	69	46	22	26	34	572	230	80	71	40	23	53	9	495	1695	
治愈			11		27	27	8	5			52	47	11	10		8	84	42	19	19			111	213	50	38	46	15	16	20	29	381	166	41	41	15	15	40	9	332	1078	
转院						2	2				2						2																							2	
死亡	5	3	1		11	4	3			1	11	3	2			1	12	6	2			1	10	10	4	2	3	1			1	16	13	4	3		1	1		24	79	
逃亡	1				2	2					2	1		2		1	4	4	3					9	1	2	1		1			13			1					2	22	
现有	6	4	11	2	28	23	5	10	2	2	54	23	3	12	2	5	66	14	19	11			67	76	25	14	19	30	6	6	5	162	51	22	41	25	8	12	12	137	514	

120师师野战医院第二周年负伤部位统计表　　　年　月　日

伤类	头颈部 枪伤贯通	枪伤盲贯	炸伤	刀伤	搽伤	挫伤	跌伤	合计	胸腹部 枪伤贯通	枪伤盲贯	炸伤	刀伤	搽伤	挫伤	跌伤	合计	背部 枪伤贯通	枪伤盲贯	炸伤	刀伤	搽伤	挫伤	跌伤	刺伤	合计	臀部 枪伤贯通	枪伤盲贯	炸伤	刀伤	搽伤	挫伤	跌伤	刺伤	合计	上肢 枪伤贯通	枪伤盲贯	炸伤	刀伤	搽伤	挫伤	跌伤	刺伤	合计	下肢 枪伤贯通	枪伤盲贯	炸伤	刀伤	搽伤	挫伤	跌伤	合计	合计	总计	附记
原有	6	4	5	11			2	28	23	8	5	10				66	23	15	3	12		5			54	14	23	19	11					67	79	25	14		30	3	5	6	162	59	22	19	25			12	137	137	514	
增加	12	4	10	1	2		1	31	21	9	24	1	2			44	9	2	22			3		8	44	46	1	34	11			7		94	119	11	122	1	1				257	343	30	114	10			17	497	497	959	
治愈	16	6	9	1	11			44	13	13	22	1	10			75	16	13	17	13	6	6		8	75	30	15	38	13		5	6		105 ①	105	22	66	1	19	8	5	5	254	169	33	60	10			17	289	289	837	
转院		1	2	1				5	3		2					4	6	6	1			1			10	12	4	2	2		1			18 ②	19	8	8					5	35	136	13	19	1		2		169	169	241	
死亡																	1	1							4	2	1	1						4	5	1	1						7	3		1			2		6	6	29	
逃亡																	1								1			1						1	4		3						7	4		2	2				4	4	12	
现有	1		4		2		3	10	2		5		2			9	8	2	6		2	1			9	16	4	12		2	2			34	34	37	58	5			2		116	94	4	51	15		2		166	166	354	

①② 原文如此，计算有误。

120 野战医院抗战第三周年统计

部所负伤部位统计表　　　年　月　日

伤别	头颈部 枪伤贯通	枪伤盲贯	炸伤	刀伤	擦伤	挫伤	剌伤	合计	胸腹部 枪伤贯通	枪伤盲贯	炸伤	刀伤	擦伤	挫伤	剌伤	合计	背部 合计	臀部 合计	上肢 合计	下肢 合计	总计	附记
原有	1		4		2		3	10			5		2			9	19	34	116	166	354	
增加	48	30	37	8	2		6	141①	91	29	36		5	2	5	190	136	170	247	190	1074	
治愈	24	23	24	8	2	3	5	89	53	22	23		5			112	95	157	239	242②	934②	
转院	2	2						4			2					7	4	4	13	18	50	
死亡	2	2						4	8		1	1				10	5	5	9	8	40	
逃亡	1							1								1	2	2		1	10	
现有	20	9	17	2		1	6	55	48	6	12			1		70	49	36	97	87	394	

①② 原文如此，计算有误。

120师野战医院抗战第四周年统计

区别／伤类	头颈部								胸腹部								背部								臀部								上肢								下肢								总计
	枪伤贯通	枪伤盲贯	炸伤	刺伤	擦伤	跌伤	换伤	合计	枪伤贯通	枪伤盲贯	炸伤	刺伤	擦伤	跌伤	换伤	合计	枪伤贯通	枪伤盲贯	炸伤	刺伤	擦伤	跌伤	换伤	合计	枪伤贯通	枪伤盲贯	炸伤	刺伤	擦伤	跌伤	换伤	合计	枪伤贯通	枪伤盲贯	炸伤	刺伤	擦伤	跌伤	换伤	合计	枪伤贯通	枪伤盲贯	炸伤	刺伤	擦伤	跌伤	换伤	合计	总计
原有	20	9	17	1	2	6		55	48	6	12		1	3		70	21	6	12	5	2	3		49	12	13	5			2	4	36	31	18	26	12		8	2	97	43	14	22	2	3	3		87	394
增加	33	8	20	6	2	1	5	75	75	15	55	11	6	5	3	170	40	14	37	3	11	5	6	116	52	40	85	2		3	11	193	123	27	88	9	48	51	13	359	143	49	1	129	51	38	12	423	1336
治愈	30	11	30	5	3	7	4	90	80	10	42	5	7	3	5	152	55	14	48	8	12	8	6	151	30	45	80	2		5	15	177	85	42	98	20	48	57	10	360	50	50	77	17	54	36	7	367①	1297①
转院	10	2	2	1			1	16	25	5	8	1		1		40									15	4						19	20		6	1		1	4	32	39	3	12			2	3	59	166
死亡	11	3	5	1	1			21	14	3	15	3				35									13	3						16	23	2	2					27	35	9	5					49	148
逃亡																	2	1						3	1							1	2	1					1	4									8
现有	2	1						3	4	3	2	2	2			13	5	4	1					10	6	7				3		16	24		8			1	1	34	21	1	1	7		3	2	35	111

① 原文如此，计算有误。

84. 晋察冀军区4月份连以上干部伤亡统计表

（1941年6月）

四月份一、二、三、四、五分区伤亡统计数目

（1941.6）

朱彭左叶①：

（一）阵亡：连级以上干部阵亡

职别	姓名	年	籍贯	何时何地牺牲
第三区队三支队一大队长	吴有山	27	甘肃庆阳	41年后水县里村
二六团三营六连长	郭列章	24	冀易县	41年4月17日
四团九连	谢德堪	25	赣兴国县	41年4月7日五台小龙
四团三营政教	薄英堂	21	四川阆中县	于时地
八旅特务营长	郑资宏	22	皖天长人	41年4月7日王家庄
十九团三营九连长	何赔长	25	赣雩都	41年4月5日上鹤山

排以下阵亡：排长8班长9战士24排以下阵亡共计41名。

（二）负伤：连以上负伤

职别	姓名	年	籍贯	何时何地负伤
二五团十一连政指	夏明偏	29	豫海南	41年4月18日于小河
二五团司令部连长	张奇武	45	冀易县	41年4月18日于小河
四团二连连副	胡有	30	陕延安	41年4月15日五台南高洪口
四团十连连副	于唯命	21	晋汾阳	41年4月5日南高洪口
四团十连支书	杜学检	22	晋曲沃	41年4月5日南高洪口
二团三营十连支书	范支成	19	冀易县	41年4月19日完县西五里岗
游击军六大队副	刘历荣	29	冀河间	41年4月27日庞家凹
河南区队政指	陈士德	27	冀平山	41年3月25日南脑
连级以上共计八名				

负伤排长11班长10战士27，排以下共计48名。

聂　唐②

---

①　朱彭左叶：指朱德、彭德怀、左权、叶剑英。

②　聂唐：指聂荣臻、唐延杰。

85. 冀南军区各分区消耗、损失、伤亡统计表
（1941 年 6 月）

各分区战斗破路收获及消损伤亡统计表自 1940 年 7 月 7 日——1941 年 6 月 16 日止于清河杨二庄

项目	次数	项目	次数	项目	次数	项目	次数
大小战斗	467	自来水笔	3	短枪弹（消耗 药）	606	马匹	3
毙日军 官长	2	日记本	5	掷弹	47	洋镐	5
士兵	1099	眼镜	3	手弹	1979	手弹袋	6
马匹	7	望远镜	1	763 轻机弹	201	合计	
合计	1108	地图	2	合计	80705	团（负伤）	3
毙伪军 官长		日旗	7	步马枪（武器）	53	营	9
士兵	964	马鞍	7	短枪	4	连	20
马匹	10	弹壳	400	轻机	3	排	41
合计	974	机枪件	1 部	掷筒	1	班	76
俘日伪 日军	5	煤油	2 桶	预备机枪筒	1	战	329
伪军	466	银元	843			其他	2
马	17	伪钞	910	合计	62	合计	480
合计	488	铜元	4125	步马弹（弹药）	1424	团	
武器 步马枪	448	提灯	55	短枪弹	50	营	4
短枪	41	电杆	2341	机枪弹		连	15
轻机枪	4	电线	12455	掷弹		排	14
掷弹筒	1	大车	5	手弹	68	班	29
重机枪	2	驴骡牛	34	合计	1542	战	149
自动步枪	2	红茅枪	2	刺刀（军用品）	2	其他	
		海带	44 斤	轻机衣	1	合计	211
合计	498	大米	88			团	
弹药 步马弹	5863	红白帘	908 张	合计	3	营	
短枪弹	101	火柴	2300 盒	武器 步马枪	281	连	2
轻机弹	50	白糖	10 斤	短枪	10	排	1
手榴弹	50	水糖	20	机枪		班	96
炮弹	20	葡萄干	20 盒	掷筒		战	12
掷弹	50	罐头	2 筒			其他	
瓦斯弹	25	纸烟	800 盒	合计	291	合计	111
		肥皂	60 条	弹药 步马弹	2024	总计	
合计	6091①			短枪弹	59	次数	4
缴获 其他 刺刀	9	合计		机枪弹		人数	68
指挥刀	5	破公路次数	146	手弹	177	枪数	64
大刀	10	米达数	239814			子弹	2131
收音机	8	毁碉堡	21 个	合计	2260		
电话机	2	破围子	17 个	刺刀	3		
留声机	2	挖沟	1525 条	大刀	1		
大衣	17	填河	13422m	马刀	4		
军衣	6	填芦路沟	9341 条	工具	1	解放敌人统治人民	2500
军帽	3	烧给养	6000 斤	自行车	7		
钢盔	12	毁木船	32 艘	机枪梭子	1	损失 子弹袋	4
军毯	12	拔小树	910 棵	手枪梭子	3	米袋	104
水壶	10	毁石灰池	2 个	炮	94	锄头	5
挂包	10	架板杆	90	磁盆	31	钳子	1
子弹袋	36	砍电杆	1381	包皮	25		
子弹盒	8	电线	58	大衣	109		
皮带	10	我弹 步马弹	73402	军衣	78		
裸腿	3	轻机弹	4445	被子	208		
鞋子	8	重机弹	25	皮带	22		
靴子	10			挂包	30		
手表	9			大车	3		

---

① 原文如此，计算有误。

项目	次数	项目	次数	项目	次数	项目	次数
附记	1. 此表不十分确实只是一个大概的数目因各分区报不齐报不完全 2. 破路的收获及次数只是1941年的1940年没有统计。 3. 另有缴获的炮弹一箱子弹一箱没有统计在内因不知数目。 4. 毙日军营长2名一个是指挥官一个是中尉。 5. 毙敌伪之官长数目绝大多数都在士兵数内，因过去的表毙敌的官和兵没有分开。			6. 缴获的食品及洋火等大部分送给地方武装和群众团体。 7. 最后所损失的四种和损失其它军用品接着里，因伤亡的表格写的太靠上了。 8. 伤的团级干部一名吕琛，一名杨树根，一名万德坤。 9. 坏的机枪早已修好了坏的掷弹筒被敌人炮弹打碎了。			

86. 八路军第 129 师新 4 旅抗战以来连以上干部负伤阵亡名册（1941 年 6 月）

抗战以来连以上干部负伤花名册

部别	职别	姓名	备考
旅直教导队	队长	罗绍启	
二营	同	向守芝	
三营	营长	付米文	
同	副营长	付米文	
一营	同	刘义华	
同	教导员	梅家海	
二营	同	张尚文	
同	副营长	徐其海	
一营	同	吴宗先	
七七一团特务营	营长	席汝满	
同	政委	桂承志	
十团	团长	陈子斌	
同	同	吕琳	
政治处	主任	夏祖盛	
七七一团	副团长	贾建国	

抗战以来连以上干部负伤名册

部别	职别	姓名	备考
旅轮训队	支书	刘云孝	
旅政治部	锄干	舒振起	
旅司令部	同	胡少玉	
旅直警卫连	政指	彭能维	
二营	同	任清荣	
十一团一营	政教	张必顺	
三营	营长	张朝启	
一营	营长	李玉楷	
二营	副营长	宋家骅	
同	同	耿殿脚	
十团一营	副营长	黄清荣	
同	副政教	王昌林	
同	营长	黄学义	
旅直教导队	政教	赵宗发	

抗战以来连以上干部负伤花名册

部别	十团二营	旅轮训队	旅司令部	七七一团一营	一连	二连	通讯连	政治处	二营七连	同	三营	二营五连	八连	一营一连	同
职别	营长	政指	侦察股长	连长	政指	连长	副政指	特派干事	连长	副政指	副营长	政指	副政指	连长	政指
姓名	刘兴发	权福光	王万喜	周子忠	彭文金	李加亘	李开发	符必久	张怀禄	穆联云	李兴之	梅家海	朱锡伦	程其昌	蔡道银
备考															

抗战以来连以上干部负伤名册

部别	七七一团一营二连	同	三连	三营九连	十连	同	十一连	同	十二连	特务连	一营二连	一营营部	一营一连	一营二连	一营三连
职别	连长	副政指	连长	连长	副连长	政指	连长	副政指	政指	连长	连长	特派干事	连长	连长	政指
姓名	陈则进	张开焕	吴顶山	彭纪求	陈明春	王义政	李槐山	戴其文	张必顺	陈伍银	黄清荣	冯义礼	崔锡明	赵澄清	袁世贵
备考															

抗战以来连以上干部负伤名册

部别	七七一团一营一连	二连	六连	七连	八连	三营十二连	十一连	九连	同	同	十连	同	十一连	九连	同
职别	政指	连长	政指	副政指	菁干	政指	连长	连长	副连长	菁干	副政指	副连长	副政指	连长	菁干
姓名	侯炳堂	赵敦峰	李荫吾	向能兴	李玉清	张必顺	李怀山	何书成	王信元	陈承发	何金山	陈显德	陈朗义	韩怀元	赵宗方
备考															

抗战以来连以上干部负伤名册

部别	三营机连	三大队	一营营部	同	二连	三营营部	同	十二连	同	政治处	一营机连	一连	四连	机枪连
职别	连长	队副	特派员	特派干事	连长	特派员	菁干	连长	政指	特派干事	副连长	同	连长	支书
姓名	谢恩仔	韩永开	鲁世贵	冯义礼	王学万	罗云章	郝学礼	张登义	张怀仁	冯义礼	登开全	吴金仁	常可敬	刘廉宾
备考														

部别	二营机连	八连	三营九连	一营四连	二营五连	七连	工兵连	三营十连	一营一连	一营七连	二营五连	三营九连	十一连	一营一连	二营八连
职别	政指	政指	连长	副连长	副连长	政指	连长	副连长	连长	连长	连长	连长	连长	政指	连长
姓名	李三才	李文能	王信元	牟炳和	杨其明	黄世福	黄万银	周子健	何书成	李凤友	侯开中	李振弘	王佑华	刘家兴	冉全川
备考															

抗战以来连以上干部负伤名册

部别	一营营部	二连	三连	同	二营五连	三营九连	十一连	同	二营五连	一营一连	二营五连	同	同	二营营部	三营十一连
职别	特派员	政指	连长	支书	支书	连长	连长	副连长	连长	连长	连长	支书	支书	特派员	副连长
姓名	王嘉林	王永琼	邹日贵	姜全贵	马登云	李振弘	张学虎	王映春	侯开中	何书成	刘加兴	张少兴	李书春	罗云章	赵宗善
备考															

抗战以来连以上干部负伤名册

部别	七七一团三营十一连	三营十二连	二营七连	六连	一营一连	二营五连	七连	十团二营六连	一营二连	三营九连	一营二连	炮兵连	通讯连	政治处	二营五连
职别	连长	副政指	副连长	连长	连长	连长	支书	副政指	副连长	政指	副政指	连副	副政指	敌军干事	连长
姓名	黄光臣	刘凤池	周开海	冉全川	何书成	刘加兴	张绍德	伏明津	何正明	曹忠绍	周兰堂	王九林	庞光明	闫思敏	郭文友
备考															

抗战以来连以上干部负伤名册

部别	十团一营一连	二营五连	一营二连	供给处	同	一营一连	三营七连	同	二营四连	三营营部	二营五连	三营七连	九连	一营三连	同
职别	连长	连长	副连长	会计	管理员	支书	连长	支书	支书	支书	政指	连长	连长	政指	连长
姓名	高鹏	王化南	李和清	刘异祥	魏明禄	林金铎	彭以河	马进德	罗让	刘云孝	曾继富	肖怀清	杜凌云	洪明德	崔昆山
备考															

抗战以来连以上干部负伤名册

部别	十团二营四连	五连	六连	三营七连	八连	九连	一营一连	二连	三连	二营五连	一营营部	炮兵连	一营一连	同	一营三连
职别	政指	同	同	同	同	支书	连长	副连长	连长	支书	支书	连长	副连长	支书	副连长
姓名	王少能	于光文	林万云	王恩瑞	马新庭	贾希英	王九林	岳得兴	谢保才	刘杰生	冉开全	潘连安	苏金林	薛同民	史乐生
备考															

抗战以来连以上干部负伤名册

部别	十团三营七连	同	三营九连	二营六连	一营一连	十一团三营八连	二营六连	三营十连	同	三营十二连	二营八连	三营十一连	一营四连	十一团司令部	二营五连
职别	政指	支书	连长	同	同	同	政指	连长	政指	副连长	支书	同	同	三参谋	连长
姓名	李国良	王东德	尹志克	霍卫村	陈先贵	舒贵云	盖主乾	汪正福	仲炮	张德先	何言豹	黄琴生	熊方义	淳延玉	曾纪胜
备考															

抗战以来连以上干部负伤名册

部别	十一团机关连	二营四连	六连	七七一团二营	二营八连	一营二连	同	同
职别	连长	同	同	机关连长	连长	政指	连长	连长
姓名	王宏兴	韩丰太	舒贵云	雷正海	李洪起	邹仕兴	任凤岐	曲兴周
备考								

抗战以来连以上干部阵亡名册

部别	十一团	七七一团一营	三营	司令部	政治处	供给处	十团政治处	一营	十一团二营	旅司令部	七七一团一营一连	七七一团一营二连	三连	四连	同
职别	副团长	营长	教导员	一参谋	特派员	处长	特派员	副营长	同	通讯参谋	连副	政指	副连长	连长	政指
姓名	程其昌	潘占奎	张明建	尹熙义	罗庆祥	毛少臣	曾书轩	向光华	雷正海	马捷三	宋金山	李述生	李发芝	邓革太	廖玉祥
备考															

抗战以来连以上干部阵亡名册

部别	职别	姓名	备考
七七一团二营六连	连长	边克先	
二营机枪连	同	胡金山	
同	政指	金导忠	
三营九连	同	裴庆山	
一营营部	管理员	何明乐	
三营营部	特派员	余世银	
三营十二连	连长	樊桃先	
二营机枪连	政指	陈祝三	
三营八连	连长	孙洪余	
同	政指	贺继孪	
二营五连	连长	陈武银	
同	副政指	杨桂春	
一营一连	同	杜常春	
三营十连	政指	陈朝义	
一营二连	连长	唐新润	

抗战以来连以上干部阵亡名册

部别	职别	姓名	备考
七七一团机连	连长	熊能宾	
三营九连	政指	王传木	
一营三连	副连长	王文义	
特务连	连长	崔名远	
一营二连	副连长	向登银	
一营一连	政指	河光满	
同	副政指	杨自荣	
一营二连	连长	李怀三	
三营十二连	同	刘开林	
十一连	副政指	杜香斋	
十二连	连长	朱有敬	
十连	政指	王朝桂	
同	文书	张绍全	
十二连	副连长	陈培林	
八连	连长	王昌盛	

抗战以来连以上干部阵亡名册

部别	七七一团三营八连	十团政治处	二营五连	七连	二营营部	一营一连	三营九连	一营三连	二营六连	一营二连	一营四连	二营	四连	三营七连	二营六连
职别	政指	敌军干事	副政指	同	组织干事	支书	政指	同	副连长	连长	政指	同	副连长	同	支书
姓名	刘王清	孙廷斌	刘文书	王桂清	贾本树	李春云	张文双	李贵堂	黄振声	罗子杨	尹桂臣	吴心义	宁子斌	李福林	严文贵
备考															

抗战以来连以上干部阵亡名册

部别	十团一营二连	一营三连	二营营部	二营四连	三营九连	政治处	一营三连	二连	一连	七七一团一营部	一营一连	同	三营十二连	十一团一营二连	三营七连
职别	支书	副连长	政指	连长	政指	干教干事	副连长	同	连长	营长	政指	支书	副连长	指导员	政指
姓名	苟银安	尹同春	王润洲	何志成	陈洪篇	杨保贤	李襄臣	刘绍正	杨玉珠	伍炳先	张友田	王长贵	李兑义	邹仕兴	岳倍新
备考															

抗战以来连以上干部阵亡名册

部别	十一团炮兵连	一营一连	二营五连	旅直侦察连	通讯连	十一团一营部	七七一团一营三连	十一团三营七连	十团三营八连
职别	政指	连长	副连长	连长	支书	特派员	连长	连长	连长
姓名	苏志永	王群燕	张道光	张光福	陈振允	董振先	吴金仁	薄振岭	李凤仙
备考									

87. 冀中军区5月份干部伤亡统计

（1941年7月3日）

（一）连以下伤亡以队别、职别、姓名、年龄、籍贯、作战日期、伤亡地点之次序：

阵　亡

队职别	姓名	年龄	籍贯	何时何地
连长	霍章培	31	热河龙苑县	41年4月2日治镇
分队副	王玉清	31	河间龙英店	41年4月2日治镇
支书	郑世交	20	深县北斗村	41年4月2日治镇
中队副	李福祥	31	河关上人	41年4月2日治镇
中队长	安岐江	42	定县李家营	41年3月4日南北徐城
负　伤				
连长	许俊生	35	高阳五里庄	41年4月9日古云集
副连长	彭金力	34	高邑徐周村	41年4月9日古云集
政指	王永安	23	无极小吕村	41年4月9日古云集
政指	张邓鞔	24	南皮县双庙村	41年4月9日古云集
连长	马进波	24	南大县东南庄	41年4月9日古云集
政指	任振守	20	肃宁西关人	41年4月2日治镇
政指	谢振仁	26	豫西华县	41年4月2日治镇
中队长	马汉文	37	冀蠡县大阳	41年4月2日治镇
连长	张延年	57	赵县张家庄	41年4月19日定县
政指	李长胜	20	晋昔阳	41年4月19日定县
政指	刘颖	22	冀无极西羊	41年4月19日定县
	赵震邱	22		41年4月7日北徐城
队副	赵允明	27	冀安平羽林村	41年4月7日北徐城
参谋	薛洪大	21	文安县	41年4月7日北徐城
	刘富华		清苑	41年4月7日北徐城
分队长	卢店		清苑	41年4月7日北徐城
连长	刘增峰	27	大兴张贤镇	41年4月7日北徐城

（二）排以下阵亡33，负伤77。

（军区来）

88. 八路军第120师及新军连级以上干部负伤阵亡统计表
（1941年7月）

120师及新军连级以上干部

负伤阵亡统计表 1940. 11—1941. 7

独立第一旅

阵亡：连长　杨文详　团参谋长　鲁赤成

独立第二旅

阵亡：团参谋长　秦石庵　连长　艾福顺　彭兴富　魏得胜　韩义成　董云胜　政指　张草祥　郭喜亮　参谋　何代清

负伤：教导员　崔明山　营长　莲金海　特派员　邓明仁　连长　戴百林　唐子明　冉瑞才　副连长　陈天亮　卫生队长　陈纯炳　副营长　侯清云　政指　王占元　教育股长　赵润甫　技术书记　郝兴元

三五八旅

阵亡：副团长　左清良　政治主任　黄湘　副营长　谢家泉　连长　孙来凤

负伤：营长　龚兴业　连长　唐洪泽　营长　游好扬　教导员　漆成德

三五九旅

阵亡：参谋长　张宝龙

负伤：支队长　徐国贤

师直

阵亡：连长　张振国　参谋　邓绶卿　生死不明　电台大队长　尤静轩

负伤：科长　谭凯丰

骑兵支队

阵亡：团长　王贤光　连长　李忝蒲　陈元兴　政指　邢苑百　民运干事　吴济　王定州　区长　吕喝红　记者　孙晳生　游击队长（姓名不详地方干部）

负伤：连长　陈先桃　汪贤才　政指　牟连林

五分区

阵亡：营长　韩文成

负伤：副营长　邓生恺　教导员　谷其峰　连长　孙详翠　副营长　王云余

教导团

阵亡：队长　林常云　营长　李友明（学员）　参谋　胡肇林（学员）
政治教官　刘力犁

负伤：队长　高东生　政指　李玉成

四纵队

阵亡：连长　裴鹏　张明成　政指　王宝同　傅会民

负伤：副营长　黄彩　政指　邓安平　张崇秀

二纵队

阵亡：团长　王和全　卫生部长　张汗斌　营长　董志保　连长　刘士俊
副连长　梁树德　政指　邓生爆

负伤：参谋长　郑志彰　副营长　张金远　教导员　潘涿　连长　李风池
连长　沈树元　李忠义　青年干事　杨模林

工卫旅

负伤：政指　王应其　团长　彭凯

洪赵纵队

阵亡：支队长　晏显升

游击队

负伤：大队长　喻此家　队副　傅鹤鸣

89. 八路军第120师抗战四年来被敌袭击中人员伤亡、损失统计表（1941年7月）

120师抗战第四周年战斗类别表

部队 \ 战斗类别·次数		主动战斗					被动战斗				共计	夜间战斗			勤务部队或人员战斗		
		进攻	袭击	伏击	遭遇	合计	防御	被袭	被伏	合计		进攻	防御	合计	进攻	防御	合计
师直属队	直			1	1	2	2	3		5	7					4	4
	特	10	7	6	3	26	5	1		6	32	6	1	7		1	1
	后		3	1	1	5	1	2		3	8	3		3		2	2
三五八旅		17	45	29	12	103	43	12	1	56	159	37	5	42	6	13	19
三五九旅		12	18	9	3	42	20	1		21	63	14		14		2	2
独立一旅		11	29	7	12	59	28	9		37	96	20		20		5	5
独立二旅		19	32	15	12	78	32	9	1	42	120	25		25	1	8	9
第五分区		6	12	3	1	22	1	1		2	24	12		12			
骑兵支队		12	28	8	11	59	18	17		35	94	18		18		10	10
统计		87	174	79	56	396	150	55	2	207	603	135	6	141	7	45	52

附记：
（一）统计时间自40年7月7日至41年7月7日
（二）夜间战斗之进攻项内，大多数是袭击敌人的战斗

第四周年被敌袭击战斗统计表

部别	被袭击战斗次数				我人员损失				遗失		马匹损失			附记
	班以下部队被袭	连排部队被袭	营以上部队被袭	合计	负伤指战员	阵亡指战员	失连络	合计	各种枪枝	迫击炮	伤亡马匹	失马匹	合计	统计时间：1940年7月至1941年7月7日止
师直	3	2		5	3	7		10	1			7	7	
抗大七分校	1	1		2	3	10		13	6					
骑兵支队	3	10	4	17	32	65	30	127	53		68	42	110	
独立一旅	8		1	9	21	30	2	53	25					
独立二旅	2	3	4	9	143	150	197	490	231		15		15	
三五八旅	5	6	3	14	73	124	27	224	88			10	10	
三五九旅	1	1		1	1		7	8	2					
合计	22	23	12	57	276	386	263	925	406		83	59	142	

· 1136 ·

抗战四周年被敌袭击统计表

类别 \ 周年	被袭击战斗次数				我人员损失				遗失		马匹损失			附记
	班以下部队被袭	连排部队被袭	营以上部队被袭	合计	负伤指战员	阵亡指战员	失连络	合计	各种枪枝	迫击炮	伤亡马匹	失马匹	合计	
第一周年	1	7	4	12	102	69	80	251	45			20	20	
第二周年	1	13	11	25	304	173	109	586	152	1	2	105	107	
第三周年	7	28	20	55	385	657	455	1497	712	1	73	92	165	
第四周年	22	23	12	57	276	386	263	925	406		83	59	142	
统计	31	71	47	149	1067	1285	907	3259	1315	2	158	276	434	
				149 次				3259 名	枝	门		434 匹		

90. 冀中军区 7 月份干部伤亡报告

（1941 年 8 月 22 日）

叶左唐[①]：

甲、六分区

一、三团三营政教赵信林同志负伤，年 25，江西安福县人，本人出身成分是工人，家庭状况人 5 口地 7 亩房 3 间，于 1933 年参加土地革命，同年入伍及入党，在党内任过支书总支书，党外在级负受训后即到十七师五一团任班、排、连长，青干政治＜指＞等职，事变后来冀中做扩兵工作，后到特务团任政教以至编入六分区均任政教，作战记不清次数，负伤两次。

二、一团二连长高起云负伤，年 23，河北阜平县高洼村人，1936 年入党，1937 年入伍；一团十连副连长刘指刚负伤，年 26，河北肖＜肃＞宁县河东村人，1939 年入党，1938 年入伍；一团六连支书刘顺安阵亡，年 28，河北安平县重化社村人，1939 年入党，1938 年入伍。

三、一团十二连排长刘国英负伤，年 36 岁，河北定县大辛庄人，1938 年入党，1937 年入伍；一团十连排长肖炳昌负伤，年 24，河北博野县肖庄村人，1939 年入党，1938 年入伍；一团十二连排长石建民负伤，年 25，河北安平县王毛营村人，1941 年入党，1937 年入伍；一团一营二连排长邓乃兴负伤，年 32，河北淮南县四所楼村人，1940 年入党，1937 年入伍；一团八连副排长朱金玉负伤，年 37，河北温县聊村人，1939 年入党，1938 年入伍；一团九连排长蒋子君阵亡，年 26，山东东河县宿家寺村人，1938 年入党，同年入伍。

以上伤营级一，连级二，排级五，亡连排各一。

乙、七分区

一、十七团二营长刘鸣琴阵亡，年 31，河北安国县人，成份贫农，家庭状况：人 5 口地 20 亩房 4 间，于 1930 年入党，任过总支委、总支书，参加过高蠡暴动，七七事变前在冀东保安队工作，负伤回家，事变后在博野县作民运工作，后任营长特派员，从抗大毕业回来又任教导队长、营长等职，作战次数记不清，负伤两次。

二、阵亡的二营五连副连长角友和，年 28，河北饶阳县人；一营一连副连

---

① 叶左唐：叶剑英、左权、唐延杰。

长何善义，年35，河北阳蠡县人，是党员；十七团团部特派员杜炳恒，年22，河北深泽县人，是党员；二营特派员李志远，年28，河北安平县人，是党员；第五连政指沙贵章，年21，河北河间人，是党员；六连长张学阳，年23，河北赵县人，是党员；八连长孙希周，年25，河北景县人，是党员；分区侦察参谋杨汉章，年23，河北安平县人。负伤的第九连连长张德玉，年32，河北蠡县人；三营军事教官边相臣，年34，山东平凌人；九连支书赵作义，年21，河北定县人；五连连长李洪钧，年23，河北蠡县人；二营支书李高昇，年38，河北蠡县人；四连副政指黄友悦，年24，山东人；五连副连长彭成永，年22，河南邓县人。

三、阵亡的一营三连副排长赵国泉，年32，河北深泽县人；五连排长李金海，年29，河北清苑县人，是党员；五连排长王生，31，热河赤蔚县人；六连副排长孟志远，年37，河北藁城人，是党员；八连排长王福聚，年36，河北蠡县人，是党员；八连排长韩双位，年21，河北蠡县人，是党员；负伤的九连排长温吉祥，年37，宣口县人；十连副排长张玉贵，年23，河北蠡县人；一连副排长李宗义，年28，河北藁城人；九连副排长杜玉章，年21，河北蠡县人；八连排长赵文斌，年21，河北高阳人；八连排长李保山，年33，冀河间人；七连副排长郭天偏，年22，河南人；六连副排长王连顺，年18，冀清苑县人；八连副排长张国瑞，年26，河北人；三连排长李振生，年40，冀束鹿县人。

四、以上伤连级7排级10营连级8排长7。

丙、八分区：

一、阵亡的：二十三团一营三连副排长王树岐，年24，冀河间人，1938年入党，1939年入伍。

二、负伤的：二十三团一营侦察副排长王占浙，年33，河北安国县人，1939年入党，1937年入伍；三连排长郭长勃，年35，奉天海丈县人，1937年入党入伍；三连排长张×恒，年22，冀安平县人，1939年入党，1938年入伍；三连排长高凤祥，年24，冀博野县人，1939年入党，1938年入伍。

（十分区未报来，骑团回支亦未报来，以后补报）

沙①

22 日

---

① 沙：指沙克。

91. 新四军第3师[①]第7旅1941年战斗伤亡、消耗及损失统计表（1941年8月）

旅　长　彭明治　副旅长　田文扬　政治委员　朱涤新

1941.9.9 于阜宁县童舍

1941.7.20—8.25 斩敌及我伤阵亡战斗统计表

类别／队别	战斗次数	毁敌汽船数	敌伤亡	我负伤 指挥员 班	排	连	营	政治员 排	连	营	战斗员	卫生员	工作人员	合计	我阵亡 指挥员 班	排	连	营	政治员 排	连	营	战斗员	卫生员	工作人员	合计	失连络人员
旅直	1			2	1									3												
19团	2	2	180 120	5	4	2			1		55		3	70	9	5	3	1		3		77	1	3	103	24
20团	12	4	99 94	4	3	1					70			78	1	2	3			2		73	1		79	32
21团	11	4	43 100	4	4						27			35	4	3	1					41			49	
合计	25[②]	10	636											186											287	

附记

我负伤、阵亡，栏内战斗员其中有指挥员和政治员数名，因二十团均未详细统计。

我负伤、阵亡根据各团之战后统计表算。

敌伤亡是估计数。

① 新四军第3师是皖南事变后，由八路军第5纵队改编而成。

② 原文如此，计算有误。

1941.7.20—8.25 消耗损失统计表

| | 消耗 | | | | | | 损失 | | | | | | | | | | | | | |
| | 武器 | | | 弹药 | | 合计 | 武器 | | | | 弹药 | | | | | 军用品 | | | | |
	步马弹	轻机弹	重机弹	手榴弹	短枪弹		步马枪	轻机枪	短枪	合计	步马弹	轻机弹	短枪弹	手榴弹	合计	马刀	刺刀	洋锹	洋镐	合计
旅直	1350			25	30	1405	8			8	600			25	625	1	8	39	6	54
19团	6925	2831	285	757	81	10879	124	5	7	136						42	112	100	6	260
20团	7059	3153		387	87	10686	99	6	4	109	579	200	20	114	913	9	139	101	15	264
21团	4239	609		135	28	5011	106		2	108							20	36	4	60
合计	26466①			1304	226	27981	337	11	13	361	1179	200	20	139	1538		331	307		638
附记	损失栏大部是遗失的和丢在河里的 该表根据战后统计表																		

---

① 原文如此，计算有误。

92. 晋察冀军区 6 月份连以上干部伤亡统计

（1941 年 8 月）

（一）阵亡

队别职别	姓名	年龄	籍贯	何时何地
一区队三连政指	年顺文	28	察省蔚县	41.6.11 曹念
二区队四连连长	□鹿南	35	山西广灵	41.6.11 曹念
六区队副队长	赵宽元	33	河北霸县	41.6.21 五台

（二）负伤

一区队四连政指	添□	21	晋太原	41.6.21 高盐
一区队四连支书	张庆疆	28	察蔚县	41.6.7 曹念
二十团一连连长	冀金海	27	冀完县	41.6.7 涂深城
三团侦察连连副	王九翠	26	热河建平	41.6.8 铁路旁
二团二营长	丁振愈	26	江西赣县	41.6.8 坤县小林
五连支书	袁保章	25	冀满城	41.6.8 唐县尤村
二十团二营七连长	徽福成	31	冀唐县	41. 满城石头村
军区教导团连长	罗同凋	27	江西大猴＜余＞县	41.5.2 行唐
教导团一营副	林振澴	29	江西□县太和	41.5.20 唐县
技术队区队副	杨忠		冀芬榆	40. 郭县
平西营长	曹志学	30	陕长武	36. 甘肃
骑团连长	深沪	28	江西	
骑团政指	王景洲	28	辽宁	

排以下阵亡 80，负伤 112 名

（晋察冀军区来）

93. 八路军第129师1941年9月份战斗损耗统计报告
（1941年10月22日）

军委：

我师1941年9月份战斗损耗统计报告如下：

一、统计伤亡失联络1671名，内分：

1. 负伤：团干3，营干62，排干121，班干211，战士874，其他人员15，合计1299。

2. 阵亡：营干5，连干17，排干33，班干56，战士218，其他人员1，合计330。

3. 中毒154名，失联络42名。

二、消耗各种子弹，炮弹共计109203发，损失弹药7369发。

三、损失步枪150支，轻机一挺。

四、损坏长短枪95支，（内有轻机14挺，重机一挺，迫〔击〕炮一门，自制掷弹枪31个）。

五、损失骡马48匹。

刘　邓①

10月22日

---

① 刘邓：指刘伯承、邓小平。

94. 八路军第120师及新军连级以上干部阵亡负伤登记表
（1941年10月24日）

连级以上干部阵亡负伤登记表
1940.11—1941.7

1941.10.24

于李家湾

120师及新军			
连级以上干部阵亡负伤登记表			
1940.11——1941.7 师直			
阵亡		负伤	
连长	张振国	军实科长	谭凯丰
参谋	邓绶卿		
被俘：电台大队长，尤静轩（生死不明）			
三五八旅			
阵亡		负伤	
八团　副团长	左清臣	营长	龚兴业
八团　团政治主任	黄湘	同	游好扬
副营长	谢家泉	教导员	漆成德
连长	孙来凤	连长	唐洪泽

三五九旅			
阵亡		负伤	
		雁北支队长	徐国贤

独立第一旅			
阵亡		负伤	
连长	杨文祥	团参谋长	鲁赤成

独立第二旅			
阵亡		负伤	
九团团参谋长	秦实菴	营长	莲金海
连长	艾甫顺	副营长	侯清之
同	彭兴富	教导员	崔明山
同	魏得胜	特派员	邓明仁
连长	韩义成	教育股长	赵润福
同	董云胜	连长	戴百林
政指	张草祥	同	唐子明
同	郭喜亮	同	冉瑞才
参谋	何代清	副连长	陈天亮
		卫生队长	陈纯炳
		政指	王占元
		技术书记	郝兴元
		副连长	董之肋

骑兵支队			
阵亡		负伤	
二团团长	王贤光	连长	陈先桃
连长	李乔蒲	同	汪贤才
同	陈元兴	政指	牟连林
政指	邢苑百		
民运干事	吴济		
同	王定州		

游击队长	（地方干部姓名不详）		
区长	吕喝红		
记者	孙皙生		
骑四支参谋长	张宝龙		

五分区			
阵亡		负伤	
营长	韩文成	副营长	邓生恺
		教导员	谷其峰
		副营长	王云余
		连长	孙祥翠

教导团			
阵亡		负伤	
营长（学员）	李友明	队长	高东生
队长	林常云	政指	李玉成
政治教官	邓力犁		
参谋（学员）	胡起林		

决死二纵队			
阵亡		负伤	
四团团长	王和全	纵队参谋长	郑志彰
卫生部长	张汗斌	副营长	张金远
营长	董志保	教导员	潘涿
连长	邓士俊	连长	李凤池
副连长	梁树德	同	沈树元
政指	邓生爆	同	李忠义
		青年干事	杨模林

决死四纵队			
阵亡		负伤	
连长	裴鹏	副营长	黄彩
同	张明成	政指	邓安平
政指	王宝同	同	张崇秀
同	傅会民		

工卫旅			
阵亡		负伤	
政指	王应基	22团团长	彭凯
		21团副政治主任	侯承璋

洪赵纵队
阵亡　纵队长　晏显升

游击队
负伤　大队长　喻此佳　队副　傅鹤鸣
被俘　支队长　李文林　大队长　陈宝馨

总计			
阵亡		负伤	
旅级	1	旅级	2
团级	7	团级	3
营级	4	营级	18
连级	31	连级	20
计43		计43	
合计86			

附记：1. 被俘游击支队长一名，电台大队长一名，游击大队长一名不在统计数内。

　　　2. 股长、游击大队长、队副按营级计算。

95. 晋察冀军区1941年8—10月份伤亡情况报告
（1941年10月）

包括一、二、三、四分区　　（直属队22团未报）

甲．连以上干部伤亡：

（一）阵亡一分区直属队司令部参谋胡启义，24，冀新城，9月感于龙阳峪；管理员吴秉书，28，吉林扶勾，8月有于娘山；情报员张重之，27，察阳源，10月于龙王庙；教育参谋江声，不明；政治部特派员黄征牧，23，秦安定，10月于水泉沟；总支书肖代金，24，赣永兴，10月于王峰寨；供给部兽医崔友祁，46，冀涞源，10月于易县胡边；卫生处医生杜磊，23，冀安平，10月于易县老车；后方医院医生朱洪谟，32，朝鲜平怀，8月有于炭亭；副特派员郝广智，21，晋崞县，10月于易县；组干杨树裳，26，冀完县，10月于易县乾河；支书郑泳昌，25，冀涞源，10月于易县乾河；管理员冉炳贾，30，冀易县，10月于老爷沟；管理员李志保，29，察蔚县，10月于易县老车；政委陈德坤，31，豫光山，10月于水泉沟；副院长郑善庄，25，赣兴国，10月于水泉沟；四连支书马长春，21，冀定县，8月灰于大卫沟；游击四支队长于□，□区来？35，冀易县，9月间于易县阳峣；三团十一连连长李少清，23，鄂安陆，10月于有西水；一营部政指苑玉岘，21，冀清苑，10月于皓岭；三营部支书马玉忠，20，冀徐水，10月于臭羽坑；十连政指李仕纯，22，冀大城，10月于北娘山；统干李克殖，23，冀徐水，10月于完县；侦察连政指杨德仁，27，冀易县，10月于臭求坯；政治处主任刘光汉，24，冀完县，10月于团山间营。

丁、政教王富森，36，冀宛平，10月于寿山；二十团二营部医生刘宪忠，23，冀满城，10月于下溢刹；十连政指刘性伦，22，湘茶陵，10月于易县圭家台；侦察连长李有，29，滇甸桑，10月于里树坑；二分区政治部组织科长王达，27，吉林权城，九月又于平山；十九团十二连政指刘义，23，冀平山，8月倏于窑口；三营副杨义月，28，9月于井王晨；五连政指陈茂林，28，镇海，10月于赵嫞岔；七连长王殿清，25，豫罗山，10月于赵家山；四团七连长张述荣，30，黔王记（梦苑），9月铣于苏道石；三营长罗士鸾，24，蜀南充，9月马于王家坪；十二连政指张媚狗，21，晋五台，9月马于王家坪；三分区游击军司令部队训参谋周光先，23，鲁鄗城，9月江于罗家沟；副大队长侯泪珠，26，秦延安，9月江于罗家沟；秘书刘浩然，24，冀唐县，9月江于罗家沟；特派干事傅进忠，

22，冀完县，9月江于罗家沟；四分区九区队二连长任登明，25，蜀云山，八月有于平定；八区队三连长姜世和，24，秦米脂，9月□日于行唐西安乡；卫生队政指路光峪，24，秦甘泉，9月感于灵寿西胡稔北；卫生处支书安胡元，36，晋平定，8月感于元坊；卫生处后方供给科供给员宋德槐，29，冀安平，9月元于元坊东沟；五团一营部政指常景旭，23，冀建平，9月真于六亩园。连以上干部共亡47。

二、负伤：分区直属队政治部组织股长宋元，28，辽宁黑山，8月，地点不明；干事陈守人，28，黔正阳，8月巧于水泉；爆破队队长郭换，27，晋左云，8月有于水泉；一团二营连长刘海山，40，鲁滕县，4月于银牙山；一营部政指孙洪申，25，冀完县，10月于北界安；三团十二连政指康旨中，26，冀完县，10月于奥□；我特务队支书张凤来，26，察浑源，10月于贾各庄；九连连长芦平达，24，冀损县，10月于雪家岌；九〔连文〕教马之珍，24，冀献县，10月于雪家岌；十连连长鲁秀章，32，哈尔滨，10月于冀娄山；十连支书熊志轩，27，黔石千，10月于冀娄山；六团三营副营长李雄煽，34，赣兴国，10月于齐家佐；二分区四团十一连政指韩乡，23，晋繁峙，9月元于潘沟；一连政指席汪明，26，晋定襄，9月马于平岭村；九连政指黄锋，23，秦盐田，10月铣于军岔沟；二营营长何有发，22，秦（朝邑）县，10月铣于军岔沟；十九团副队长吴少英，26，蜀广元，8月马于狗窝；三连连长陈舌宣，27，黔毕节，8月敬于王峪沟；十连连长胡振精，27，秦延安，9月于麻地掌；一营副政教林贞，23，闽福州，10月于孟县；二十六团三营政教张明珠，29，豫罗山，8月巧于大围村。

团长曾美，27，赣兴国，8月于七里峪；四区队一中队政指李芝，23，晋祁县，10月于伊石湖；二中队队长杨能会，28，光山，10月陷于代县。

96. 晋察冀军区 8 月份干部伤亡统计表

（1941 年 10 月）

叶左唐①：

一、六分区

（一）阵亡：

队职别	姓名	年龄	籍贯	是否党员
一团二营七连	马庆祥	25	山东东平县人	党员
一营四连副	杜玉山	31	河北大城县人	党员
二连副	杨国英	21	河北博野县人	党员
八连副排长	赵文生	28	河北沧县人	党员
二营七连副排长	李否根	21	河北饶阳县人	党员
一营四连副排长	刘发祥	28	河北博野县人	

（二）负伤：

一连排长	杨凤岐	21	河北武陟县人	党员
一团一营一连长	朱玉林	29	湖南石门县人	
三连排长	任只菊	26	河北博野县人	党员
二团二营七连副排长	韩复其	29	河北房山县人	党员

（三）阵亡连级 3，排级 3，负伤连级 1 排级 3。

二、七分区

（一）阵亡：

十七团四连政指	李蔽田	24	河北蠡县人	党员

---

① 叶左唐：指叶剑英、左权、唐延杰。

（二）负伤：

十七团一营一连排长	王振瑞	22	河北蠡县人	
副排长	庞友三	27	河北清苑县人	
三营九连排长	张玉珺	30	河北晋县人	
副排长	张文章	25	河北蠡县人	
三营十二连副排长	柴显瑞	28	河北高阳县人	
二十二团四连副排长	许喜祥	20	河北定县人	
三营副政指	异匡时	20	陕西庞屋县人（历史久）	

以上阵亡连级 2　负伤排级 6 营级 1

三、十〈八〉分区：

阵亡的二十三团一参谋陈挺照，年 34，河北冀县人，22 岁，山东学艺术四年，27 岁在山东中央混成旅一团三连当兵，直奉战后攻张宗昌部补充旅当排长，后被蒋缴械，26 年后 160 师 691 团当小炮排长，七七事变改入人民自卫军当排长；许长纲，29 年抗大毕业后任 23 团参谋，1937 年入党，担任过支委支书；29 团 10 连长李文芳，34 岁，奉天辽阳县人；11 连长梁大江，36 岁，冀晋县人，是党员；副连长宋国瑞，年 20，冀安国县人，是党员；五连支书霍汉童，年 22，冀博野县人；副连长季如海，年 32，冀深泽县人；一连副〔连〕长张庆祥，年 23，冀晋县人，是党员；一连排长李洪万，年 22，冀定县人，是党员；副排长王振清，年 36，冀肃宁人，是党员；二营五连排长董德童，年 32，冀雄县人；六连副〔连〕长杨兴□，年 33，冀大城县人；三营十一连排长公西全，年 18，冀定县人，是党员；二营六连排长李教三，年 22，冀安国县人；二营五连长张廷粟，年 22，河北安次县人；三连排长邵雅亭，年 32，河北人；九连排长刘保山，年 20，任丘人；十二连副连长赵志权，年 23，冀北平人；排长杨晋，21，任丘人，是党员；排长杨国栋，年及地址不详。

负伤的：分区司令部参谋□紧减，年 22，辽宁凤城县人，自 11 岁入学，14 岁九一八事变失学，15 岁入关，16 岁在北平天津上学，后即参加五三军六九一团当兵，七七事变后改编人民自卫军及八路军，任过测绘员、译电员、参谋等职，1938 年入党；二十五团十连政指卢占先，年 25，冀定县人，是党员；副排长田世唯，年 20，冀安国县人；一营二连长张不岐，年 30，晋县人，是党员；排长孙俊珠，年 39，清丰县人，是党员；四连政指宋德一，年 23，冀雄县人，是党员；一连排长乔志诚，季 18，冀安平县人，是党员；四连代排长张树万，年20，冀蠡县人，是党员；四连长李凤鸣，年29，冀蠡县人，是党员；二营六连长齐保贵，年25，冀大城县人；一连排长雷鸿长，山东潍县，是党员；副排长齐云祥，年24，定县人；副排长肖维桂，年19，定县人；副排长郝全福，河间县人；八连政指高瑞堂，年24，冀深泽县人，是党员；支书张模弟，年25，清苑县人；十二连副政指尚维钧，年23，河间县人，是党员；九连排长陈玉俊，年22，河间县人；九连排长王肥，年20，丘县人，是党员；十一连副排长李文轩，年30，冀大城人；排长梁起延，年20，冀河间县人；十连副排长杜福寿，年18，冀束鹿县人；排长石凤耀，年26，冀蠡县人；三十团三连排长陈国东，年22，冀沧县人，是党员；副排长张耀荣，年19，冀河间人，是党员；连长张志山，33，热河凌原县人；九连长苏洪志，年27，冀高阳县人；排长谢树把，年23岁，冀束鹿县人；九连副连长马万，年20，冀河间县人；十连长郭振生，河□静海县人，是党员；政指刘慌海，年21，冀束鹿县人，是党员；排长陈双臣，年22，冀安县人，是党员；十一连排长王辛钧，年19，冀安平县人，是党员；连长张鹤年，年32，冀安平县人，是党员；副连长田守义，年22，冀新镇县人，是党员；回民支队一连副排长吕兰不，年22，河南静县人。

以上亡营长1，连7，排11，伤营2，连14，排24。

四、九分区：

阵亡的：十八团四连排长徐文元，年23，冀高阳县人；特务连排长陈会林，年25，冀安新县人；二十四团政治处敌工干事芦耀方，年26，冀无极县人；三营十二连支书韩立桃，年26，冀肃宁县人；排长段廷若，年32，冀高阳县人；七连排长吴学东，年23，冀安新县人；五连排长张福华，年23，冀安新县人。

负伤的：七八团一营四连副连长张庆和，年25，河北安平县人；三三团二营五连排长王文彬，年28，冀高阳县人；副排长李绍民，年22，冀献县人；二营分支李有明，年24，冀高阳县人，自9岁入学，14岁毕业，为农两年入伍。

亡连2排5，伤营1连排各1。

五、南进支队：

阵亡的：二十一团团长于树之，山东乐凌县人；十连长翟西山，冀东光县人；排长黄化南，冀饶阳人。

伤的：一六团六连长韩仁和，冀文安县人；团部测绘员代振东，冀深县人；二十一团十二连排长解明，冀饶阳县人。

亡连2排1，伤连1排8。

六、总队部作战参谋田甘，年21，山西定襄县人，是党员，被敌机炸死。

七、十分区：

阵亡的：二十五团排长马填荣，年23，冀安次县人；团支书史玉良，年20，任丘县人。

负伤的：二十九团连长马玉璋，年25，冀新城县人；二十九团排长王德明，年25，冀雄县人；三十二团副排长李洪斌，年25，冀雄县人。

阵亡排2，伤连1排3。

12 日

97. 晋察冀军区干部伤亡统计表
（1941 年 10 月）

总政、野政：

自 1940 年 1 月至 1941 年 5 月止（今年 6 月统计因情况关系尚未统计）。

合计伤排级干部 393，连级干部 298，伤营级干部 28，伤团级干部 3，排以上共伤 722。

亡排级干部 109，亡连级干部 58，亡营级干部 10，亡团级干部 3，合计亡排以上干部 180。

伤战斗员 1916，亡战斗员 1374，其党员伤 973，亡党员 696。

（一）班长在战士内。

（二）排以上干部中有一部分系病员，在以后再查清报告。

聂　朱①

22 日

（晋察冀军区来）

---

① 聂朱：指聂荣臻、朱良才。

98. 晋察冀军区 7—10 月份营以上伤亡干部履历报告表

(1941 年 10 月)

（缺报头）

（一）七月份

部职别	姓名	年龄	籍贯	何时何地	伤亡
二分区四团政治主任	谢明	27	赣支县	五台东南广应沟	伤
十九团三营副	李平昌	27	豫高城	定襄东佛夏北	亡
区队参谋长	张国瑞		冀望都	五台北下蛇	亡
四分区特务团副指〈政〉教	王京东			号井陉西北桃河	亡

（二）八月份

二十六团长	曾美	27	赣兴国	铣孟县东北七里峪	伤
七营教	路旬玉	27	豫罗山	俭孟县西北六文村	伤
四分区五团三营长	杜先锋		赣参长	有，平山西北文庙园	伤

（三）九月份

二分区四团三营长	罗世照	24	川南充	马，五台东王家坡	亡
十九团三营副	杨义才	28	陕	于孟县西北上下王村	亡
二分区组织科长	王达	27	吉双城	于平山西北黄家沟	亡

（四）十月份

一分区六团三营副	李纂辉	43	赣兴国	删，唐县西北齐家佐	伤
一分区医院政委	聂疆辜	31	豫光山	删，	亡
	郑善庄	25	赣兴国	灰，涞源东南水泉沟	亡
分支书	肖代金	24	赣永新	齐，涞源东南之五峰岭被俘	俘
二分区四团三营长	何有发	23	陕鄜	鱼，五台东南之军副沟	伤
一营副政教	林贞	23	福州	于孟县北	伤
二十六团营副	陶正廉	24	赣县	真，唐县西北齐家佐	亡
分区队训股长	张实现	25	沈阳	于军城北的北山	亡

（军区来）

99. 冀中军区1941年9月份干部伤亡统计表

（1941年11月11日）

叶左唐①：

一、六分区：阵亡

队职别	姓名	年龄	籍贯	其他
司令部二股长	陆培忠	23	冀深泽	师范三年于39年3月由冀中民军改编来的，任过政治干训队长，教导员，39年3月入党由童江贤介绍任过小组长支委。
一团一营三连副排长	赵深	21	安徽	是党员
一营四连指导员	于振早	28		是党员
二团团部特派员	蒋雍文			
二团三营十连长	郑海清	33	湖北松滋	是党员
二团三营十连排长	王廷金	24	冀完县	是党员
二营七连支书	赵良杰	18	冀博野县	是党员

负伤

队职别	姓名	年龄	籍贯	其他
一团三营十连排长	杨福生	22	冀安次县	是党员
三营十二连政指	×××	22	山西代县	是党员
二团作战参谋	杨觉非	28	冀雄县	
二团一营二连长	赵德友	29	四川阆中	是党员
二团一营一连政指	张高易	24	晋崞县	是党员
二团一营四连长	张清荣	23	冀清苑	是党员
二团一营五连政指	贺长伍	21	冀井陉	是党员

以上阵亡营级2　连级2　排级2　负伤营级2　连级6　排级1

---

① 叶左唐：指叶剑英、左权、唐延杰。

二、十分区：阵亡

队职别	姓名	年龄	籍贯	
十七团四连政指	李阳田	24	冀蠡县	党员
四连副	郑偏	27	冀蠡县	党员
十一连排长	马踢列		冀蠡县	
十二连排长	李明刚	34	冀枣强	
二十二团侦察连排长	张子斌	24	冀高阳	

负伤

一营一连排长	王振瑞	22	冀蠡县	
一连副排长	龚馒山	27	冀清苑	
二营五连长	李冯钧	21	冀蠡县	党员
五连排长	刘蓬	24	冀蠡县	
五连副排长	郭顺林	36	冀定县	
三营副教导员	巫臣时	21	陕西厂口	党员
营部特派员	陈真	21	冀定县	
九连副［连］长	张五海	30	冀晋县	
副排长	张文章	30	冀蠡县	
十一连政指	崔曾福	23	冀高阳	党员
副排长	张茂林	23	冀河间	
十二连副排长	柴显瑞	28	冀高阳	
二十二团四连政指	程先福	21	晋盂县	

以上阵亡连级 2，排级 3，负伤营级 2，连级 3，排级 8。

三、八分区：

伤一连三排长左承荣，年 22，冀良乡县，是党员。

四、九分区：

阵亡：一营教导员王炳愚，年 25，冀高阳；二营七连副排长周瑞林，年 26，冀安新；一营一连长冯振江，年 25，冀高阳；二营六连长叶光远，年 23，冀高阳；基干团一营连长赵登科，22，冀安次；二营排长杨秉钧，年 25，冀新安〈安新〉；三营排副边景生，年 19，冀肃宁。

伤：一营二连副排长王廷珍，年 22，冀高阳；二营七连副排长王永可，年 27，冀徐水；二营六连长周通海，年 19，冀蠡县；基干团一营连长陶洪宾，年 34，冀清苑；政指刘天真，年 20，晋闻喜县；文化教员刘洪杰，年 19，冀蠡县；排长刘振岐，年 20，辽宁开原；第二营连长李技义，年 28，四川金汉县；排长徐相荣，冀新城；白炳山，年 25，冀新安〈安新〉；排长陶万技，年 23，冀河间；李兴棣，年 29，鲁省鸡县；第三营排副楚玉修，年 27，冀蠡县。

以上阵亡营级1，连级2，排级4，负伤连级5，排级8。

五、十分区后方整训部队无伤亡，前方部队未报来。

六、南支：

阵亡：一一团八连排长李连振，无极人。

负伤：十六团六连连副牛大发，矩庄人；六连长刘林模，束鹿人；二十一团十一连长李祯成，冀深县人；八连文教赵全周，冀深县人；七连长高□，武强人；二连长刘全实，冀沧县人；十一连副排长冬□，冀束鹿县人；八连副排长薛立水，冀束鹿县人。

以上阵亡排级1，负伤连级5，排级4。

七、回民支队

阵亡：三大队管理员白润山，平四旅三，固安三大队十中队一分队郭东海，年26，饶阳，是党员；三大队郭〈部〉医生高广晋，年26，饶阳人，是党员；二大队教导员郭厚积，年27，任丘，是党员；二大队五中队二分队副濮金明，年24，献县固安，是党员；三大队七中队三分队长刘德昌，饶阳，是党员。

通讯队一分队长李泽漫，年23，深县，是党员；二大队五中队二分队长许鹤明，年21，献县，是党员；二大队三中队副赵执，年29，易县，是党员；三大队大队长马玉指，31，完县人；三大队九中队支书段焕章，年22，新城人；三大队十中队二分队长马学勤，年20，固安，是党员；三大队九中队中队副王晋森，年25，永清县人，是党员；三大队十一中队支书王汉奇，定县，是党员；三大队十一中队长白指武，年27，定县，是党员。

以上阵亡营级1，连级3，排级3，伤的营级1，连级5，排级6。

八、骑兵二团无伤亡。

（缺署名）

11 日

（吕程①来）

---

① 吕程：指吕正操、程子华。

100. 冀中军区 1941 年 10 月份干部伤亡统计

（1941 年 12 月 1 日）

叶左唐①：

甲、七分区：

一、阵亡：十七团九连副马骆镦，22 岁，冀高阳；二团八连排长牛在山，22 岁，冀饶阳；八连排长李祭楼，24 岁，无极。

二、负伤：十五团七连排长张捐刚，25 岁，冀安平；十连政指张学奉，20 岁，冀青县；十连排副赵明发，23 岁，冀深泽；二十二团八连长王冲元，35 岁，冀深泽；八连政指郭振秋，24 岁，冀饶阳；六连副高文虎，28，冀定县；第五区队二连排长许继届，24 岁，冀定县。

以上共 ［亡］ 连级 1、排级 2、伤连级 5、排级 4。

乙、八分区：

一、阵亡：二十三团十连政指宋振恒，21 岁，冀安平；三三区二连长李堡，27 岁，冀河间；二连副程发申，34 岁，冀枣强；四十一区队四连长张太亚，27 岁，冀无极；副连长孙如远，24 岁，冀饶阳。

二、负伤：二十三团十连排副冯兰生，25，冀清苑；十连排副吕志深，20 岁，冀饶阳；一连排副张中立，25，冀献县。

三、以上共亡连级 5、排级 1，伤排级 3。

丙、九分区：

一、阵亡：十八团三连副程兰火，30 岁，冀蠡县；三连排长李兆祥，35 岁，冀清苑；二十四团排副戴林生，22 岁，冀博野。

二、负伤：十六团三连排长罗搜山，29 岁，冀河间；二十四团政处组干边守珍，22 岁，冀蠡县；一营连长刘波图，23 岁，冀蠡县；连长刘玉清，26 岁，冀安新；连副段连才，26 岁，冀安新；支书齐进良，20 岁，冀蠡县；排长刘贵良，24 岁，冀大名；排副李清和，23，冀安新；九连长李冲玉，28，冀安新；一连排长王炳荣，23 岁，冀定县；四十二区队四连排长贾兆清，博野；文教刘志冰，20，冀博野。

三、以上共亡连级 1 排级 2，伤排级 6。

---

① 叶左唐：指叶剑英、左权、唐延杰。

丁、南支

负伤，一六团二连排副郭义楼，冀任丘。以上共伤排1。

吕程沙①

1 日

---

① 吕程沙：指吕正操、程子华、沙克。

101. 八路军第 129 师新 1 旅供给处关于粮秣、装备损失的报告
（1941 年 12 月 11 日）

为报告此次反扫荡战争中损失粮秣被服武器等事

谨将职旅在此次反扫荡战争所遗失粮食被服报告如下：从 11 月 1 日敌人进攻黎城，因发到旅直各单位的食粮未带走的，还在战场上损失的共计小米 8272 斤，二团损失小米 18390 斤，麦子 6172 斤，花料 1354 斤，共计损失小米 22660 斤，麦子 6172 斤，花料 1354 斤。另有二团一营的两个连在潞城附近活动，未报告来。以上数目职处派员检查实数在战场上的损失，有军政首长签名盖章。

旅直遗失毡帽 99 顶，布鞋 73 对，袜子 49 对，棉大衣 9 件，棉衣 13 套，棉被 14 床，裹腿一付；二团遗失棉被 162 床，兵毯 24 条，被单 19 床，皮包 5 个，米袋 329 条，皮大衣 4 件，棉大衣 26 件，棉衣 27 套，挂包 47 个，布鞋 115 对，布袜 135 对，单军衣 48 套，衬衣 16 套，裹腿 31 付，门帘 7 个，桌布 4 块，油布 8 块，马袋 5 个，旧单军帽 297 顶，腰皮带 12 条。

全旅共失毡帽 99 顶，旧单军帽 297 顶，棉衣 40 套，棉大衣 35 件，皮大衣 4 件，单军衣 48 套，衬衣 16 套，裹腿 32 付，布鞋 188 对，布袜 184 对，棉被 199 床，米袋 329 条，挂包 47 个，门帘子 7 个，油布 8 块，马袋 5 个，腰皮带 12 条，请批准报销补发，俾便御寒是为至盼 　　　　　　　　　　　此呈

杨部长

周部长

周副部长

　　　　　　　　　　　　　　　　　　　　　　　　　旅长韦杰

　　　　　　　　　　　　　　　　　　　　　　　　　政委唐天际

　　　　　　　　　　　　　　　　　　　　　　　　　处长王耀显

　　　　　　　　　　　　　　　　　　　　　　　　　政委陈仁常

十八集团军一二九师战后武器损失统计表 种类＼数目	七九步马枪	六五步马枪	七九轻机枪	六五轻机枪	冲锋机枪	驳壳枪	掷弹筒	刺刀		公历1941年12月10日于黎城　填
损失数	44	18	2	1	3	5	2	98		
损坏数	5					2	1			
合计	49	18	2	1	3	7	3	98		
备考										

十八集团军一二九师新一旅战后弹药消耗损失统计表 种类＼数目	七九步枪弹	六五步枪弹	七九机枪弹	六五机枪弹	手掷弹	燃烧弹	迫击炮弹	掷弹筒弹	地雷	公历1941年12月10日于黎城　填
损失数	4055	520	255	210	126	16	2	11	3	
消耗数	6208	4500	1237	850	250		60	364		
合计	10263	5029①	1492	1060	376	16	62	375	3	
备考										

① 原文如此，计算有误。

102. 八路军第120师（新军、地方游击队）1941年被敌袭击中人员伤亡统计表（1941年12月）

1941年一年被敌袭击的战斗统计

骑兵支队抗战以来被敌袭击战斗统计（1937.9.1—1941.7.7）

年别＼数目（项别）	被敌袭击战斗次数				我减少人员				我损失	我减少马匹		
	排以下部队	连排部队	营以上部队	合计	负伤	阵亡	失联络	合计	枪枝	伤亡	失联络	合计
抗战第一周年												
抗战第二周年		3		3	15	12	1	28	6		65	65
抗战第三周年	1	6		7	32	86	3	121	91	8	25	33
抗战第四周年	3	10	4	17	32	65	30	127	53	68	42	110
总计	4	19	4	27	79	163	34	276	150	76	132	208

1941 年 120 师被敌袭击战斗统计表 1942. 1. 26

部别 \ 数目（类别）	被敌袭战斗次数				我减少人员					我损失	我减少马匹		
	排以下部队	连排部队	营以上部队	合计	负伤	阵亡	被俘	失联络	合计	枪枝	伤亡	失联络	合计
师直	4	1		5	14	13	3	3	33	12	10	17	27
抗大七分校	1	1		2	2	11			13	6		2	2
独立一旅	4	4		8	2	2			4	11			
独立二旅	1	7	1	9	27	21	18		66	25	29	13	42
三五八旅	12	11	3	26	108	129	19	16	272	79	1	10	11
三五九旅		1		1		1	6		7	2	4		4
骑兵支队	4	5		9	20	40	13	2	75	17	26	9	35
五军分区	1	1	2	4	24	40	2	1	67	20	9	2	11
合计	27	31	6	64	197	257	61	22	537	172	79	53	132

1941 年晋西北军区地方武装被袭战斗统计表

部别 \ 数目（类别）	被敌袭战斗次数				我减少人员					我损失	我减少马匹		
	班以下部队	连排部队	营以上部队	合计	负伤	阵亡	被俘	失联络	合计	枪枝	伤亡	失联络	合计
二分区		9		9	3	18	1	2	24	5			
三分区	2	2		4	6	22	1		29	16			
四分区		6		6	4	11	11	1	27	16			
五分区			1	1									
八分区		5		5	62	37	21	14	134	100			
合计	2	22	1	25	75	88	34	17	214	137			

数目 部别	被敌袭战斗次数				我减少人员						我损失 枪枝	我损失马匹		
类别	班以下部队	连排部队	营以上部队	合计	负伤	阵亡	被俘	失联络	合计		伤亡	失联络	合计
120师	27	31	6	64	197	257	61	22	537	172	79	53	132
新军	6	13	9	28	151	101	121	76	449	156	1	1	2
地方游击队	2	22	1	25	75	88	34	17	214	137			
合计	35	66	16	117	423	446	216	115	1200	465	80	54	134

103. 晋察冀军区1941年伤亡统计表
（1941年12月）

1941年1月至12月底

战斗统计（12月未在总数内）

月份战斗统计表

部别	项别		1	2	3	4	5	6	7	8	9	10	11	12	总计
团级	指挥员	伤					1			1					2
		亡													0
	政治人员	伤	1												1
		亡													
营级	指挥员	伤					2	1	1	1	3			2	10
		亡				2			2	1	2	1		1	9
	政治人员	伤					2			1		1			4
		亡							1		2	1		1	5
连级	指挥员	伤	3	1	4	4	6	5	11	9	6	6	9	4	68
		亡	2	1	2	4	1	2	3	2	10	4	4	2	37
	政治人员	伤	4		4	4	1	5	7	6	3	8	6	7	55
		亡	1	3		1	1	2	6	2	4	7	3	6	36
我军伤亡	排级	伤	7	7	5	11	19	13	36	20	18	15	35	17	203
		亡	7	3	2	7	9	4	9	7	22	7	17	18	112
	班级	伤	20	12	12	23	30	16	50	35	37	29	37	26	327
		亡	12	6	9	22	5	14	40	17	16	19	19	20	199
	战士	伤	112	46	43	103	251	155	194	239	232	137	267	165	1944
		亡	61	58	78	81	63	115	149	166	220	128	133	127	1379
	失								2			30	16	5	53
	共	失							38		84	119			159
		伤	147	66	68	145	312	195	299	312	299	196	354	221	2614
		亡	83	71	91	117	79	137	210	195	276	167	176	175	1777
合计			230	137	159	262	391	332	549	507	659	512	549①	403②	4690③

①②③ 原文如此，计算有误。

项别 / 部别	1	2	3	4	5	6	7	8	9	10	11	12	对外发表数
消耗 炮弹	59	6	167	36	382	22	94	110	27	21	269	12	1187①
掷筒弹	5			31	14	20	68	41	17	30	60	44	292②
手榴弹	2115	1544	1656	2371	3276	1808	4386	3015	3715	2404	4448	2113	30738③
步机枪弹	26958	20838	20588	39785	34432	33574	49364	40250	47597	22055	38791		374232
手机枪弹		962	620	425		519	99	54	272	85	26		3008
驳壳弹	55	86	226	195	72	260	90	54	158	145	153	46	1494④
手枪弹	73	3	15		50	35	87	10	2	4			279
讯号弹	50		3								18		71
燃烧弹											35		35
损坏遗失 炮											1		1
重机枪	1							1	1		1		4
轻机枪	1		1	1		3	1	1	2		12		21
手机枪		1											2
步马枪	2	2		8	12	13	11	9	24	2	13	4	98⑤
刺刀	2			2	2			2	3	1		3	10⑥
炮弹							12						12
手枪											1		1
手榴弹			6										6
电池			42										42
掷弹筒	1											1	1※

①②③④⑤⑥ 原文如此，计算有误。

项别	部别	1	2	3	4	5	6	7	8	9	10	11	12	合计
遗失	炮													
	掷筒弹							1		11	1			13
	重机枪								1	1	1			3
	轻机枪			1				3	5	12	13	3	4	41
	手机枪		2											2
	步马枪	53	43	72	49	19	91	95	145	300	322	113	120	1422
	驳壳枪	2	3	2	6	3	7	5	3	16	13	7	14	81
	手枪		1	1		11	2	2	2	2	1	2		24
	大刀		1		46	2	2	7			5	5	4	72
	刺刀	41	22	42	62	8	53	129	166	237	231	64	80	1135
	炮弹	25		1					13					39
	掷弹							5			2			7
	手机弹										15			15
	手榴弹	121	47	87	243	56	258	312	1130	913	1719	285	241	5412
	步机枪弹	992	660	973	2220	1458	2773	2100	8630	11780	10668	3624	2815	48707①
	驳壳弹					10				47	47	90		194
	手枪弹													
	工作具						13	89	227	67	111	21	39	567
	防口罩													
	背包													
	被子		6									6		12
	棉衣		12件						190					202
	米袋							105						105

① 原文如此，计算有误。

·1168·

项别 \ 部别	1	2	3	4	5	6	7	8	9	10	11	12	对外发表数
机枪零件							6		1				7
骡马							2	4	12				18
单军衣								346					346
毯子								150					150
梭标								12					12
帽子								5					5
望远镜													

晋察冀军区
冀中部队
1941 年战斗统计表
　年　月　日填

部别 \ 项别			1	2	3	4	5	6	7	8	9	10	11	12	{6-12} 合计
团级	指挥员	伤	1											2	2
		亡												1	1
	政治人员	伤		3									1	1	1
		亡													1
营级	指挥员	伤	1			1					2		1	2	5
		亡	1		1	3	1	1	1	1			1	2	10
	政治人员	伤		2	2	1		3	1	1	2		2	3	10
		亡	1	1	3	1	1	1	1	1	1	1	2		6
连级	指挥员	伤	22	4	3	18	6	4	10	16	4	10	15	17	76
		亡	13	2		7	5	6	6	9	6	2	12	23	64
	政治人员	伤	10	1	2	3	1	7	8	14	5	6	13	11	64
		亡	8	1	3	6	7	6	5	7	5	3	7	10	43
排级		伤	40	15	13	21	29	23	28	52	29	15	37	21	205
		亡	21	10	1	20	12	19	23	34	15	8	31	52	182
班级		伤	96	22	28	60	24	47	62	98	47	22	38	77	391
		亡	65	23	16	27	25	43	32	48	23	15	35	73	269
战士		伤	339	136	140	237	170	308	234	394	288	213	338	244	2019
		亡	263	73	57	115	154	220	111	199	140	134	260	338	1412①
失联络			10		2		50	15	96			22	71	70	444
被俘				11			40	37				18		2	
共		伤	509	183	186	341	230※	391	344	575	375	266	444	378	4222
		亡	372	110	78	178	203	297	179	299	192	163	349	499	2919
合计			881	293	264	519	433	688	523	874	567	429	793	877	7141

① 原文如此，计算有误。

项别／部别		1	2	3	4	5	6	7	8	9	10	11	12	
我军 消耗	炮弹	23		17	42	8	64				25	49	178	381
	掷筒弹	19	1				20	82			59	93	78	377
	手榴弹	3431	1563	707	4267	1101	5240	5585			32781	3927	2853	28674
	步机枪弹	53368	26564	21177	5069	13310	79550	53341				53840	53037	392037
	驳壳枪弹	617	68											685①
	手枪弹	4					8				3	7	127	149
	地雷													9
	煤油							9桶						
我军 损坏	掷弹筒	1					1		1	1				4
	重机枪													
	轻机枪			2	1		1							4
	步马枪	17	4	6	12		7	1	5		6		14	58②
	驳壳枪						1							1
	手枪	3						6					1	11③
	刺刀	3			2									3

①②③ 原文如此，计算有误。

·1171·

我军遗失

项别\部别	1	2	3	4	5	6	7	8	9	10	11	12	合计
掷弹筒								1					2
重机枪							1	1				1	1
轻机枪		枪身1		2(内身1)			1				6	6	6①
步马枪	181	55	35	222	165	186	5	65	22	36	264	344	1580②
驳壳枪	21	7	4	7	12	13	4	3		4	23	38	143③
手枪													
大刀	44		2		36	2	12			30			126
刺刀	53	30	10	53	72	1	106	49	12	50	187	133	756
工作具	9	40	7	55	36	114				33	139	102	505④
迫击炮													1
小炮					1								1
炮弹												10	10
掷筒弹					2						30		32
手榴弹	371	43	31	24	1892	146	61				71	533	3072⑤
步机枪弹	2707	50	386	742	5271	1525	533				3279	6563	21056
地雷												17	17
大衣	53件	24	12	48	104	119	133			21			461
军衣				74件	1586套	149件	311件			2050套			4236⑥
衬衣							231						231
军帽			13	28	11	68	98						166
背包	9				15	40	205			32			298
腰带	7						185						256⑦

①②③④⑤⑥⑦ 原文如此，计算有误。

· 1172 ·

晋察冀军区
挺进军
1941 年战斗统计表
年　月　日填

项别	部别	1	2	3	4	5	6	7	8	9	10	11	12	
我军遗失	绑带				3	10	72	173						258
	鞋子							278						278
	便衣							27						27
	被子	11				26	3	107						147
	战斗识别旗					34	1	1						36
	碗		32				80	19						131
	自行车	1	3	1		19		5				7	17	53
	子弹袋		8			251	187	13						459
	马鞍			8										8
	马	2		2		39			100			4	5	152
	米袋	64			58		29	25						176
	饭包	8					9							17
	边币					5000 元	1500							6500
	电话机					1	1							2
	边币													
	工作具					36								36
	粮票					1473200								1473200
	草票					134300								134300
	料票					135400								135400
	油印机					1								1
	土布				20 车								7	1
	马鞍													20

项别 / 部别		1	2	3	4	5	6	7	8、9、10 反扫荡	11	12	总计	对外发表
团级 指挥员	伤	1										1	
	亡												
团级 政治人员	伤												
	亡												
营级 指挥员	伤	1	1	1			1					3	
	亡												
营级 政治人员	伤			1		1			1			2	
	亡											2	
连级 指挥员	伤		1	5		3	1		1			11	
	亡			1								1	
连级 政治人员	伤			1		1	1	1	1			4	
	亡			2		1			1			4	
排级	伤			7	4	3	4	1				19	
	亡			5			1	1	5			11	
班级	伤											1	
	亡											1	
战士	伤	35		93	40	15	49	9	51			292	
	亡	14		64	30	26	23	3	41			201	
失联络			3	14	5	27			276				
被俘				10					33			368	
共	伤	35	2	108	44	22	56	11	54			332	
	亡	16		72	30	28	24	4	47			221	
合计		51	2	180	74	50	80	15	101			553	

我军伤亡

· 1174 ·

项别	部别	1	2	3	4	5	6	7	8、9、10 反扫荡	11	12	总计	对外发表
我军 消耗	炮弹								106			106	
	掷筒弹			187	4004	532	3890	177	1360			10150	
	手榴弹			1808	9398	11320	3159	611	11776			54362①	
	步机枪弹								30			30	
	驳壳枪弹												
	手枪弹												
损坏	掷弹筒								1			1	
	轻机枪								1			1	
	步马枪				35				42			77	
	刺刀								18			18	
	工作具								8			8	
遗失	步马枪			132		20	38		265			455	
	驳壳枪					1	2					3	
	重机枪								2			2	
	迫击炮								1			1	
	短枪								20			20	
	手榴弹								609			609	
	步机枪弹								5036			5036	

① 原文如此，计算有误。

104. 八路军第120师独立第1旅抗战第四周年阵亡登记表
（1941年）

120师独一旅卫生处

陆军120师独立第一旅第2团			
队别	二团一营三连	二团一营三连	二团一营三连	二团一营三连
职别	连长	副连长	班长	副班长
姓名	向炳堂	王云发	尹得胜	张树春
年龄	29	28	19	30
籍贯	湖南省桑技〈植〉县上东街	贵州省毕吉〈节〉县黑藏村	冀省文安县胜芳镇	河北省霸县苏桥
家庭经济状况	人1口房地无	房2间地10亩人4口	人4口房3间地无	人2口房2间地无
何时何地入伍	1934年7月本地入伍	1936年2月在本地入伍	1937年在本地入伍	1937年在本地入伍
永久通讯处	桑枝〈植〉县上东街交本人	黑藏村交本人	本镇交本人	胜芳交本人
何时何地阵亡	1940年7月梅筒沟	1940年7月在梅筒沟	同	同
负伤部位	头部	腹部	小腹部	小腹部
葬埋地点				
是否党员	是	是		
备考				

陆军 120 师独立第一旅第 2 团			
队别	二团一营三连	同	二团一营一连	同
职别	副班长	战士	同	战士
姓名	张星全	李还小	程其和	冯黑
年龄	34	24	23	27
籍贯	冀省任丘县西里长村	晋省五寨县后会村	豫省凌〈林〉县石干村	晋省神池县讫坦子村
家庭经济状况	人 5 口房地无	人 3 口房地无	人 2 口房地无	人 5 口房地无
何时何地入伍	1938 年 4 月在高阳入伍	1940 年 4 月本村入伍	1940 年 2 月在晋省五寨县入伍	1940 年 4 月在本地入伍
永久通讯处	西里长村交本人		石干村交本人	本村交本人
何时何地阵亡	1940 年 7 月在梅筒沟	同	1940 年 7 月在梅筒沟	同
负伤部位	腹部	腹部	腹部	腰部
葬埋地点				
是否党员	是			
备考				

陆军 120 师独立第一旅第 2 团			
队别	二团一营一连	同	二团一营一连	同
职别	战士	战士	战士	同
姓名	王锡田	曹仲清	白海瑞	廉根元
年龄	32	29	29	17
籍贯	冀省饶阳县郭村	冀省深县东名村	冀省深县王各庄村	晋省五寨县南坡底村
家庭经济状况	人 5 口房 3 间地 10 亩	人 6 口房 3 间地 1 亩	人 5 口房 3 间地 5 亩	人 5 口房 3 间地 3 亩
何时何地入伍	1939 年 1 月本地入伍	1939 年 8 月在本地入伍	1939 年 8 月在本地入伍	1940 年 3 月在本地入伍
永久通讯处	本村交本人	东石庄交本人	本村交本人	本村交本人
何时何地阵亡	1940 年 7 月在梅筒沟	同	1940 年 7 月在梅筒沟	同
负伤部位	头胸部	胸部	腹部	胸部
葬埋地点				
是否党员				
备考				

陆军 120 师独立第一旅第 2 团

队别	二团一营一连	同	二团一营一连	同
职别	战士	战士	班长	战士
姓名	苏二虎	李双林	郭藩增	李三黑
年龄	22	24	23	22
籍贯	晋省五寨县西坪沟村	晋省忻县东村	冀省霸县	晋省神池县
家庭经济状况	人 2 口房地无	人 5 口房 5 间地 15 亩		
何时何地入伍	1940 年 4 月在本地入伍	1940 年 4 月在本地入伍		
永久通讯处	本村交本人	本村交本人		
何时何地阵亡	1940 年 7 月在梅筒沟	同	1940 年 7 月在梅筒沟	同
负伤部位	腰部	头胸部	头部	胸部
葬埋地点			新油石村	新油石村东山下
是否党员				
备考				

陆军 120 师独立第一旅第 2 团

队别	二团二营八连	同	同	二团一营二连
职别	排长	战士	同	班长
姓名	柴志宏	康秉均	陈三山	沈云福
年龄	20	24	19	33
籍贯	晋省平陆县园里村	晋省宁武县武家沟村	晋省静乐县竹林村	冀省文安县苏桥
家庭经济状况	人 20 口房 10 间地 40 亩	人 3 口房 3 间地 5 亩	人 4 口房地无	人 7 口房 1 间地 1 亩
何时何地入伍	1938 年 8 月入伍	1940 年 3 月在本村入伍	1940 年 6 月在本地入伍	1937 年 10 月在本地入伍
永久通讯处	本村交本人	同	同	本村交本人
何时何地阵亡	1940 年 6 月在冯家山	同	1940 年 6 月在冯家山村	1940 年 5 月在梅筒沟
负伤部位	头部	同	腹部	头部
葬埋地点				
是否党员	是			
备考				

陆军 120 师独立第一旅第 2 团			
队别	二团一营二连	同	二团一营二连	二团三营十二连
职别	战士	同	战士	通信员
姓名	梁林海	郭三	刘保堂	田文炳
年龄	20	29	19	39
籍贯	晋省忻县下沙村	晋省五寨县婆堤村	晋省忻县杨胡村	冀省霸县杨各庄村
家庭经济状况	人 4 口房 4 间地 10 亩	人 2 口房 3 间地 15 亩	人 5 口房 4 间地 14 亩	人 10 口房 5 间地 3 亩
何时何地入伍	1940 年 4 月本地入伍	1940 年 3 月在本村入伍	1940 年 4 月本村入伍	1938 年 7 月在本村入伍
永久通讯处	本村交梁计根	本村交本人	杨胡村	本村交田保之
何时何地阵亡	1940 年 4 月在梅筒沟	同	1940 年 7 月在杨会湾	1940 年 7 月 21 日在离石县胡家岭
负伤部位	头胸部			胸部
葬埋地点				离石县岩家坡
是否党员				是
备考				

陆军 120 师独立第一旅第 2 团			
队别	二团三营十二连	同	二团侦察连	同
职别	战士	副班长	连长	侦察员
姓名	秦来轴	张鹤鸣	刘继光	张增林
年龄	22	27	48	25
籍贯	晋省临县赵家莫村	冀省霸县北郝家务村	冀省大城县刘古献村	冀省深泽县西固罗镇
家庭经济状况	人 5 口房 1 间地 15 亩	人 5 口房 4 间地 20 亩	人 7 口房无地 30 亩	人 10 口房地无
何时何地入伍	1940 年 3 月本村入伍	1938 年 2 月在本村入伍	1937 年在本县入伍	1939 年 5 月在段庄入伍
永久通讯处	本县赵家莫村交秦白青	北郝家务村	河间县南乐村	本镇交张洛拨
何时何地阵亡	1940 年 7 月 21 日于离石县胡家岭	同	1940 年 6 月 27 日在离石县林家坪东三里	同
负伤部位	胸部	腹部	头腿部	
葬埋地点	离石县杨河沟	离石县胡家岭山下	林家坪东三里地	同
是否党员	是		是	是
备考				

陆军 120 师独立第一旅第 2 团			
队别	二团二营八连	同	二团二营六连	同
职别	战士	同	战士	同
姓名	马炳仁	李元青	刘老吉	张玉科
年龄	20	19	32	24
籍贯	晋省五寨县姚头村	晋省五寨县狼窝村	冀省无极县郭里村	冀省深县东马庄村
家庭经济状况	人 4 口房 3 间地 10 亩	人 3 口房 2 间地 30 亩	独自一人	人 3 口地 5 亩房 3 间
何时何地入伍	1940 年 3 月本村入伍	同	1939 年 7 月本地入伍	1939 年 4 月王家潭庄入伍
永久通讯处	姚头村	狼窝村	郭里村	东马庄村
何时何地阵亡	1940 年 8 月 27 日在晋省方山县三区古贤村	同	同	同
负伤部位	头部	头部胸部	同	头部
葬埋地点				
是否党员			是	
备考				

陆军 120 师独立第一旅第 2 团			
队别	二团二营五连	二团二营六连	二团二营七连	二团三营十连
职别	班长	战士	战士	战士
姓名	邱俊全	高如胜	刘福旺	石荣必
年龄	31	26	29	28
籍贯	冀省霸县下王庄村	晋省临县赵家岭	晋省宁武县雄沟村	晋省五寨县东秀庄村
家庭经济状况	人 7 口房 2 间	人 4 口房 2 间地 10 亩	人 3 口房地无	
何时何地入伍	1939 年 2 月本地入伍	1940 年 3 月本地入伍	1940 年 2 月在岢岚县入伍	1940 年 2 月在本地入伍
永久通讯处			本村交刘荣收	本村交本人
何时何地阵亡	1940 年 6 月在深家沟	同		
负伤部位	头部	同	腿部	右臂及头
葬埋地点				
是否党员				
备考			逃亡	逃亡

陆军 120 师独立第一旅第 2 团

队别	二团通信连	二团团部	二团通信连	同
职别	侦察员	见习参谋	侦察员	同
姓名	周振山	米贞训	薛福有	高福山
年龄	32	19	26	25
籍贯	冀省深县	四川省邛崃县夹关	冀省文〔安〕县胜芳镇	冀省无极县大中浪村
家庭经济状况		人 14 口房 2 间地 5 亩	人 9 口房 10 间地无	人 8 口房 4 间地无
何时何地入伍	1939 年本地入伍	1938 年 7 月在陕西入伍	1938 年 2 月本村入伍	1939 年 6 月在城贤村入伍
永久通讯处	本村交本人	同	本村交薛銮台	本村交高老水收
何时何地阵亡	1940 年 9 月 25 日忻县泗水村	同	同	同
负伤部位		头部		
葬埋地点	泗水村			
是否党员	是	是	同	是
备考			生死不明	生死不明

陆军 120 师独立第一旅第 2 团

队别	二团通信连	二团一营营部	同	二团一营一连
职别	侦察班长	营长	教导员	连长
姓名	郝占奎	汪清纯	唐开先	郑昌贤
年龄	31	34	25	22
籍贯	冀省文安县胜芳镇	鄂省潜江县任村	江西省永清县寺都村	湘省大庸县北正街
家庭经济状况	人 5 口房 2 间地 5 亩	人 4 口房地无	人 3 口房地无	人 6 口房 1 间地 6 亩
何时何地入伍	1938 年 6 月在本村入伍	1930 年 10 月在本县入伍	1930 年 2 月本地入伍	1933 年 9 月在本县入伍
永久通讯处	本村交本人	本村交本人	同	本街交郑文华
何时何地阵亡	1940 年 9 月 25 日在忻县泗水村	1940 年 9 月 18 日在晋省宁武县上庄村	同	同
负伤部位		头部	胸部	同
葬埋地点		宁武县谢家坪	同	同
是否党员	是	是	是	是
备考	生死不明			

陆军 120 师独立第一旅第 2 团			
队别	二团一营一连	二团一营二连	同	同
职别	战士	班长	副班长	战士
姓名	王永峰	王济表	陶立增	姜之祺
年龄	21	26	24	34
籍贯	冀省饶阳县李家庄	冀省深县西王庄	冀省深县小部村	冀省深县护驾村
家庭经济状况	人 4 口房 4 间地无	人 2 口房 2 间地 3 亩	人 7 口房 4 间地无	人 5 口房 3 间地 10 亩
何时何地入伍	1939 年 10 月在本县入伍	1939 年 7 月在黄龙入伍	1939 年 6 月园庄入伍	1939 年 1 月在马庄入伍
永久通讯处	本村交王福生	本村交王老琴收	本村交陶根元	本村交姜土同
何时何地阵亡	1940 年 9 月 18 日于宁武县谢家坪	1940 年 9 月 18 日于宁武县谢家坪	同	同
负伤部位	头部	头部	同	腹部
葬埋地点	谢家坪	谢家坪	同	同
是否党员		是	是	是
备考				

陆军 120 师独立第一旅第 2 团			
队别	二团一营四连	二团一营四连	同	同
职别	班长	副班长	通信员	战士
姓名	刘秋来	马芝瑞	张文有	张治州
年龄	19	25	20	36
籍贯	冀省霸县刘南庄村	冀省深县北四王村	冀省文安县胜芳镇	冀省深县白宋庄村
家庭经济状况	人 8 口房 4 间地 80 亩	人 2 口房 5 间地 4 亩	人 5 口房地无	人 1 口房地无
何时何地入伍	1938 年 12 月本村入伍	1939 年 11 月本村入伍	1938 年 2 月在本村入伍	1939 年 7 月在本村入伍
永久通讯处	南庄村交刘老祥收	北四王村交马清元	本村交本人	同
何时何地阵亡	1940 年 9 月 18 日在宁武县上庄村	同	同	同
负伤部位	头部	头部	同	腹部
葬埋地点	上庄村	上庄村	同	同
是否党员	是			
备考				

陆军 120 师独立第一旅第 2 团			
队别	二团一营三连	同	二团一营三连	同
职别	排长	战士	同	战士
姓名	王玉民	罗金栋	葛金囤	狄宗泽
年龄	22	28	25	20
籍贯	冀省雄县东河岗	冀省武强县郭家庄村	冀省饶阳县河书村	冀省文安县苏桥镇
家庭经济状况	人 5 口房 2 间地 2 亩	人 2 口房无地 4 亩	人 8 口房 5 间地 15 亩	人 3 口房地无
何时何地入伍	1938 年 1 月本村入伍	1940 年 1 月本地入伍	1940 年 1 月在本村入伍	1938 年 1 月在本村入伍
永久通讯处	本村交王玉才	本村交本人	本村交葛金时	本村交狄星福
何时何地阵亡	1940 年 9 月 18 日在晋省宁武县腰庄	1940 年 9 月 18 日在晋省宁武县腰庄村	同	同
负伤部位	腹部	头部	同	腹部
葬埋地点	上庄村	上庄村	同	上庄村
是否党员	是	是		是
备考				

陆军 120 师独立第一旅第 2 团			
队别	二团一营四连	二团二营五连	同	同
职别	战士	支书	排长	同
姓名	宋二小	李连文	向多荣	刘云基
年龄	19	24	24	33
籍贯	晋省神池县吉窑村	豫省沁阳县新店卿村	湘省礼〈澧〉县新度铺村	冀省任丘县西八方村
家庭经济状况	人 5 口房 3 间地 1 亩	人 6 口房 3 间地 6 亩	人 1 口房 1 间地无	人 6 口房 9 间地 20 亩
何时何地入伍	1940 年 4 月本村入伍	1938 年 4 月本省入伍	1935 年 3 月在本地入伍	1938 年 2 月在本县鄚州
永久通讯处	吉窑村交宋长青收	本村交本人收	本村交本人收	同
何时何地阵亡	1940 年 9 月 18 日晋省宁武县上庄村	同	同	同
负伤部位	胸部	头部	同	头部
葬埋地点	上庄村	上庄村	埋阵地	埋上庄
是否党员		是	是	是
备考				

陆军 120 师独立第一旅第 2 团			
队别	二团二营五连	同	同	同
职别	副班长	通信员	战士	同
姓名	孙义齐	刘景泉	贾玉彬	任玉钦
年龄	24	19	27	32
籍贯	冀省霸县菜木营	冀省霸县康仙庄村	冀省深县北四圈村	冀省深县会家庄村
家庭经济状况	人 1 口房地无	人 13 口房 10 间地 17 亩	人 6 口房 3 间地 8 亩	人 4 口房 3 间地 4 亩
何时何地入伍	1938 年 2 月在本地入伍	1938 年 3 月本县入伍	1937 年 7 月在本县入伍	1939 年 7 月在谢庄村入伍
永久通讯处	本村交本人收	同	同	本人收
何时何地阵亡	1940 年 9 月 18 日在晋省宁武县上庄	同	同	同
负伤部位	胸部	同	头部	头部
葬埋地点	埋上庄	同	埋上庄	同
是否党员	是	是	是	
备考				

陆军 120 师独立第一旅第 2 团			
队别	二团二营五连	二团二营五连	二团二营七连	同
职别	战士	副连长	指导员	支书
姓名	王瑞喜	赵昌金	张良福	刘柏春
年龄	21	30	22	25
籍贯	冀省新乐县张村	川省棉羊〈绵阳〉县中心镇	湖南省深其〈辰溪〉县杨国湾	冀省文安县胜芳镇
家庭经济状况	人 4 口房 3 间地 2 亩	人 3 口房地无	人 4 口房地无	人 5 口房地无
何时何地入伍	1939 年 6 月在本地入伍	1934 年 3 月在本村入伍	1935 年 5 月在本地入伍	1937 年 9 月在本村入伍
永久通讯处	本村交本人	本村交赵六台	本村交孙家前	本村交刘柏云
何时何地阵亡	1940 年 9 月 18 日在宁武上庄村	同	同	同
负伤部位	头部	头部	胸部	同
葬埋地点	上庄村	同	同	同
是否党员		是	是	是
备考				

陆军 120 师独立第一旅第 2 团			
队别	二团二营七连	二团二营七连	同	同
职别	排长	战士	同	司号员
姓名	李永刚	任忠心	赵更五	杨保玉
年龄	33	21	19	16
籍贯	冀省霸县东关	冀省无极县合庄村	冀省深县复家池村	冀省文安县胜芳镇
家庭经济状况	人 7 口房地无	人 6 口房 5 间地 6 亩	人 2 口房 2 间地 10 亩	人 5 口房 3 间地无
何时何地入伍	1938 年 5 月在本村入伍	1939 年 6 月在本村入伍	1937 年 6 月本村入伍	1938 年 5 月本村入伍
永久通讯处	本村交本人	本村交本人	同	本村交杨奎生
何时何地阵亡	1940 年 9 月 18 日在晋省宁武县上庄村	同	同	同
负伤部位	头部	头部	头部	头部胸部
葬埋地点	上庄村	同	同	同
是否党员	是	是	是	
备考				

陆军 120 师独立第一旅第 2 团			
队别	二团二营七连	同	同	同
职别	班长	战士	同	副班长
姓名	胡春芳	张山秀	骆振西	王英俊
年龄	24	19	42	19
籍贯	冀省霸县比家房村	晋省五寨县沟里村	冀省深县骆家庄村	冀省河间县崇仙村
家庭经济状况	人 2 口房 2 间地无	同	人 7 口房 6 间地 3 亩	人 5 口
何时何地入伍	1938 年 2 月本村入伍	1940 年 2 月在本村入伍	1939 年 7 月在本村入伍	1938 年 6 月在本村入伍
永久通讯处	本村交胡根红收	本村交张花元	本村交本人	本村交王有民
何时何地阵亡	1940 年 9 月 18 日在宁武县上庄村	同	同	同
负伤部位	头部	头部	同	同
葬埋地点	上庄村	上庄村	同	同
是否党员	是			是
备考				

陆军 120 师独立第一旅第 2 团			
队别	二团二营七连	同	同	同
职别	副班长	同	战士	同
姓名	杨金生	王叶文	康兰芳	张起山
年龄	24	25	16	23
籍贯	冀省深县北四王村	冀省灵寿县青连村	晋省临县古道村	冀省安平县米立庄村
家庭经济状况	人 4 口房地无	人 1 口房 3 间地无	人 2 口房 1 间地 40 亩	人 2 口房 5 间地 3 亩
何时何地入伍	1939 年 11 月在本县入伍	同	1939 年 2 月本村入伍	1939 年 5 月在本地入伍
永久通讯处	北四王村	青连村	古道村交康玉福收	米立庄村
何时何地阵亡	1940 年 9 月 18 日在晋省宁武县上庄村	同	同	同
负伤部位	头部	胸部	同	头部
葬埋地点	上庄村	同	同	同
是否党员	是	是		是
备考				

陆军 120 师独立第一旅第 2 团			
队别	二团二营七连	二团二营七连	同	二团二营八连
职别	战士	战士	战士	副排长
姓名	刘子臣	石赞荣	白希明	任金棠
年龄	26	18	18	36
籍贯	冀省深县院头村	晋省五寨县兴水沟	晋省岢岚县石盘村	鲁省官〈冠〉县中兴集村
家庭经济状况	人 8 口房 3 间地 4 亩	人 4 口房无地 30 亩	人 2 口房地无	人 6 口房 18 间地 20 亩
何时何地入伍	1939 年 8 月本地入伍	1940 年 2 月在本地入伍	1940 年 2 月在本地入伍	1938 年 2 月在霸县入伍
永久通讯处	院头村交刘元	兴水沟交石秀发收	石盘村交白囤孝收	中兴集村交本人收
何时何地阵亡	1940 年 9 月 18 日于宁武县上庄	1940 年 9 月 18 日于宁武县上庄村	1940 年 9 月 18 日于宁武县上庄村	同
负伤部位	头部	头部	头部	头部
葬埋地点	宁武县上庄	宁武县上庄	宁武县上庄	同
是否党员				
备考				

陆军 120 师独立第一旅第 2 团			
队别	二团二营八连	二团二营八连	二团二营部	二团三营九连
职别	战士	战士	通信员	排长
姓名	潘德胜	王文祥	袁新民	何玉兰
年龄	28	27	21	27
籍贯	冀省清河县后西王庄	冀省无极县市庄村	冀省无极县流村	冀省文安县刘庄村
家庭经济状况	人 2 口房 1 间半地无	人 2 口房地无	人 4 口房 3 间地半亩	人 7 口房 3 间地 8 亩
何时何地入伍	1938 年 4 月在霸县入伍	1939 年 6 月在本地入伍	同	1938 年 3 月本地入伍
永久通讯处	后西王庄村交本人收	市庄村交本人收	本县流村交本人收	刘庄村交何川必收
何时何地阵亡	1940 年 9 月 18 日在晋省宁武县上庄村	1940 年 9 月 18 日在晋省宁武县上庄村	1940 年 9 月 18 日在晋省宁武县上庄村	1940 年 9 月 18 日在晋省宁武县上庄村
负伤部位	头部	头部	头胸部	胸部
葬埋地点	宁武县上庄	宁武县上庄村	同	同
是否党员	是	是	是	是
备考				

陆军 120 师独立第一旅第 2 团			
队别	二团三营九连	同	二团三营十连	同
职别	班长	战士	副连长	班长
姓名	田月波	王海哇	谭银善	左万春
年龄	30	18	25	26
籍贯	冀省河间县西河村	冀省宁武县吴家沟村	鲁省关头县前关头村	冀省深县孙里庄村
家庭经济状况	人 4 口房 5 间地 6 亩	人 1 口房 3 间地 15 亩	人 1 口房 3 间地 3 亩	人 3 口房 3 间地 6 亩外债 90 元
何时何地入伍	1938 年 4 月在本村入伍	1940 年 3 月在本村入伍	1937 年 10 月在冀省任丘入伍	1939 年 6 月于本地入伍
永久通讯处	西河村交本人收	吴家沟村交本人	本村交本人	孙桥村交本人
何时何地阵亡	1940 年 9 月 18 日在宁武县上庄村	同	同	同
负伤部位	头部	胸部	同	
葬埋地点	宁武县上庄	同	谢家坪	上庄村山上
是否党员	是		是	是
备考				

陆军 120 师独立第一旅第 2 团			
队别	二团三营十连	二团三营十连	二团三营十连	同
职别	战士	战士	战士	同
姓名	张景明	曹振才	周福元	李年伍
年龄	20	21	23	23
籍贯	冀省深县郭庄村	冀省无极县西池阳村	晋省五寨县赵家沟村	晋省临县各土里村
家庭经济状况	人3口房3间地3亩	房2间	人7口房3间地90亩	人9口房地无
何时何地入伍	1939 年 8 月在本县入伍	1939 年 7 月在本县入伍	1940 年 4 月在本县入伍	同
永久通讯处	郭庄村交本人	西池阳村交本人	本村交本人收	本村交本人
何时何地阵亡	1940 年 9 月 18 日在晋省宁武县上庄村	同	同	同
负伤部位		胸部	胸部	头部
葬埋地点	上庄村山上	同	同	同
是否党员	是	是		
备考				

陆军 120 师独立第一旅第 2 团			
队别	二团三营十连	二团一营一连	同	二团通信连
职别	战士	战士	战士	侦察员
姓名	李则书	张振国	王银虎	马武德
年龄	24	23	22	20
籍贯	晋省五寨县杨会湾	冀省无极县田庄村	冀省完县七级村	冀省清苑县魏各庄村
家庭经济状况	人6口房1间地16亩	人6口房5间地6亩	人4口房4间地4亩	
何时何地入伍	1940 年 2 月本地入伍	1940 年 1 月在本地入伍	1939 年 7 月在本村入伍	1939 年 2 月在本地入伍
永久通讯处	杨会湾交本人	田庄村交本人	本村交本人	本村交本人
何时何地阵亡	1940 年 9 月 18 日在宁武县上庄村	1940 年 12 月 24 日在后安沟村	1940 年 12 月 31 日在问家山	同
负伤部位	头部	头部	胸部	头部
葬埋地点	上庄村山上	埋阵地	同	同
是否党员		是	是	是
备考				

陆军 120 师独立第一旅第 2 团

队别	二团通信连	二团特务连	同
职别	侦察员	战士	同
姓名	吕振祺	杨青海	谢二合
年龄	23	27	29
籍贯	冀省任丘县古洲村	冀省深县风飚村	同
家庭经济状况	人 3 口房 2 间地亩半	人 3 口房 3 间地 3 亩	人 3 口房 5 间地 3 亩
何时何地入伍	1939 年在鄚州入伍	1939 年 6 月在本县入伍	1939 年 8 月在本村入伍
永久通讯处	古洲村交本人收	本村交杨文波	本村交本人
何时何地阵亡	1940 年 12 月在安家庄村	1940 年 12 月 26 日于问家山	同
负伤部位	头部	胸部	头部
葬埋地点	安家庄村山上	问家山	同
是否党员	是		是
备考			

陆军 120 师独立第一旅第 5 团

队别	五团二营五连	五团二营五连	五团二营五连	五团二营五连
职别	副班长	战士	战士	战士
姓名	张富畴	郝万玉	姜民海	王山列
年龄	27	22	30	32
籍贯	晋省岢岚	晋省静乐县下福庄	晋省静乐县	晋省静乐县马家塌
家庭经济状况	人 3 口房地无	人 9 口房 6 间地 70 亩	人 3 口房 2 间地 30 亩	人 1 口房地无
何时何地入伍	1939 年在本地入伍	1940 年在本村入伍	同	1940 年在本村入伍
永久通讯处		下福庄		马家塌
何时何地阵亡	1940 年 7 月 4 日在晋省兴县二十里铺	1940 年 7 月 4 日在晋省兴县二十里铺	同	1940 年 7 月 4 日在晋省兴县二十里铺
负伤部位	头部	腹部	背部	头部
葬埋地点				
是否党员				
备考				

陆军120师独立第一旅第5团			
队别	五团二营五连	五团二营五连	五团二营五连	五团二营营部
职别	战士	战士	同	司务长
姓名	吴银顺	李二小	高文范	甘玉清
年龄	25	27	30	25
籍贯	晋省宁武县吉家坪	晋省岢岚县五秀村	晋省静乐县杨应村	
家庭经济状况	人5口房5间地15亩	人1口房无地30亩	人3口房1间地12亩	人5口房地无
何时何地入伍	1940年在本村入伍	同	同	1933年在本地入伍
永久通讯处	吉家坪	本村交本人	杨应村	
何时何地阵亡	1940年7月4日在晋省兴县二十里铺	同	同	同
负伤部位	头部	腹部	头部	同
葬埋地点				
是否党员				是
备考				

陆军120师独立第一旅第5团			
队别	五团二营五连	五团二营五连	五团二营五连	同
职别	战士	副班长	战士	同
姓名	郭胜荷	苏太奇	王山松	李玉起
年龄	36	22	28	21
籍贯	晋省岢岚县松井村	冀省晋县屯上村	晋省岢岚县常家沟村	冀省饶阳县先王村
家庭经济状况	人3口房地无	人4口房1间地无	人3口房1间地无	人3口房1间地10亩
何时何地入伍	1940年本地入伍	1939年本地入伍	1940年本地入伍	1939年本地入伍
永久通讯处	松井村	屯上村	常家沟村	先王村
何时何地阵亡	1940年7月4日在晋省兴县二十里铺村	同	同	同
负伤部位	胸部	胸部	腹部	头部
葬埋地点				
是否党员				
备考				

陆军 120 师独立第一旅第 5 团			
队别	五团二营五连	同	同	同
职别	战士	同	同	同
姓名	张德胜	张来顺	贾富贵	高海德
年龄	25	32	31	32
籍贯	晋省静乐县	晋省岢岚县平由上村	晋省岢岚县霍方营村	晋省静乐县丰全村
家庭经济状况	人 4 口房 2 间地 20 亩	人 2 口房 2 间地 30 亩	人 3 口房地无	人 2 口房地无
何时何地入伍	1940 年在本地入伍	同	同	同
永久通讯处		平由上村	本村交本人	同
何时何地阵亡	1940 年 7 月 4 日在晋省兴县二十里铺	同	同	同
负伤部位	胸部	胸部	腹部	背部
葬埋地点				
是否党员				
备考				

陆军 120 师独立第一旅第 5 团			
队别	五团二营五连	五团二营五连	同	同
职别	战士	战士	战士	通信员
姓名	武吃苦	马树小	贾富山	曹最海
年龄	28	21	19	17
籍贯	晋省岢岚县杨房村	晋省岢岚县王子村	同	冀省深县大贾村
家庭经济状况	人 3 口房 3 间地 60 亩	人 3 口房 3 间地无	人 4 口房地无	人 3 口房 3 间地 20 亩
何时何地入伍	1940 年在本村入伍	同	同	1939 年在本村入伍
永久通讯处	杨房村	王子村	同	大贾村
何时何地阵亡	1940 年 7 月 4 日晋省兴县二十里铺	同	同	同
负伤部位	胸部	背部	胸部	头部
葬埋地点				
是否党员				
备考				

陆军 120 师独立第一旅第 5 团

队别	五团二营五连	五团二营五连	五团二营八连	同
职别	通信员	战士	同	同
姓名	乔二星	李三连	杨永福	张润子
年龄	18	25	36	22
籍贯	绥远省武川县	晋省静乐县石家沟村	冀省深县	冀省武强县齐界村
家庭经济状况	人 3 口房 2 间地 25 亩	人 4 口房地无	人 7 口房 4 间地 7 亩	人 3 口房 3 间地 2 亩
何时何地入伍	1938 年在本村入伍	1940 年在村入伍	1939 年在本地入伍	同
永久通讯处		石家沟村		齐界村
何时何地阵亡	1940 年 7 月 4 日在晋省兴县二十里铺	同	同	同
负伤部位	头部	头部	同	腹部
葬埋地点				
是否党员			是	是
备考				

陆军 120 师独立第一旅第 5 团

队别	五团二营八连	同	五团二营八连	同
职别	战士	同	战士	同
姓名	刘二小	贺二小	马国丙	李满洞
年龄	28	26	30	31
籍贯	晋省岢岚县花岔村	晋省岢岚县贺家岩村	晋省岢岚县阳印子村	晋省河曲县五盆楼村
家庭经济状况	人 1 口房 3 间地 60 亩	人 4 口地 36 亩房无	人 5 口房 2 间地 36 亩	独自一人
何时何地入伍	1940 年在本地入伍	同	同	同
永久通讯处	花岔村	贺家岩	阳印子村	五盆楼
何时何地阵亡	1940 年 9 月 4 日在晋省兴县二十里铺	同	同	同
负伤部位	胸部	腹部	头部	同
葬埋地点				
是否党员				
备考				

陆军 120 师独立第一旅第 5 团			
队别	五团三营九连	五团三营十连	五团三营十一连	同
职别	战士	同	排长	副班长
姓名	曹海玉	贺有拴	刘殿臣	李少田
年龄	30	24	26	29
籍贯	晋省静乐县	晋省岢岚县阴阳村	冀省武强县石家庄	晋省寿阳县七臣庄
家庭经济状况	人 4 口房 3 间地 2 亩	人 2 口房 2 间地 30 坰	人 5 口房 3 间地 4 亩	人 4 口房地无
何时何地入伍	1940 年本地入伍	同	1939 年本地入伍	同
永久通讯处		阴阳村	石家庄村	七臣庄
何时何地阵亡	1940 年 7 月 4 日在晋省兴县二十里铺	同	同	同
负伤部位	膝关	胸部	腿部	头部
葬埋地点				
是否党员			是	是
备考	生死不明			

陆军 120 师独立第一旅第 5 团			
队别	五团团部	同	五团通信连	五团一营一连
职别	司务长	警卫员	排长	班长
姓名	汪兴邦	崔岳	李志五	关永胜
年龄	22	22	20	33
籍贯	湖南省永水〈顺〉县龙家塞	晋省神池县虎北村	四川省剑丰县沙家毫村	冀省稾城县南门镇
家庭经济状况	人 8 口房 3 间地收 3 斗粮	人 6 口房 3 间地 5 亩	人 8 口房 1 间地 3 亩	人 4 口房 3 间地 3 亩
何时何地入伍	1931 年本村入伍	1937 年在五寨入伍	1934 年在本地入伍	1937 年在山西省入伍
永久通讯处	龙家塞村	虎北村	沙家毫村	南门镇
何时何地阵亡	1940 年 7 月 4 日在晋省兴县二十里铺	同	同	同
负伤部位	头部	同	头部	同
葬埋地点	阵地	同	同	同
是否党员	是	是	是	是
备考				

陆军 120 师独立第一旅第 5 团			
队别	五团一营一连	同	同	同
职别	战士	同	战士	同
姓名	韩丁有	郭三连	刘福山	史宗保
年龄	19	32	32	25
籍贯	晋省岢岚县铁锤沟	晋省静乐县李家会	冀省深县张赵庄	
家庭经济状况	人 4 口房 2 间地 6 亩	人 4 口房 2 间地 16 亩	人 7 口房一间地 8 亩	人 4 口房 4 间地 3 亩
何时何地入伍	1940 年在本地入伍	同	1939 年在本地入伍	同
永久通讯处	铁锤沟	李家会	张赵庄	小刘庄村
何时何地阵亡	1940 年 7 月 4 日在兴县二十里铺	同	同	同
负伤部位	头部	同	同	同
葬埋地点	阵地	同	同	同
是否党员	是			是
备考				

陆军 120 师独立第一旅第 5 团			
队别	五团一营一连	五团一营一连	五团一营一连	五团一营营部
职别	战士	战士	战士	勤务员
姓名	闫青山	张开同	张凤林	赵永胜
年龄	26	27	22	17
籍贯	晋省静乐县喷家庄	晋省静乐县三角铺	晋省岢岚县庄头村	冀省深县陈二庄
家庭经济状况	人 2 口房地无	人 3 口房 2 间地 6 亩	人 4 口房 2 间地 45 亩	人 3 口房 3 间地无
何时何地入伍	1940 年在本村入伍	1940 年在本村入伍	同	1939 年在本地入伍
永久通讯处	喷家庄村	三角铺村	庄头村交本人	陈二庄交
何时何地阵亡	1940 年 7 月 4 日晋省兴县二十里铺	1940 年 7 月 4 日在晋省兴县二十里铺	同	1940 年 7 月 4 日在晋省兴县二十里铺
负伤部位	头部	头部	头部	头部
葬埋地点				
是否党员				
备考				

陆军 120 师独立第一旅第 5 团			
队别	五团一营营部	五团一营一连	五团一营一连	五团一营一连
职别	通信班长	战士	战士	战士
姓名	杨子平	宋子玉	杨广华	马志良
年龄	23	21	21	20
籍贯	贵州省石千县	晋省岢岚县福家坡村	晋省岢岚大元会村	晋省岢岚县桥村
家庭经济状况	人 4 口房 2 间地无	人 3 口房 2 间地 60 亩	人 6 口房 1 间 [地] 10 亩	人 4 口房 7 间地 18 亩
何时何地入伍	1935 年在本地入伍	1940 年本地入伍	同	同
永久通讯处		福家坡村	大元会村	桥村
何时何地阵亡	1940 年 7 月 4 日在晋省兴县二十里铺	1940 年 7 月 4 日在晋省兴县二十里铺	同	同
负伤部位	肚子上			
葬埋地点				
是否党员	是			
备考		生死不明	同	同

陆军 120 师独立第一旅第 5 团			
队别	五团一营一连	五团一营机枪连	五团一营机枪连	五团一营二连
职别	战士	战士	战士	战士
姓名	吴占学	胡丙德	侯长青	陈中山
年龄	15	34	30	36
籍贯	晋省岢岚县福家坡村	晋省太谷县生红村	晋省岢岚县四区杨韩村	冀省深县龙家庄村
家庭经济状况	人 5 口房 2 间地 15 亩	人 4 口房 3 间地无	人 5 口房地无	人 3 口房地无
何时何地入伍	1940 年在本地入伍	1937 年在本村入伍	1940 年在本地入伍	1939 年在本地入伍
永久通讯处	福家坡村	生红村	本村交本人	龙家庄
何时何地阵亡	1940 年 7 月 4 日在晋省兴县二十里铺	1940 年 7 月 4 日在晋省兴县二十里铺	同	同
负伤部位		头部	肚上	头部
葬埋地点				
是否党员				是
备考	生死不明			

陆军 120 师独立第一旅第 5 团			
队别	五团一营二连	同	五团一营二连	同
职别	战士	同	战士	战士
姓名	赵四维	张国计	王清云	吕占彪
年龄	24	25	27	35
籍贯	晋省岢岚县寨子沟村	晋省岢岚县前子沟	晋省静乐县于沟	晋省静乐老马沟村
家庭经济状况	独自一人	人 4 口房 2 间地无	人 2 口房地无	人 2 口房地无
何时何地入伍	1940 年在本地入伍	同	同	同
永久通讯处	寨子沟村	前子沟村	于沟	老马沟
何时何地阵亡	1940 年 7 月 4 日在兴县二十里铺	同	同	同
负伤部位	腰部	头部	同	胸膛
葬埋地点				
是否党员				
备考				

陆军 120 师独立第一旅第 5 团			
队别	五团二营五连	同	同	同
职别	战士	同	同	排长
姓名	蔡德准	杨保千	张树小	尤先峰
年龄	39	30	27	39
籍贯	晋省静乐石灰沟村	晋省静乐县青家坡	晋省岢岚县水英其	湖南省石门县阳胡家村
家庭经济状况	人 4 口房地无	人 2 口地 15 亩房 2 间	人 4 口房地无	同
何时何地入伍	1940 年在本地入伍	同	同	1935 年在本村入伍
永久通讯处	石灰沟村	青家坡村	水英其	阳胡家村
何时何地阵亡	1940 年 7 月 4 日在晋省兴县二十里铺	同	同	同
负伤部位	腹部	同	头部	同
葬埋地点				
是否党员				是
备考				

陆军 120 师独立第一旅第 5 团			
队别	五团二营五连	五团二营五连	同	同
职别	排长	班长	同	战士
姓名	裴万春	刘世炎	苏全传	刘保命
年龄	35	24	18	23
籍贯	河南省武安县玖家庄	冀省深县田家庄村	冀省深县无上村	冀省逢县百高村
家庭经济状况	人 2 口房 3 间地 1 亩	人 6 口地 6 亩房 2 间	人 5 口房 1 间地无	人 8 口房 3 间地 3 亩
何时何地入伍	1938 年在绥远入伍	1939 年在本村入伍	同	同
永久通讯处	玖家庄村	田家庄村	无上村	百高村
何时何地阵亡	1940 年 7 月在晋省兴县二十里铺	同	同	同
负伤部位	腹部	胸部	胸部	头部
葬埋地点				
是否党员	是	是	是	
备考				

陆军 120 师独立第一旅第 5 团			
队别	五团三营十一连	同	五团三营十一连	同
职别	战士	同	战士	同
姓名	杨吾林	陈元德	王甲子	石长瑞
年龄	31	24	22	30
籍贯	冀省深县白村	冀省高阳县埠村	晋省岢岚县郝坡村	冀省无极县石家庄
家庭经济状况	人 4 口房 5 间地无	人 4 口房 3 间地 3 亩	人 3 口房无地 10 亩	人 4 口房 2 间地无
何时何地入伍	1939 年在本地入伍	同	1940 年在本村入伍	1939 年本村入伍
永久通讯处	本县白村交本人	本村交本人	郝坡村交本人	同
何时何地阵亡	1940 年 7 月 4 日在晋省兴县二十里铺	同	同	同
负伤部位	头部	胸部	同	同
葬埋地点				
是否党员	是			
备考				

陆军 120 师独立第一旅第 5 团			
队别	五团三营十一连	同	同
职别	战士	副班长	同
姓名	张全坡	刘长花	朱其勋
年龄	31	33	40
籍贯	冀省安平县吉地村	冀省深县小月村	冀省深县大宁咀
家庭经济状况	人 10 口房 7 间地 20 亩	人 2 口房 2 间地 4 亩	人 6 口房 4 间地 5 亩
何时何地入伍	1939 年在本地入伍	同	同
永久通讯处	吉地村	小月村	大宁咀
何时何地阵亡	1940 年 7 月 24 日在山西兴县二十里铺	同	同
负伤部位	头部	同	同
葬埋地点			
是否党员			是
备考			

陆军 120 师独立第一旅第　团				
队别	十二连	三营营部	同	十二连
职别	通信班长	排副	班长	政指
姓名	张文富	吕丙元	陈兆深	周俊岭
年龄	23	25	26	29
籍贯	冀省无极召户村	冀任丘县备村	冀任丘县西里长	冀宁津县莱户店
家庭经济状况	人 13 口房 8 间地 10 亩	人 5 口房无地 6 亩	人 6 口房地无	房 3 间地 2 亩人 4 口
何时何地入伍	1939 年 7 月本村入伍	1937 年 10 月	1938 年 7 月	1939 年 1 月文安入伍
永久通讯处	本村交本人	本村交李书奎	本村交陈兆勋	本村交周文召
何时何地阵亡	1940 年 3 月 27 日晋离石县罗家坡	同	同	同
负伤部位	胸部	头部	同	同
葬埋地点	罗家坡	同	同	同
是否党员	是	是	是	是
备考				

陆军120师独立第一旅第　团			
队别	十二连	三连	五连	同
职别	排长	班长	连长	排长
姓名	宗文才	刘光庚	石荣贵	蔡如珍
年龄	23	24	30	28
籍贯	冀文安县胜芳	冀文安县胜芳	山东省乐陵县青皮照村	冀文安县胜芳
家庭经济状况	房1间地无人2口	人5口房地无	人8口房2间地2亩	人8口房6间地无
何时何地入伍	1938年1月在本村	1937年9月在本村入伍	1937年10月胜芳	同
永久通讯处	本村交本人	本镇刘家坟交本人	本人收	本村交本人
何时何地阵亡	1941年3月27日晋离石县罗家坡	1941年5月7日在临县神峪塔	1941年5月20日南临县大塢村	同
负伤部位	头部	头部		
葬埋地点	罗家坡	阵地	大塢村山上	同
是否党员	是	是	是	是
备考				

陆军120师独立第一旅第　团			
队别	五连	同	同	同
职别	副班长	同	炊食班长	卫生员
姓名	田保壮	张四小	柴殿元	张金玉
年龄	20	22	33	19
籍贯	冀新乐县牛临村	晋神池县东张王村	冀深县柴家屯	冀深县大冯营村
家庭经济状况	人4口房3间地2亩	人1口房地无	人3口房3间地3亩	人5口房5间地4亩
何时何地入伍	1939年5月在本县白店入伍	1940年2月本村入伍	1938年8月在本村入伍	1939年4月本村入伍
永久通讯处	本村交本人	本人收	本人收	本人收
何时何地阵亡	1941年5月20日南临县大塢村	同	同	同
负伤部位				
葬埋地点	大塢村山上	同	同	同
是否党员	是	是	是	是
备考				

陆军 120 师独立第一旅第　团

队别	五连	同	同	同
职别	战士	同	同	同
姓名	吴小五	郭三人	杨有柱	马德厚
年龄	24	21	23	19
籍贯	晋临县张家峁	晋五寨县大村	晋离石县梁会村	晋离石县东宨村
家庭经济状况	人 1 口房地无	人 3 口房 3 间地 30 亩	人 3 口房 5 间地 44 亩	人 5 口房 2 间地 16 亩
何时何地入伍	1940 年 2 月本县	1940 年 2 月在邱家屯入伍	1941 年 4 月高家圪垴	同
永久通讯处	本村交本人	同	同	同
何时何地阵亡	1941 年 5 月 20 日在南临县大墕村	同	同	同
负伤部位				
葬埋地点	大墕村山上	同	同	同
是否党员				
备考				

陆军 120 师独立第一旅第　团

队别	五连	同
职别	战士	同
姓名	张开清	杨长茂
年龄	20	18
籍贯	晋离石县汗家玉村	晋离石县六区墕家峁
家庭经济状况	人 4 口房 2 间地 16 亩	人 6 口房 2 间地 3 亩
何时何地入伍	1941 年 4 月高家圪垴	同
永久通讯处	本村交本人	同
何时何地阵亡	1941 年 5 月 20 日南临县大墕村	同
负伤部位		
葬埋地点	大墕村山上	同
是否党员		
备考		

抗战四周年伤类登记表
120 师独立一旅卫生处

陆军 120 师独立第一旅第二团			
队别	二团一营一连	同	同	同
职别	排长	班长	同	副班长
姓名	杨树亭	郭发增	王巨财	王永刚
年龄	24	23	20	24
籍贯	冀省文安县胜芳镇	冀省雄县	冀省文安县胜芳镇	同
家庭经济状况	房 2 间地 10 亩人 10 口	房 3 间地 10 亩人 10 口	房地无人 4 口	房 3 间地 7 亩人 7 口
何时何地入伍	1938 年 1 月入伍	1938 年 2 月入伍	1938 年 5 月入伍	1938 年 1 月入伍
永久通讯处	胜芳		胜芳	同
何时何地负伤	1940 年 7 月 4 日梅筒沟	同	同	同
负伤部位	肠部	头部	足部	腰部
名称			炸伤	
是否党员				
备考				

陆军 120 师独立第一旅第二团			
队别	二团一营一连	同	同	同
职别	副班长	战士	同	同
姓名	周宪书	张四小	张福	贾宝
年龄	22	22	22	22
籍贯	冀省衡水县周家村	晋省神池柳树村	晋省五寨文字沟	晋省神池县
家庭经济状况	房 2 间地 5 亩人 2 口	房 5 间地 15 亩人 7 口	房 1 间地 10 亩人 4 口	房地无人 1 口
何时何地入伍	1939 年 7 月入伍	1940 年 4 月入伍	同	同
永久通讯处	周家村	柳树村	文字沟	
何时何地负伤	1940 年 7 月 4 日梅筒沟	同	同	同
负伤部位	头部	手部	背部	腿部
名称				
是否党员				
备考				

陆军 120 师独立第一旅第二团				
队别	二团一营一连	同	同	同
职别	战士	同	同	同
姓名	马敬增	王明德	杨松茂	刘黑
年龄	38	28	36	38
籍贯	冀省深县郭村	晋省五寨县肖家村	晋省五寨县夏家沟	晋省神池县何拉村
家庭经济状况	房 3 间地 4 亩人 3 口	房 3 间地无人 4 口	房 4 间地 15 亩人 6 口	自己一人
何时何地入伍	1939 年 8 月入伍	1940 年 3 月入伍	同	1940 年 4 月入伍
永久通讯处	郭村	肖家村	夏家沟	何拉村
何时何地负伤	1940 年 7 月 4 日梅筒沟	同	同	同
负伤部位	背部	头部	手部	同
名称				
是否党员				
备考				

陆军 120 师独立第一旅第二团				
队别	二团一营一连	同	二团一营二连	同
职别	战士	同	通信副班长	机枪副班长
姓名	武吉高	李三黑	张存元	张志章
年龄	33	22	25	26
籍贯	晋省神池西彦村	晋省神池小严沟	晋省忻县黄家村	冀省深县崔家庄
家庭经济状况	房地无人 1 口	房地无人 2 口	人 4 口房 10 间地 12 亩	人 5 口房 3 间地 3 亩
何时何地入伍	1940 年 4 月入伍	同	同	1939 年 7 月入伍
永久通讯处	西彦村	小严沟	黄家庄	崔家庄
何时何地负伤	1940 年 7 月 4 日梅筒沟	同	1940 年 7 月杨会湾村	同
负伤部位	手部	腿部	同	左臂
名称				
是否党员				
备考				党员

陆军 120 师独立第一旅第二团			
队别	二团一营二连	同	同	同
职别	战士	班长	战士	同
姓名	王存杰	齐保俊	李大小	赵俊英
年龄	34	22	18	29
籍贯	冀省深县刘家沙窝	冀省文安胜芳	晋省神池县刘家村	冀省晋县大王庄
家庭经济状况	人 2 口房 3 间地 3 亩	人 12 口房地无	人 3 口房 2 间地 12 亩	人 3 口房 3 间地无
何时何地入伍	1939 年 6 月入伍	1938 年 12 月入伍	1940 年 7 月入伍	1938 年 2 月入伍
永久通讯处	刘家沙窝	胜芳	刘家村	大王庄
何时何地负伤	1940 年 7 月杨会湾村	同	同	同
负伤部位	左小腿	左手	左臂	臂部
名称				
是否党员				是
备考	党员	同		

陆军 120 师独立第一旅第二团			
队别	二团一营二连	同	同	同
职别	副班长	战士	同	同
姓名	王义发	张福春	王学孔	刘富仁
年龄	24	24	19	19
籍贯	冀省文安县胜芳	冀省深县韩家庄	冀省安平长流村	晋省神池桥上村
家庭经济状况	人 9 口房地无	人 10 口房 5 间地 1 亩	人 7 口房 2 间地 2 亩	人 4 口房 1 间地 10 亩
何时何地入伍	1938 年 4 月入伍	1939 年 5 月入伍	1940 年 4 月入伍	1940 年 3 月入伍
永久通讯处	胜芳	韩家庄	长流村	桥上村
何时何地负伤	1940 年 7 月杨会湾村	同	同	同
负伤部位	右手	左手	头部撞伤	同
名称				
是否党员	是	是		
备考				

陆军 120 师独立第一旅第二团			
队别	二团一营二连	同	二团一营四连	二团一营二连
职别	战士	副班长	战士	机枪班长
姓名	岳玉亭	刘宝树	徐书信	刘广汉
年龄	20	34	25	26
籍贯	晋省忻县大王村	冀省文安胜芳	山东管东周家庄	冀省新城双塔村
家庭经济状况	人 8 口房 7 间地 8 亩	人 2 口房地无	人 4 口房 2 间地 2 亩	人 7 口地 3 亩房 2 间
何时何地入伍	1940 年 4 月入伍	1937 年 4 月入伍	1939 年 5 月入伍	1939 年 1 月入伍
永久通讯处	大王村	胜芳	周家庄	双塔村
何时何地负伤	1940 年 7 月杨会湾村	同	同	同
负伤部位	腿部	同	头部	同
名称				
是否党员		是		是
备考				

陆军 120 师独立第一旅第二团			
队别	二团一营二连	二团一营三连	同	同
职别	战士	排长	副班长	排长
姓名	王运亭	王国发	朱金元	徐元兴
年龄	35	33	18	34
籍贯	冀省安平县程干村	冀省文安县胜芳	冀省文安县胜芳	同
家庭经济状况	房地皆无	房 2 间地无人 3 口		人 3 口房地无
何时何地入伍	1939 年 9 月入伍	1939 年 11 月入伍	1938 年 5 月入伍	1937 年 12 月入伍
永久通讯处	程干村	苏桥	胜芳	同
何时何地负伤	1940 年 7 月杨会湾村	1940 年 7 月在梅简沟	同	同
负伤部位	头部	腹部	右手	右肩
名称				
是否党员		是	是	是
备考				

陆军 120 师独立第一旅第二团

队别	二团一营三连	二团一营三连	同	同
职别	通讯员	同	战士	同
姓名	杨少五	翟维新	齐发禄	高从喜
年龄	17	19	25	35
籍贯	冀省文安县胜芳	冀省无极县大户村	晋省临县青蒿塌	晋省临县大石古
家庭经济状况		人 9 口房 4 间地 10 亩	人 1 口房 2 间地 7 亩	人 5 口房 1 间地 3 亩
何时何地入伍	1937 年 12 月入伍	1939 年 7 月入伍	1938 年 9 月入伍	1940 年 3 月入伍
永久通讯处	胜芳	大户村	青蒿塌	大石古
何时何地负伤	1940 年 7 月在梅筒沟	1940 年 7 月在梅筒沟	同	同
负伤部位	胫部	腿部	腹部	同
名称				
是否党员	是			
备考				

陆军 120 师独立第一旅第二团

队别	二团一营三连	同	同	同
职别	战士	同	同	同
姓名	王光云	苗正喜	高黑虎	高振华
年龄	25	34	38	20
籍贯	晋省临县小沙沟	晋省临县兴华村	晋省临县大石港	晋省临县刘家洼
家庭经济状况	人 8 口房地无	人 5 口房 2 间地 40 亩	人 3 口房 1 间地 5 亩	人 6 口房 2 间地 12 亩
何时何地入伍	1940 年 3 月入伍	1940 年 3 月入伍	1940 年 3 月入伍	同
永久通讯处	小沙沟	兴华村	大石港	刘家洼
何时何地负伤	1940 年 7 月在梅筒沟	同	同	同
负伤部位	腹部	同	脚部	腹部
名称				
是否党员				
备考				

陆军 120 师独立第一旅第二团			
队别	二团一营三连	二团二营营部	二团二营五连	二团二营八连
职别	战士	通信员	战士	班长
姓名	吴二小	张沼祥	华五年	王敏成
年龄	18	21	39	36
籍贯	晋省神池县西沟寨	冀省无极县齐村	晋省神池县张王村	冀省霸县苏桥
家庭经济状况	人 7 口房 3 间地 5 亩	人 4 口房 6 间地 8 亩	人 3 口房 2 间地 20 亩	人 1 口房 10 间地 1 亩
何时何地入伍	1940 年 4 月入伍	1939 年 9 月入伍	1940 年 2 月入伍	1939 年 9 月入伍
永久通讯处	西沟寨	齐村	张王村	苏桥
何时何地负伤	1940 年 7 月梅筒沟	1940 年 9 月在郭家台	1940 年 6 月在冯家山	1940 年 6 月在冯冈山
负伤部位	腹部	头部	头部	头部
名称				
是否党员		是		是
备考				

陆军 120 师独立第一旅第二团			
队别	二团二营八连	二团二营五连	二团三营十一连	二团二营六连
职别	战士	战士	战士	副班长
姓名	赵更雪	王国祯	刘王明	郭志荣
年龄	37	31	35	
籍贯	冀省深县魏家桥	冀省深县旧州村	晋省五寨张家村	冀省无极县桃家村
家庭经济状况	人 3 口房 2 间地 3 亩	人 10 口房 7 间地 7 亩		人 8 口房 4 间地无
何时何地入伍	1939 年 8 月入伍	1939 年 8 月入伍	1940 年 3 月入伍	1939 年入伍
永久通讯处	魏家桥	旧州村	张家村	
何时何地负伤	1940 年 6 月在冯冈山	同	1940 年 7 月在苗家塌	1940 年 7 月在郝家圪垯
负伤部位	臂部	喉部	腿部	左臂
名称				
是否党员				
备考				

陆军 120 师独立第一旅第五团

队别	五团	同	同	通信连
职别	团长	警卫员	司务长	侦察员
姓名	顿星云	邢玉林	汪兴邦	高维礼
年龄	29	19	22	23
籍贯	湖北省石首县弓八丈邹家寨	河北省深县邢任家庄	湖南省文水县龙家寨	河北省深县高家寺村
家庭经济状况	人9口房1间地5亩	人5口地4亩房3间	人8口房3间地收3斗谷	人9口房5间地5亩
何时何地入伍	1932 年本省入伍	1939 年在尚村入伍	1937年本地入伍	1939 年在本村入伍
永久通讯处	邹家寨	邢任家庄	龙家寨	高家寺村
何时何地负伤	1940 年 7 月兴县二十里铺	1940 年 7 月兴县二十里铺	同	同
负伤部位	胸部	左腿	头部	右腿
名称				
是否党员	是	是	是	是
备考				

陆军 120 师独立第一旅第五团

队别	五团敌军股	政治处	五团政治队	同
职别	股长	组织股长	学员	同
姓名	吴波岩	陈云汗	苏永年	杜相明
年龄	25	29	22	
籍贯		湖北汉川县	山西省寿阳县	
家庭经济状况	人13口房5间地80亩	人3口房3间地5亩	人7口房地无	
何时何地入伍	1938 年入伍	1931 年入伍	1937 年入伍	
永久通讯处				
何时何地负伤	1940 年 7 月在兴县二十里铺	同	同	同
负伤部位	胸部	腰部	右腿	手腕
名称				
是否党员	是	是	是	是
备考				

陆军 120 师独立第一旅第五团			
队别	五团政治队	同	同	五团一营二连
职别	学员	同	同	战士
姓名	吴吉先	马永昌	索世通	高富贵
年龄	24	19	30	29
籍贯	河北省任丘县	山西省右玉县	河北省昌平县	山西省岢岚县
家庭经济状况	人 10 口房 3 间地 10 亩	人 10 口地 1 亩房 6 间	人 3 口房地无	人 2 口房地无
何时何地入伍	1939 年本地入伍	1938 年本地入伍	1937 年在山西入伍	1940 年本地入伍
永久通讯处				
何时何地负伤	1940 年 7 月在兴县三十里铺	同	同	
负伤部位	咽喉手腿腰	咽喉手部	右腿	肩上
名称				
是否党员	是	是	是	
备考				

陆军 120 师独立第一旅第五团			
队别	五团一营二连	五团一营二连	同	五团一营四连
职别	战士	班长	战士	同
姓名	赵书田	贾三娃	尚红红	孙德功
年龄	20	23	34	28
籍贯	河北省深县	绥远省梁成县	河南省怀庆府	山西省静乐县
家庭经济状况	人 2 口房 2 间地无	人 4 口房 2 间地 30 亩	人 5 口房 2 间地 4 亩	人 5 口房 2 间地 15 亩
何时何地入伍	1939 年本地入伍	1938 年本地入伍	1940 年入伍	同
永久通讯处				
何时何地负伤	1940 年 7 月在兴县二十里铺	同	同	同
负伤部位	手部	头部	手部	同
名称				
是否党员	是	是		
备考				

队别	五团一营	五团一营四连	同	同
职别	战士	战士	同	副班长
姓名	吕秀花	周庆玉	潘顺才	王清华
年龄	30	35	33	42
籍贯	山西省静乐县	同	河北省无极县	河北省深县
家庭经济状况	人 2 口 房无地 21 亩	人 3 口 房 无 地 10 亩	人 2 口房地无	人 7 口房 4 间 地无
何时何地入伍	1940 年 本 地 入伍	同	1939 年本地入伍	1939 年 本 地 入伍
永久通讯处				
何时何地负伤	1940 年 7 月兴 县二十里铺	同	同	同
负伤部位	眼部	手部	脖子上	
名称				
是否党员			是	是
备考				

陆军 120 师独立第一旅第五团

队别	五团一营四连	同	同	同
职别	战士	同	连长	卫生员
姓名	吴三林	梁步元	李荣成	姜昭庆
年龄	39	31	21	17
籍贯	山西省岢岚县	山西省静乐县	湖北省咸丰县	河北省深县
家庭经济状况	人 5 口 房地无	人 7 口房 2 间地 15 亩	人 7 口地 20 亩房 3 间	人 7 口地 3 亩 房 7 间
何时何地入伍	1940 年 本 地 入伍	同	1933 年入伍	1939 年入伍
永久通讯处				
何时何地负伤	1940 年 7 月在 兴县二十里铺	同	同	同
负伤部位			手指	同
名称				
是否党员			是	
备考				

陆军 120 师独立第一旅第五团			
队别	五团政治队	五团一营四连	五团一营四连	五团一营四连
职别	学员	战士	战士	战士
姓名	张桂芳	王文元	陈山	秘世珍
年龄	22	21	23	23
籍贯	河北省深县	山西省岢岚县	山西省岢岚县	河北省晋县
家庭经济状况	人 9 口地 11 亩房 12 间	人 3 口房地无	人 3 口房地无	人 4 口房 5 间地无
何时何地入伍	1939 年本地入伍	1940 年本地入伍	1940 年本地入伍	1939 年本地入伍
永久通讯处				
何时何地负伤	1940 年兴县二十里铺	同	1940 年在兴县二十里铺	同
负伤部位	脸部	屁股	左手	左手
名称				
是否党员	是			
备考				

陆军 120 师独立第一旅第五团			
队别	五团一营三连	五团一营三连	五团一营三连	同
职别	战士	战士	战士	同
姓名	张香孩	孙三林	韩计永	杨清成
年龄	28	23	28	31
籍贯	山西省静乐县张儿弯村	河北省定县马家寨村	山西省静乐县大村	河北省深泽县河庄村
家庭经济状况	人 5 口房 2 间地 30 亩	人 5 口地 3 亩房 3 间	人 4 口地 15 亩房 3 间	人 4 口房 1 间地 6 亩
何时何地入伍	1940 年在本地入伍	1939 年在本地入伍	1940 年本地入伍	1939 年在本村入伍
永久通讯处	张儿弯村	马家寨村	大村	河庄村
何时何地负伤	1940 年 7 月在兴县二十里铺	1940 年 7 月在兴县二十里铺	同	同
负伤部位	左臂	左腿	头部	脖子
名称				
是否党员	是			
备考				

陆军 120 师独立第一旅第五团				
队别	五团一营三连	五团一营三连	五团一营三连	五团一营三连
职别	战士	战士	战士	战士
姓名	王玉	王八则	赵月坡	曹治平
年龄	29	36	33	25
籍贯	山西省静乐县陈庄村	山西省静乐县	河北省深县马家村	山西省东庆县山庄头
家庭经济状况	人 6 口房 3 间地 90 亩	人 5 口房 1 间地 12 亩	人 4 口房 3 间地 3 亩	人 6 口房 3 间地 4 亩
何时何地入伍	1940 年在本地入伍	1940 年本地入伍	1939 年本地入伍	1940 年本地入伍
永久通讯处	陈庄村		马家村	山庄头村
何时何地负伤	1940 年 7 月在兴县二十里铺	1940 年 7 月在兴县二十里铺	1940 年 7 月兴县二十里铺	1940 年 7 月兴县二十里铺
负伤部位	手部	左臂	右大腿	右臂
名称				
是否党员				
备考				

陆军 120 师独立第一旅第五团				
队别	五团一营三连	五团一营三连	五团一营三连	五团一营三连
职别	战士	战士	战士	战士
姓名	王拴全	韩月脸	李志茂	王玉则
年龄	28	20	21	23
籍贯	山西省宁武县赵家沟村	山西省静乐县下石村	山西省静乐县提水村	河北省深县柴家庄
家庭经济状况	人 3 口房地无	人 4 口房 1 间地 18 亩	人 5 口房 2 间地 21 亩	人 5 口房 5 间地 2 亩
何时何地入伍	1940 年本地入伍	1940 年本地入伍	1940 年本地入伍	1939 年本地入伍
永久通信处	赵家沟村	下石村	提水村	蔡家庄
何时何地负伤	1940 年 7 月在兴县二十里铺	1940 年 7 月在兴县二十里铺	1940 年 7 月在兴县二十里铺	1940 年 7 月在兴县二十里铺
负伤部位	头部	头部	头部	臂部
名称				
是否党员				是
备考				

陆军 120 师独立第一旅第五团				
队别	五团一营三连	五团一营三连	五团一营三连	五团一营三连
职别	副连长	副班长	战士	排长
姓名	曾满林	于玉满	王根其	刘高耀
年龄	22	24	20	25
籍贯	湖北省宣恩县	河北省深县赵村	山西省静乐县裴家沟	绥远归绥县骡马兔村
家庭经济状况	人1口房1间地收一斗粮	人3口房3间地3亩	人4口房2间地40亩	人6口房5间地40亩
何时何地入伍	1934年本地入伍	1939年本地入伍	1938年本地入伍	1938年本地入伍
永久通讯处		赵村	裴家沟	骡马兔村
何时何地负伤	1940年7月在兴县二十里铺	1940年7月在兴县二十里铺	1940年7月在兴县二十里铺	同
负伤部位	右腿	头部	头部	同
名称				
是否党员	是	是		是
备考				

陆军 120 师独立第一旅第五团				
队别	五团一营三连	五团一营三连	五团一营三连	五团一营三连
职别	班长	班长	同	战士
姓名	张金贵	黄成美	韩守发	程俊林
年龄	33	26	29	28
籍贯	河北省深县马庄村	湖南省龙山县	湖北省高城县大牛村	河北省定县龙村
家庭经济状况	人1口房1间地1亩	人16口房6间地20亩	人12口房8间地20亩	人5口房9间地5亩
何时何地入伍	1939年本地入伍	1935年本地入伍	1939年本地入伍	同
永久通讯处	马庄村		大牛村	龙村
何时何地负伤	1940年7月兴县二十里铺	1940年7月兴县二十里铺	1940年7月兴县二十里铺	1940年7月兴县二十里铺
负伤部位	头部	左手	背部	头部
名称				
是否党员	是	是	是	
备考				

陆军 120 师独立第一旅第五团			
队别	五团一营一连	五团一营一连	同	同
职别	战士	战士	同	卫生员
姓名	鲁怀芝	萧有林	钱满厚	何为吉
年龄	22	19	19	18
籍贯	山西省岢岚县大回村	山西省静乐县上村	山西省静乐县井寨村	绥远省梁城县朱寨村
家庭经济状况	人 5 口房 2 间地无	人 4 口房地无	人 4 口房地无	人 2 口房 3 间地 3 亩
何时何地入伍	1940 年在本地入伍	1940 年在本地入伍	1940 年在本地入伍	1938 年在本地入伍
永久通讯处	大回村	上村	井寨村	朱寨村
何时何地负伤	1940 年 7 月在兴县二十里铺	1940 年 7 月在兴县二十里铺	1940 年 7 月在兴县二十里铺	1940 年 7 月在兴县二十里铺
负伤部位	头部	左手	右腿	胸部
名称				
是否党员				
备考				

陆军 120 师独立第一旅第五团			
队别	五团一营一连	同	同	同
职别	排长	副班长	同	战士
姓名	高谭福	刘治国	张长奎	马锡山
年龄	34	37	21	28
籍贯	山西省同列县冯义镇	河北省无极县	绥远省梁城县	河北省安平县列光村
家庭经济状况	人 3 口房地无	人 10 口地 10 亩房 8 间	人 3 口房地无	人 4 口房地无
何时何地入伍	1938 年在本地入伍	1939 年在本地入伍	1938 年在本地入伍	1939 年在本地入伍
永久通讯处	冯义镇			列光村
何时何地负伤	1940 年 7 月在兴县二十里铺	1940 年 7 月在兴县二十里铺	1940 年 7 月兴县二十里铺	1940 年 7 月在兴县二十里铺
负伤部位	右手	头部	右手	右腿
名称				
是否党员	是	是	是	是
备考				

陆军120师独立第一旅第五团			
队别	五团一营一连	五团一营二连	同	同
职别	战士	战士	同	同
姓名	张林武	冯尚义	吕柱子	李长盛
年龄	19	36	31	26
籍贯	山西省临县武家坪村	山西省静乐县南沟村	山西省静乐县南沟村	山西省静乐县
家庭经济状况	人4口地10亩房无	人4口房1间地无	人4口地30亩房1间	人5口房2间地5亩
何时何地入伍	1940年本地入伍	1940年本地入伍	1940年本地入伍	1940年本地入伍
永久通讯处	武家坪村	南沟村	南沟村	
何时何地负伤	1940年7月在兴县二十里铺	1940年7月在兴县二十里铺	1940年7月在兴县二十里铺	1940年7月在兴县二十里铺
负伤部位	胳膊	胸肚部	腿部	左手
名称				
是否党员				
备考				

陆军120师独立第一旅第五团			
队别	五团一营机枪[连]	五团一营机枪连	五团一营机枪连	五团一营机枪连
职别	战士	战士	战士	战士
姓名	贾成兰	段虎元	胡丙德	侯长清
年龄	25	24	34	30
籍贯	山西省岢岚县杨坪村	山西省静乐县安子坪村	山西省太谷县牛江村	山西省岢岚县杨坪村
家庭经济状况	人5口地6亩房2间	人3口房5间地60亩	人4口房2间地无	人5口房地无
何时何地入伍	1940年本地入伍	1940年本地入伍	1937年本地入伍	1940年本地入伍
永久通讯处	杨坪村	安子坪村	牛江村	杨坪村
何时何地负伤	1940年7月兴县二十里铺	1940年7月在兴县二十里铺	1940年7月兴县二十里铺	1940年7月在兴县二十里铺
负伤部位	右足	右腿	头部	肚部
名称				
是否党员				
备考				

陆军 120 师独立第一旅第五团			
队别	五团一营二连	五团一营二连	同	
职别	通信员	战士	同	副班长
姓名	王东江	吴生林	刘计庆	李群生
年龄	17	37	27	29
籍贯	河北省束鹿县王庆村	河北省深泽县	河北省深县先村	河北省束鹿县小地村
家庭经济状况	人3口房3间地无	自己一人地无房2间	人2口房2间地5亩	人9口房5间地15亩
何时何地入伍	1939年本地入伍	1939年本地入伍	1939年本地入伍	1939年在本地入伍
永久通讯处	王庆村		先村	
何时何地负伤	1940年7月兴县二十里铺	1940年7月兴县二十里铺	1940年7月兴县二十里铺	1940年7月在兴县二十里铺
负伤部位	臂部	右腿	胳膊	右腿
名称				
是否党员	是	是		
备考				

陆军 120 师独立第一旅第五团			
队别	五团一营二连	同	同	同
职别	班长	副班长	副班长	战士
姓名	甄国柱	李有才	郭春江	刘顺德
年龄	20	29	32	23
籍贯	河北省河间县	河北省深县康闫王村	河北省束鹿县	山西省静乐县顺道村
家庭经济状况	人5口房3间地5亩	人1口房地无	人15口房4间地20亩	人3口地3亩房1间
何时何地入伍	1939年在本地入伍	1939年在本地入伍	1939年在本地入伍	1940年在本地入伍
永久通讯处		康闫王村		顺道村
何时何地负伤	1940年7月兴县二十里铺	1940年7月兴县二十里铺	1940年7月兴县二十里铺	1940年7月在兴县二十里铺
负伤部位	右腿	胸部	腿部	同
名称				
是否党员	是	是	是	
备考				

陆军120师独立第一旅第五团			
队别	五团一营二连	五团一营二连	五团一营四连	同
职别	班长	同	同	副班长
姓名	申瑞林	马庆生	邵中义	石景音
年龄	31	31	37	33
籍贯	河北省深县献家庄	河北省雄县主村	河北省饶阳县	河北省定县
家庭经济状况	人6口房4间地19亩	人2口房2间田6亩	人6口房5间地无	人9口地20亩房10间
何时何地入伍	1939年在本地入伍	1939年在本地入伍	同	同
永久通讯处	献家庄	主村		
何时何地负伤	1940年7月在兴县二十里铺	1940年7月兴县二十里铺	同	同
负伤部位	头部	头部		
名称				
是否党员	是	是	是	是
备考				

陆军120师独立第一旅第五团			
队别	五团一营四连	五团一营四连	同	同
职别	战士	战士	同	副班长
姓名	周凤山	陈根文	张卷增	刘正如
年龄	28	39	23	23
籍贯	河北省武强县	河北深泽县	河北省深泽县	山西省岢岚县
家庭经济状况	人5口房5间地5亩	人7口房4间地4亩	人8口房3间地4亩	人4口房田无
何时何地入伍	1939年在本地入伍	1939年本地入伍	1939年在本地入伍	1940年本地入伍
永久通讯处				
何时何地负伤	1940年7月兴县二十里铺	1940年7月在兴县二十里铺	1940年7月在兴县二十里铺	同
负伤部位				
名称				
是否党员		是		是
备考				

陆军 120 师独立第一旅第五团

队别	五团一营二连	同	同	五团一营二连
职别	班长	政指	排长	战士
姓名	张朋花	刘生福	李书花	吕占盛
年龄	27	23	23	30
籍贯	河北省深泽县辰村	湖北省宣恩县	山西省五寨县	山西省静乐县晏子村
家庭经济状况	人 3 口地 10 亩房无	人 4 口房 2 间地 4 亩	人 3 口房 3 间地 30 亩	人 7 口房 3 间地 30 亩
何时何地入伍	1939 年在本村入伍	1935 年在本地入伍	1938 年在本地入伍	1940 年在本地入伍
永久通信讯处	辰时村			晏子村
何时何地负伤	1940 年 7 月在兴县二十里铺	1940 年 7 月在兴县二十里铺	1940 年 7 月在兴县二十里铺	同
负伤部位	肚上	手腿部	左臂	腰部
名称				
是否党员	是	是	是	
备考				

陆军 120 师独立第一旅第五团

队别	五团二营营部	同	同	同
职别	营长	通信班长	同	通讯员
姓名	罗坤山	余振清	高玉廷	曹少华
年龄	27	26	21	24
籍贯	湖北省汉川县	湖南省慈利县汉牙村	河北省定县北芦庄	
家庭经济状况	人 3 口地 4 亩房无	人 5 口地无房 3 间	人 5 口地 4 亩房 3 间	人 1 口房地无
何时何地入伍	1931 年在本地入伍	1935 年在本地入伍	1939 年在本地入伍	1936 年在本地入伍
永久通讯处		汉牙村		财神营
何时何地负伤	1940 年 7 月在兴县二十里铺	1940 年 7 月在兴县二十里铺	1940 年 7 月在兴县二十里铺	1940 年 7 月在兴县二十里铺
负伤部位	手上	胸上	足部	手部
名称				
是否党员	是	是	是	
备考				

陆军 120 师独立第一旅第五团			
队别	五团二营	五团二营五连	同	同
职别	通信员	战士	排长	排长
姓名	王子义	蔡德准	王某儿	田来发
年龄	19	39	26	29
籍贯	绥远省	山西省静乐石灰沟村	山西省静乐县封家沟村	云南省
家庭经济状况	人 9 口房 10 间地 50 亩	人 4 口房地无	人 4 口地 30 亩房 2 间	人 7 口房 3 间地 3 亩
何时何地入伍	1938 年在本地入伍	1940 年在本地入伍	1937 年在本地入伍	1936 年在本地入伍
永久通讯处		石灰沟村	封家沟村	
何时何地负伤	1940 年 7 月在兴县二十里铺	同	1940 年 7 月在兴县二十里铺	1940 年 7 月在兴县二十里铺
负伤部位	手部		腿部	肩部
名称				
是否党员			是	是
备考				

陆军 120 师独立第一旅第五团			
队别	五团二营五连	同	同	同
职别	文教	班长	战士	同
姓名	刘中和	王玉德	顶高顶小	韩世龙
年龄	20	20	25	28
籍贯	河北省深县	河北省深县	山西省静乐县赵风村	山西省岢岚县关豆地
家庭经济状况	人 3 口房 7 间地 20 亩	人 3 口房地无	人 3 口房 2 间地 60 亩	人 2 口房地无
何时何地入伍	1939 年在本地入伍	1939 年在本地入伍	1940 年在本地入伍	1940 年在本地入伍
永久通讯处				关豆地
何时何地负伤	1940 年 7 月在兴县二十里铺	1940 年 7 月在兴县二十里铺	1940 年 7 月在兴县二十里铺	1940 年 7 月在兴县二十里铺
负伤部位	腿部	手部屁股	头部	腿部
名称				
是否党员	是	是		
备考				

陆军 120 师独立第一旅第五团			
队别	五团二营五连	五团二营五连	同	同
职别	战士	战士	同	同
姓名	武刚老	郭德胜	张根长	陈二小
年龄	26	25	29	22
籍贯	山西省岢岚县下不沟	河北省深县南史村	山西省岢岚县张家沟	山西省河曲县于子村
家庭经济状况	人4口房无地30亩	人3口房无地6亩	人2口房地无	人4口房1间地30亩
何时何地入伍	1940年在本地入伍	1939年在本地入伍	1940年在本地入伍	1940年在本地入伍
永久通讯处	下不沟村	南史村	张家沟	于子村
何时何地负伤	1940年7月在兴县二十里铺	1940年7月在兴县二十里铺	1940年7月在兴县二十里铺	1940年7月在兴县二十里铺
负伤部位	头部	手部	臂部	背部
名称				
是否党员				
备考				

陆军 120 师独立第一旅第五团			
队别	五团二营五连	同	同	同
职别	战士	班长	同	战士
姓名	靳常珍	赵文斌	彭学勤	张文华
年龄	27	24	20	42
籍贯	山西省静乐县万平沟村	河北省深县	河北省深县赵凤村	河北省深县新庄村
家庭经济状况	人3口房1间地无	人6口房1间地无	人8口地30亩房6间	人9口地3亩房4间
何时何地入伍	1940年在本地入伍	1939年在本地入伍	同	同
永久通讯处	万平沟		赵凤村	新庄村
何时何地负伤	1940年7月在兴县二十里铺	1940年7月在兴县二十里铺	1940年7月在兴县二十里铺	1940年7月在兴县二十里铺
负伤部位	胸部	同	同	跌肿
名称				
是否党员		是	是	
备考				

陆军 120 师独立第一旅第五团			
队别	五团二营五连	五团二营五连	同	同
职别	战士	战士	同	副班长
姓名	闫五连	张有福	李产贵	李树盛
年龄	25	22	22	21
籍贯	山西省静乐县危家村	山西省静乐县	山西省静乐县苗家庄村	河北省饶阳县北史村
家庭经济状况	人 5 口房 2 间地 75 亩	人 4 口房 6 间地 18 亩	人 1 口房 1 间地无	人 9 口房 3 间地 6 亩
何时何地入伍	1940 年在本地入伍	同	同	1939 年本地入伍
永久通讯处	危家村		苗家庄	北史庄
何时何地负伤	1940 年在兴县二十里铺	同	同	同
负伤部位	腿部	腿部	同	腿部
名称				
是否党员				
备考				

陆军 120 师独立第一旅第五团			
队别	五团二营五连	同	五团二营五连	同
职别	班长	战士	班长	战士
姓名	朱振花	武表月	杨志国	孙保才
年龄	19	19	24	17
籍贯	河北省束鹿县河庄村	山西省静乐县天户村	河北省深县马庄村	山西省岢岚县东沟村
家庭经济状况	人 6 口房 3 间地 6 亩	人 1 口房 1 间地 20 亩	人 3 口房 3 间地 3 亩	独自 1 人
何时何地入伍	1939 年本地入伍	1940 年本地入伍	1939 年本地入伍	1940 年本地入伍
永久通讯处	河庄村	天户村	马庄村	东沟村
何时何地负伤	1940 年 7 月在兴县二十里铺	同	同	同
负伤部位	臂部	手部	胸部	腿部
名称				
是否党员	是		是	
备考				

陆军 120 师独立第一旅第五团			
队别	五团二营五连	同	五团二营六连	五团二营七连
职别	战士	同	战士	连长
姓名	齐春花	张二常	崔六生	樵子清
年龄	26	31	20	30
籍贯	河北省深县西牛村	山西省静乐县火峪村	山西省静乐县陈家庄村	黔省沿河县
家庭经济状况	人 5 口房 6 间地 10 亩	人 4 口房 2 间地 40 亩	人 6 口房 4 间地 60 亩	人 7 口房 3 间地 3 亩
何时何地入伍	1939 年在本地入伍	1940 年在本地入伍	1940 年在本地入伍	1934 年在本地入伍
永久通讯处	西牛村	火峪村	陈家庄村	
何时何地负伤	1940 年 7 月在兴县二十里铺	1940 年 7 月在兴县二十里铺	1940 年 7 月在兴县二十里铺	1940 年 7 月在兴县二十里铺
负伤部位	胫部	跌脚	头部	左臂腿
名称				
是否党员				是
备考				

陆军 120 师独立第一旅第五团			
队别	五团二营七连	同	同	同
职别	班长	同	战士	同
姓名	和九长	王世和	杨志元	杨占彪
年龄	25	24	28	30
籍贯	河北省任丘县	山西省寿阳县	河北省深县	山西省岢岚县
家庭经济状况	人 4 口房 2 间地无	人 10 口房田无	人 6 口房 2 间地 6 亩	人 4 口房 2 间地 10 亩
何时何地入伍	1939 年在本地入伍	1937 年在本地入伍	1939 年在本地入伍	1940 年本地入伍
永久通讯处				
何时何地负伤	1940 年 7 月在兴县二十里铺	同	1940 年 7 月在兴县二十里铺	同
负伤部位	肩下	腹部	右脚	右肺
名称				
是否党员	是	是	是	
备考				

陆军 120 师独立第一旅第五团			
队别	五团二营七连	五团二营七连	五团二营七连	同
职别	战士	战士	战士	副班长
姓名	马家红	石永成	张福胜	郭生才
年龄	36	22	19	22
籍贯	山西省岢岚县	河北省安平县	山西省岢岚县	河北省深县
家庭经济状况	独自 1 人	人 6 口房 2 间地 6 亩	人 3 口房地无	人 5 口房 5 间地 6 亩
何时何地入伍	1940 年本地入伍	1939 年本地入伍	1940 年在本地入伍	1939 年本地入伍
永久通讯处				
何时何地负伤	1940 年 7 月在兴县二十里铺	1940 年 7 月在兴县二十里铺	1940 年 7 月在兴县二十里铺	同
负伤部位	右腿	左臂	右腿	右腿
名称				
是否党员				是
备考				

陆军 120 师独立第一旅第五团			
队别	五团二营七连	同	同	同
职别	副班长	同	战士	副连长
姓名	高生长	李顺山	张月清	李贵发
年龄	30	23	24	21
籍贯	山西省临县	河北省武〈无〉极县	河北省定县	秦省景阳县
家庭经济状况	人 3 口房地无	人 4 口地 10 亩房 4 间	人 4 口房 4 间地 12 亩	人 7 口房地无
何时何地入伍	1940 年本地入伍	1939 年在本地入伍	1939 年本地入伍	1936 年本地入伍
永久通讯处				
何时何地负伤	1940 年 7 月在兴县二十里铺	1940 年 7 月在兴县二十里铺	1940 年 7 月在兴县二十里铺	1940 年 7 月在兴县二十里铺
负伤部位	右腿	头部	右腿	屁股
名称				
是否党员			是	是
备考				

陆军 120 师独立第一旅第五团			
队别	五团二营八连	同	五团二营七连	同
职别	连长	班长	战士	战士
姓名	陈家银	刘义	李永吉	冯来凤
年龄	26	31	24	24
籍贯	湖南省	山西省榆次县年村	河北省定县齐保村	山西省静乐县宋家村
家庭经济状况	人4口房3间地无	人3口房5间地30亩	人7口房4间地7亩	人6口房2间地10亩
何时何地入伍	1935 年本地入伍	1938年本地入伍	1939年本地入伍	1940 年本地入伍
永久通讯处		年村	齐保村	宋家村
何时何地负伤	1940 年 7 月在兴县二十里铺	1940 年 7 月在兴县二十里铺	1940 年 7 月在兴县二十里铺	1940 年 7 月在兴县二十里铺
负伤部位	左腿	右腿	左臂	足
名称				
是否党员	是	是	是	是
备考				

陆军 120 师独立第一旅第五团			
队别	五团二营七连	同	五团二营八连	同
职别	战士	同	战士	同
姓名	郭根存	郝文斌	袁志根	邢广六
年龄	19	28	26	21
籍贯	山西省朔县太平村	河北省饶阳县桑园村	河北省河间县代子营	河北省深县任辛庄
家庭经济状况	人5口房3间地15亩	人7口地10亩房8间	人4口房2间地1亩	人10口房6间地25亩
何时何地入伍	1938 年本地入伍	1939 年在本地入伍	1939年本地入伍	1939 年本地入伍
永久通讯处	太平村	桑园村	代子营村	任辛庄
何时何地负伤	1940 年 7 月在兴县二十里铺	1940 年 7 月在兴县二十里铺	1940 年 7 月在兴县二十里铺	1940 年 7 月在兴县二十里铺
负伤部位	右臂	右臂		右左手
名称				
是否党员	是	是	是	
备考				

陆军 120 师独立第一旅第五团			
队别	五团二营八连	同	同	同
职别	战士	同	同	同
姓名	张白子	白永才	关言成	张九月花
年龄	28	23	31	22
籍贯	山西省静乐县印子湾	山西省岢岚县大毛湾	山东省齐河县关庄村	山西省岢岚县风润沟
家庭经济状况	人 5 口房地无	人 6 口房地无	人 4 口地 2 亩房 3 间	人 3 口房地无
何时何地入伍	1940 年本地入伍	同	1939 年在本地入伍	1940 年本地入伍
永久通讯处	印子湾	大毛湾	关庄村	风润沟
何时何地负伤	1940 年 7 月在兴县二十里铺	1940 年 7 月在兴县二十里铺	1940 年 7 月在兴县二十里铺	1940 年 7 月在兴县二十里铺
负伤部位	腿上	右腿	腿上	右腿
名称				
是否党员			是	
备考				

陆军 120 师独立第一旅第五团			
队别	五团二营八连	五团二营八连	同	同
职别	战士	战士	同	同
姓名	郭有才	闫利来	周毛旦	席清海
年龄	29	21	20	25
籍贯	山西省岢岚县下长谷	山西省静乐县坡水村	山西省岢岚县先岭北	山西省岢岚县尹家瑶村
家庭经济状况	人 3 口房地无	人 5 口房 3 间地 90 亩	人 7 口房地无	人 3 口地 24 亩房 2 间
何时何地入伍	1940 年在本地入伍	1940 年在本地入伍	1940 年在本地入伍	1940 年在本地入伍
永久通讯处	下长谷	坡水村	先岭北	尹家瑶村
何时何地负伤	1940 年 7 月在兴县二十里铺	1940 年 7 月在兴县二十里铺	1940 年 7 月在兴县二十里铺	1940 年 7 月在兴县二十里铺
负伤部位	头部	左腿	臂腿	右腿
名称				
是否党员				
备考				

	陆军120师独立第一旅第五团			
队别	五团二营八连	同	同	同
职别	战士	通信员	战士	炊食班长
姓名	王召四	王秋来	张有才	戴如玉
年龄	28	19	25	30
籍贯	山西省宁武县油房沟	冀省饶阳县王格桥村	晋省保德县高家岭	甘省陈县二区高桥村
家庭经济状况	人3口房地无	人6口房4间地8亩	人1口房1间地24亩	自己1人
何时何地入伍	1940年在井儿口入伍	1939年本村入伍	1940年在西邑峪入伍	1936年本地入伍
永久通讯处	油房沟	王格桥	高家峪〈岭〉	高桥村
何时何地负伤	1940年7月兴县二十里铺	同	同	同
负伤部位	右手	眉毛口	鼻子上	胸部
名称				
是否党员		是		
备考				

	陆军120师独立第一旅第五团			
队别	五团三营九连	同	同	同
职别	班长	战士	同	同
姓名	安国华	优四海	崔根石	优其子
年龄	28	24	21	25
籍贯	冀省深泽县	晋省静乐县	晋省静乐县	晋省静乐县
家庭经济状况	人2口房2间地3亩	人4口房无地5亩	人7口地6亩房2间	人6口地11亩房6间
何时何地入伍	1939年本地入伍	1940年本地入伍	1940年本地入伍	1940年在本地入伍
永久通讯处				
何时何地负伤	1940年7月4日在兴县二十里铺	同	1940年7月在兴县二十里铺	1940年7月在兴县二十里铺
负伤部位	前膊	大腿	大腿	右耳
名称				
是否党员				
备考				

陆军 120 师独立第一旅第五团			
队别	五团三营十连	五团三营十一连	同	同
职别	战士	战士	战士	支书
姓名	王恒	周八小	朱小胖	谢永胜
年龄	30	32	21	38
籍贯	晋省静乐县	晋省岢岚县钟瓦村	冀省安平县庄村	冀省密云县
家庭经济状况	人 4 口房 1 间地 30 亩	人 3 口房 1 间地 6 亩	人 6 口地 8 亩房 5 间	自己 1 人
何时何地入伍	1940 年本地入伍	同	1939 年本地入伍	1938 年本地入伍
永久通讯处		钟瓦村		
何时何地负伤	1940 年 7 月在兴县二十里铺	同	同	同
负伤部位	腿部	胸部	头部	头部
名称				
是否党员				是
备考				

陆军 120 师独立第一旅第五团			
队别	五团三营十一连	同	同	同
职别	战士	同	同	同
姓名	李国树	王计成	高斗生	贾二仁
年龄	30	27	22	30
籍贯	冀省	晋省静乐县	晋省岢岚县铁子沟村	晋省岢岚县中庄村
家庭经济状况	人 4 口房地无	人 4 口地 45 亩房 2 间	独自 1 人	人 2 口房 1 间地 40 亩
何时何地入伍	1939 年本地入伍	1940 年在本地入伍	1940 年入伍	同
永久通讯处	吴家庄村		铁子沟村	中庄村
何时何地负伤	1940 年 7 月在兴县二十里铺	1940 年 7 月在兴县二十里铺	同	同
负伤部位	头部	胸部	头部	大腿
名称				
是否党员				
备考				

陆军 120 师独立第一旅第五团			
队别	五团三营十一连	同	五团三营十二连	五支队三营七连
职别	副班长	文书	战士	战士
姓名	杨万新	高清廉	白二小	任英奇
年龄	27	35	26	24
籍贯	河北省遥〈饶〉阳郭村	河北省深县高家封村	晋省岢岚县小里井村	冀省文安县
家庭经济状况	人 12 口房 7 间地 10 亩	人 6 口房 6 间地 5 亩	人 5 口房地无	人 7 口房 5 间地无
何时何地入伍	1939 年本地入伍	同	1940 年本地入伍	1938 年 2 月入伍
永久通讯处		高家封村	小里井村	任家庄
何时何地负伤	1940 年 7 月在兴县二十里铺	同	同	同
负伤部位	头部	腿部	臂部	左腿
名称				贯通
是否党员	是	是		
备考				

陆军 120 师独立第一旅第支队			
队别	五支队三营七连	五支队三营七连	同	五支队三营八连
职别	战士	战士	副班长	战士
姓名	马士杰	张文明	王益发	刘庆祥
年龄	26	20	34	24
籍贯	冀省深泽县	同	冀省徐县	冀省深泽县
家庭经济状况	人 2 口地 6 亩房 4 间	人 6 口房 4 间地 6 亩	人 5 口房地无	人 4 口房 3 间地 4 亩
何时何地入伍	1938 年在本地入伍	1940 年 2 月在本地入伍	1938 年在苏桥入伍	1940 年在本地入伍
永久通讯处	闫家庄	陈家庄	信安镇	苦水
何时何地负伤	1940 年 7 月在兴县二十里铺	同	同	同
负伤部位	右臂	脚部	左肢	右腿
名称	贯通	贯通	同	同
是否党员	是		是	
备考				

陆军 120 师独立第一旅第五支队			
队别	五支队三营八连	同	五支队通信连	二团通信连
职别	副指导员	战士	通信员	侦察员
姓名	杨供南	马振海	刘振学	任树元
年龄	23	30	22	21
籍贯	冀省雄县	冀省深泽	冀省深县	冀省宿县
家庭经济状况	人 6 口地 12 亩房 4 间	人 6 口地 5 亩房 3 间	人 15 口地 15 亩房 8 间	人 4 口房 2 间地 3 亩
何时何地入伍	1937 年本地入伍	1939 年本地入伍	1939 年 9 月在本地入伍	1938 年本地入伍
永久通讯处	稻村		东开府	台神村
何时何地负伤	1940 年 7 月在兴县二十里铺	同	同	1940 年 7 月 5 日晋省大武镇
负伤部位	右腿		腿部	腿部
名称	贯通		贯通	贯通
是否党员	是		是	
备考				

陆军 120 师独立第一旅第二团			
队别	二团三营十二连	二团三营十二连	同	通信连
职别	副连长	战士	同	副班长
姓名	谢本成	韩深和	贾广成	张廷俊
年龄	17	33	22	22
籍贯	四川省八钟〈巴中〉县	冀省无极县	冀省饶阳县	冀省安国县
家庭经济状况	人 3 口房地无	人 2 口房 2 间地 1 亩	人 6 口房 3 间地 12 亩	人 10 口房地无
何时何地入伍	1932 年思牙入伍	1939 年 7 月在潭头村入伍	1939 年 10 月石家湾入伍	1938 年 11 月在本地入伍
永久通讯处	本县黄里牙村	本县彩庄村交韩德顺	本县耿各庄交贾广增收	本县南关交张敬荣收
何时何地负伤	1940 年 7 月 21 日胡家岭	1940 年 7 月 21 日胡家岭	同	同
负伤部位	左手背	头部	肋部	右上肢
名称	刺伤	刺伤	擦伤	刺伤
是否党员	是		是	
备考				

陆军120师独立第一旅第五团				
队别	五团一营一连	五团一营一连	同	同
职别	战士	战士	同	同
姓名	王庆申	王桂红	吴根兰	刘树
年龄	22	23	25	22
籍贯	河北省安平县张激村	山西省静乐县木瓜上村	山西省岢岚县石家庄	山西省临县成庄村
家庭经济状况	人5口地5亩房3间	人5口房地无	人5口房地无	人3口地10亩
何时何地入伍	1939年在本地入伍	1940年3月在本村入伍	1940年3月在本地入伍	同
永久通讯处	张激村	木瓜上村	石家庄	成庄村
何时何地负伤	1940年8月25日在寨子村	同	同	同
负伤部位	手部	手指	胳膊	两腿
名称				
是否党员				
备考				

陆军120师独立第一旅第五团				
队别	五团一营一连	五团一营四连	五团一营一连	同
职别	战士	连长	排长	班长
姓名	王三虎	李之成	张保怀	刘玉海
年龄	25	21	37	34
籍贯	山西省临县城庄村	湖北省咸丰杨动场	贵州省六河县	绥远省凉城县呈家瑶村
家庭经济状况	人3口房地无	人7口地20亩房3间	人2口房地无	人4口房1间地60亩
何时何地入伍	1940年3月在临县城内入伍	1933年1月本地入伍	1934年6月入伍	1938年8月在满汉山入伍
永久通讯处	城庄村	杨动场		呈家瑶村
何时何地负伤	1940年8月25日在寨子村	同	1940年8月25日在岚县寨子村	同
负伤部位	背上	右腿左手	两腿	脸胫
名称				
是否党员		是	是	是
备考				

陆军 120 师独立第一旅第五团			
队别	五团一营一连	同	五团一营二连	同
职别	副班长	同	战士	班长
姓名	武天成	徐岭俊	赵便利	纪守仁
年龄	22	40	42	27
籍贯	山西省寿阳县双岔	河北省束鹿县周家庄	河北省	山西省怀仁县郑庄村
家庭经济状况	人 2 口房地无	人 7 口地 3 亩房 3 间	人 2 口房 3 间	人 13 口房 9 间地 20 亩
何时何地入伍	1938 年 2 月在本地入伍	1939 年 8 月在马庄入伍	1939 年 8 月在本地入伍	1938 年 6 月在本地入伍
永久通讯处	双岔	周家庄	东五马里	郑庄村
何时何地负伤	1940 年 8 月 25 日在岚县寨子村	同	同	同
负伤部位	手指	头部	胳膊	头部
名称				
是否党员	是			是
备考				

陆军 120 师独立第一旅第五团			
队别	五团一营二连	同	同	同
职别	通信员	战士	副班长	班长
姓名	王东江	侯金仲	何占元	尹占江
年龄	17	19	40	31
籍贯	河北省束鹿县庆庄村	山西省岢岚县三井村	河北省饶阳县李沟村	河北省深泽县南户庄
家庭经济状况	人 3 口房 1 间地无	人 3 口房地无	人 5 口房 5 间	人 5 口房 5 间地无
何时何地入伍	1939 年 7 月在本地入伍	1940 年 2 月在本地入伍	1939 年 9 月在本地入伍	1939 年 9 月在本地入伍
永久通讯处	本县庆庄村	三井村	李沟村	南沟户庄
何时何地负伤	1940 年 8 月 30 日在岚县寨子村	同	同	同
负伤部位	臂部	头部	胳膊	头部
名称				
是否党员	是	是	是	是
备考				

陆军120师独立第一旅第五团			
队别	五团一营二连	五团二营七连	同	五团三营十连
职别	战士	排长	战士	同
姓名	李仲仁	刘二牛	刘大义	张娃子
年龄	23	28	26	34
籍贯	河北省无极县宗村	河北省井隆县尚中村	山西省静乐县温泉村	河北省束鹿县
家庭经济状况	人1口房4间地亩	人5口房无地30亩	人3口地15亩房无	
何时何地入伍	1939年2月本地入伍	1938年5月在本地入伍	1940年3月在本地入伍	1939年4月在本地入伍
永久通讯处	宗村	尚中村	温泉村	
何时何地负伤	1940年8月30日在岚县寨子村	同	同	同
负伤部位	臂部	下肢	下肢	左眼眉上
名称				炸伤
是否党员	党员	是	是	
备考				

陆军120师独立第一旅第五团			
队别	五团三营十二连	同	同	五团一营三连
职别	班长	战士	同	排长
姓名	刘长善	赵存根	刘德思	王才
年龄	28	26	37	19
籍贯	山西省右玉县	山西省岢岚县	同	陕西省富平县
家庭经济状况				人2口房2间地5亩
何时何地入伍	1938年6月本地入伍	1940年3月本地入伍	同	1937年2月入伍
永久通讯处				
何时何地负伤	1940年8月30日在岚县寨子村	同	同	1940年在杨庄
负伤部位	左腿	腿部	同	左手
名称	贯通	炸伤	同	
是否党员	是			是
备考				

陆军120师独立第一旅第五团			
队别	五团一营三连	五团一营三连	五团一营二连	五团一营四连
职别	班长	通信员	战士	一排长
姓名	刘志先	巩维才	刘奇山	杨和轩
年龄	36	17	31	27
籍贯	河北省雄县古钟头村	山西省静乐县新庄村	河北省无极县竟村	贵州省下西坑县桥村
家庭经济状况	人4口房地无	人6口地40亩房7间	人3口房地无	人7口房地无
何时何地入伍	1938年12月在本地入伍	1940年在本地入伍	1939年本地入伍	1936年本地入伍
永久通讯处	古钟头	新庄村	新村	桥村
何时何地负伤	1940年9月23日在杨庄	同	同	1940年9月19日在山西省宁化上庄子村山上
负伤部位	左手	头部	右手腿	腰部
名称				
是否党员	是	是	是	是
备考				

陆军120师独立第一旅第五团			
队别	五团一营四连	同	五团一营四连	五团二营八连
职别	副班长	战士	班长	战士
姓名	刘新正	何庆中	李玉岐	赵根恒
年龄	26	20	24	26
籍贯	河北省定县清风庄	河北省深县下岔村	河北省永清县刘老深村	山西省岢岚县土塞村
家庭经济状况	人3口地3亩房3间	人6口地18亩房8间	人4口地无房5间	人4口房7间地120亩
何时何地入伍	1939年在本地入伍	1939年本地入伍	1939年在本地入伍	1940年2月在本地入伍
永久通讯处	清风庄	下岔村	刘老深村	土塞村
何时何地负伤	1940年9月19日在山西省宁化上庄子	同	1940年9月19日在山西省宁化山上	同
负伤部位	右手	腰部	右手腿	胸部
名称				
是否党员	是	是	是	是
备考				阵亡

陆军 120 师独立第一旅第五团			
队别	五团二营八连	五团二营七连	五团七连机枪班	五团二营七连
职别	战士	战士	战士	班长
姓名	刘永生	杜永奎	张进廷	刘夫志
年龄	20	19	33	28
籍贯	山西省岢岚县西沟村	河北省束鹿县杜合庄村	河北省深县柴地	河南省年特县南庄村
家庭经济状况	人 4 口房地无	人 7 口地 10 亩房 6 间	人 5 口房 2 间地 2 亩	独自 1 人
何时何地入伍	1938 年 3 月入伍	1939 年 7 月在本地入伍	1939 年本地入伍	1937 年 3 月在山西入伍
永久通讯处	西沟村	杜合庄村	柴地村	南庄村
何时何地负伤	1940 年 9 月 19 日在宁化庄子上	同	同	同
负伤部位	头部	头脖子部	右臂	同
名称				
是否党员		是		是
备考				

105. 冀热察挺进军1941年伤亡、失踪、损失情况统计表（1941年）

晋察冀军区

挺进军伤亡统计表（三）

时间\区分		一月	二月	三月	四月	五月	六月	七月	八月	总计
伤	团级以上									
	营级						1			
	连排级				连级3 排级3		连级14 排4			
	战士				45		49			
	合计									
亡	团级以上									
	营级					1				
	连排级						排1			
	战士级					26	23			
	合计									
失踪	团级以上									
	营级									
	连排级									
	战士									
	合计									
总计						200	92	151（内排长1 班长2）		.443

A. 挺进军在敌人扫荡时损失步枪一千一百余支、机枪九挺。

B. 聂军区六月份损失步马枪245、驳壳枪1、手枪25，步枪弹4298粒，手榴弹871、炮弹86，大衣119件。

注：表格中数字按原文录入。

<table>
<tr><td rowspan="2">番号</td><td colspan="2">挺进军</td><td colspan="3" rowspan="2">1940—1941.6月
平北 \ 冀东 \ 平西区</td></tr>
</table>

番号	挺进军	1940—1941.6月 平北 \ 冀东 \ 平西区		

作战次数	敌		%	环境
	伪		%	
	顽		%	
	共计	次	%	

	项别		缴获	破坏	消耗损失
种类	数目				

战斗性质

战斗性质	袭击	94	25.44%
	伏击	41	10.66%
	遭遇	25	7.50%
	反击		%
	被伏		%
	被袭	82	22.32%
	进攻	96	25.96%
	破路战斗		%
	总计	338 次	100%

枪类（缴获 / 消耗损失）

枪类	步马枪	1735	192
	轻机枪	37	2
	重机枪	6	
	驳壳枪	89	
	手枪		28
	手花机枪	2	
	总计		

我参战兵力

我参战兵力	旅兵力单位	%
	团兵力单位	%
	营兵力单位	%
	连兵力单位	%
		%
	总计	%

炮类

炮类	迫击炮	5
	掷弹筒	28
	平射炮	2
	总计	

敌参战兵力

敌参战兵力	旅团兵力单位	%
	联队兵力单位	%
	大队兵力单位	%
	中队兵力单位	%
		%
	总计	次	%

弹药类（缴获 / 消耗损失）

弹药类	步马枪弹	69177	98581
	机枪弹		
	驳壳弹		
	手枪弹		
	掷弹	25	
	炮弹	957	
	手榴弹	1500	10050
	总计		

敌	伤		%	顽	伤		%
	亡		%		亡		%
	总计	人	%		总计	人	%

伪	伤		%	我	伤	819	%	车类	汽车		19
	亡		%		亡	579	%		大车		31
	总计	人	%		总计	1498 人	%		自行车	106	
敌我伤亡	敌伪伤亡		4293	73.9%					飞机		1	
	我伤亡		1498	26.4%					总计			
	总计		5791 人	%				器具类	刺刀	1350	
俘	敌	94	%	我消耗各种弹药					战刀	48	
	伪	420	%	10863	平均22弹命中一敌强						
	顽		%						总计		
	总计	514 人						军用品	电话总机	8	
破坏	破路	次数		据点	28				收音机	2	
		里数	235	桥梁	21				电台	2	
	平沟	次数							钢盔	175	
		里数							电话机	40	
	参加破坏群众			人					望远镜	7	
备考	缴获战马148、牛骡驴153，伪军反正投诚1020，我被俘43							注：我失联络、逃亡、被俘、投降等人员及伪军反正次数人数携带之武器，可在备考内说明之，平封锁墙、毁岗楼、哨棚等可填入"破坏"之空格内。			

番号	平西	1941 年　月		
		区		

作战次数	敌		%	环境
	伪		%	
	顽		%	
	共计	次	%	

					项别	缴获	破坏	消耗损失
战斗性质	袭击	160	%	种数	数目			
	伏击		%					
	遭遇	5	%	枪类	步马枪	302		182
	反击	28	%		轻机枪	5		3
	被伏		%		重机枪			1
	攻敌	71	%		驳壳枪	10		
	防御	64	%		手枪			
	破路战斗	53	%		手花机枪			
	总计	次	%		短枪	18		25
我参战兵力	旅兵力单位		%		总计			
	团兵力单位		%	炮类	迫击炮			
	营兵力单位		%		掷弹筒	21		
	连兵力单位		%		小炮	1		2
			%		总计			
	总计		%	弹药类	步马枪弹	15630		44236
敌参战兵力	旅团兵力单位		%		机枪弹			
	联队兵力单位		%		驳壳弹			
	大队兵力单位		%		手枪弹			300
	中队兵力单位		%		掷弹	35		
			%		炮弹	104		154
	总计	次	%		手榴弹	120		11560

敌	伤		%	顽	伤		%		总计			
	亡		%		亡		%					
	总计	人	%		总计	人	%					

伪	伤		%	我	伤	661	%
	亡		%		亡	148	%
	总计	人	%		总计	809人	%

敌我伤亡	敌伪伤亡	1474	%
	我伤亡		%
	总计	人	%

俘	敌	1		我消耗各种弹药
	伪	150	%	平均××
	顽		%	弹命中
	总计	人	%	一敌

破坏	破路	次数		桥	10
		里数	63	碉堡	13
	平沟	次数		克据	5
		里数	18		
	参加破坏群众			人	

备考	我军被俘 106

右侧表：

车类	汽车		4
	大车	14	
	自行车	33	
	骡马驮	24	
	总计		
器具类	刺刀	51	
	战刀	15	3
	钢盔	12	
	总计		
军用品	电总机	2	
	电单机	5	
	油印机	1	
	望远镜	1	
	大衣	23	
	电线	9570	

注：我失联络逃亡被俘投降等人员及伪军反正次数人数携带之武器可在备考内说明之，平封锁墙、毁岗楼哨棚等可填入"破坏"之空格内。

敌我伤亡：

① 中尉队长4、大尉1、翻译官少尉1、伪连长1、治安军12团营长1共8名。

② 俘敌翻译官1、俘伪中队长2。

③ 我军伤排长14、连长33、指导员8、营教导员2、战士604，亡排长11，连长2，政指5，营长李恩茂，战士129。

④ 被俘三科长王棠泳、三科副科长张椅，参谋2，副政指1。

番号	平北	1941 年　月			
		区			

<table>
<tr><td rowspan="4">作战次数</td><td>敌</td><td></td><td>%</td><td rowspan="4">环境</td></tr>
<tr><td>伪</td><td></td><td>%</td></tr>
<tr><td>顽</td><td></td><td>%</td></tr>
<tr><td>共计　　次</td><td></td><td>%</td></tr>
</table>

	项别		缴获	破坏	消耗损失
种数	数目				

左表：

战斗性质	袭击	89	%
	伏击	48	%
	遭遇	29	%
	防御	47	%
	被伏		%
	攻袭		%
	攻敌	36	%
	破路战斗	36	%
	总计	285 次	%
我参战兵力	旅兵力单位		%
	团兵力单位		%
	营兵力单位		%
	连兵力单位		%
			%
	总计		%
敌参战兵力	旅团兵力单位		%
	联队兵力单位		%
	大队兵力单位		%
	中队兵力单位		%
			%
	总计	次	%

敌	伤	%	顽	伤	%
	亡	%		亡	%
	总计 人	%		总计 人	%

右表：

枪类	步马枪	550		
	轻机枪	24		
	重机枪			
	驳壳枪			
	手枪			
	手花机枪			
	短枪	43		
	总计			
炮类	迫击炮	3		
	掷弹筒	4		
	平射炮	1		
	小炮	1		
弹药类	步马枪弹	19090		
	机枪弹			
	驱壳弹			
	手枪弹			
	掷弹	25		
	炮弹	160		
	平射弹	26		
	手榴弹	120		
	总计			

注：表格中数字按原文录入。

伪	伤		%	我	伤		%	车类	汽车			
	亡		%		亡		%		大车			
	总计	人	%		总计	809人	%		自行车			
敌我伤亡	敌伪伤亡				%				战马	196		
	我伤亡				%				总计			
	总计			人	%			器具类	刺刀	44		
俘	敌		%	我消耗各种弹药					战刀	26		
	伪		%	平均×× 弹命中一敌					马刀	50		
	顽		%						总计			
	总计	人	%					军用品	钢盔	73		
破坏	破路	次数							电总机	2		
		里数							单机	26		
	平沟	次数							电台	1		
		里数							电线	539		
	参加破坏群众		人						大衣	78		
备考	我军被俘44							注: 我失联络、逃亡、被俘、投降等人员及伪军反正次数人数携带之武器可在备考内说明之, 平封锁墙毁岗楼哨棚等可填入"破坏"之空格内。				

番号	冀北	1941 年　月			
		区			

<table>
<tr><td rowspan="4">作战次数</td><td>敌</td><td></td><td>%</td><td rowspan="4">环境</td></tr>
<tr><td>伪</td><td></td><td>%</td></tr>
<tr><td>顽</td><td></td><td>%</td></tr>
<tr><td>共计</td><td>次</td><td>%</td></tr>
</table>

	项别	缴获	破坏	消耗损失
种数　数目				

<table>
<tr>
<td rowspan="9">战斗性质</td>
<td>袭击</td><td>63</td><td>%</td>
<td rowspan="9">枪类</td>
<td></td><td></td><td></td><td></td>
</tr>
<tr><td>伏击</td><td>59</td><td>%</td><td>步马枪</td><td>1218</td><td></td><td>119</td></tr>
<tr><td>遭遇</td><td>27</td><td>%</td><td>轻机枪</td><td>16</td><td></td><td></td></tr>
<tr><td>防御</td><td>83</td><td>%</td><td>重机枪</td><td>2</td><td></td><td></td></tr>
<tr><td>被伏</td><td></td><td>%</td><td>驳壳枪</td><td></td><td></td><td></td></tr>
<tr><td>被袭</td><td></td><td>%</td><td>手枪</td><td></td><td></td><td></td></tr>
<tr><td>攻敌</td><td>39</td><td>%</td><td>手花机枪</td><td></td><td></td><td></td></tr>
<tr><td>破路战斗</td><td>36</td><td>%</td><td>短枪</td><td>29</td><td></td><td></td></tr>
<tr><td>总计</td><td>307</td><td>%</td><td></td><td></td><td></td><td></td></tr>
<tr>
<td rowspan="6">我参战兵力</td>
<td>旅兵力单位</td><td></td><td>%</td>
<td></td><td></td><td></td><td></td><td></td>
</tr>
<tr><td>团兵力单位</td><td></td><td>%</td><td></td><td>总计</td><td></td><td></td><td></td></tr>
<tr><td>营兵力单位</td><td></td><td>%</td><td rowspan="3">炮类</td><td>迫击炮</td><td></td><td></td><td></td></tr>
<tr><td>连兵力单位</td><td></td><td>%</td><td>掷弹筒</td><td>7</td><td></td><td></td></tr>
<tr><td></td><td></td><td>%</td><td></td><td></td><td></td><td></td></tr>
<tr><td>总计</td><td></td><td>%</td><td></td><td>总计</td><td></td><td></td><td></td></tr>
<tr>
<td rowspan="6">敌参战兵力</td>
<td>旅团兵力单位</td><td></td><td>%</td>
<td rowspan="8">弹药类</td>
<td>步马枪弹</td><td>39123</td><td></td><td>58575</td>
</tr>
<tr><td>联队兵力单位</td><td></td><td>%</td><td>机枪弹</td><td></td><td></td><td></td></tr>
<tr><td>大队兵力单位</td><td></td><td>%</td><td>驳壳弹</td><td></td><td></td><td></td></tr>
<tr><td>中队兵力单位</td><td></td><td>%</td><td>手枪弹</td><td></td><td>26</td><td></td></tr>
<tr><td></td><td></td><td>%</td><td>掷弹</td><td>140</td><td></td><td>68</td></tr>
<tr><td>总计</td><td>次</td><td>%</td><td>炮弹</td><td>160</td><td></td><td></td></tr>
</table>

<table>
<tr>
<td rowspan="3">敌</td>
<td>伤</td><td></td><td>%</td>
<td rowspan="3">顽</td>
<td>伤</td><td></td><td>%</td>
<td>手榴弹</td><td>1041</td><td></td><td>4230</td>
</tr>
<tr><td>亡</td><td></td><td>%</td><td>亡</td><td></td><td>%</td><td>瓦斯筒</td><td>5</td><td></td><td></td></tr>
<tr><td>总计</td><td>人</td><td>%</td><td>总计</td><td>人</td><td>%</td><td>总计</td><td></td><td></td><td></td></tr>
</table>

伪	伤		%	我	伤	273	%	车类	汽车			
	亡		%		亡	475	%		大车	110		
	总计	人	%		总计	人	%		自行车	117		
敌我伤亡	敌伪伤亡		2812		%				战马	26		
	我伤亡				%				总计			
	总计		人		%			器具类	刺刀	50		
俘	敌	121517		我消耗各种弹药					战刀	59		
	伪	602	%	平均×× 弹命中 一敌					总计			
	顽		%					军用品	钢盔	71		
	总计	人	%						电总机	3		
破坏	破路	次数		碉堡	13				单机	9		
		里数	56	克据点	6				电台	1		
	平沟	次数							收电线	7500		
		里数							望远镜	6		
	参加破坏群众		人									
备考	伪投降 290 我被俘 27							注：我失联络、逃亡、被俘、投降等人员及伪军反正次数人数携带之武器可在备考内说明之，平封锁墙毁岗楼哨棚等可填入"破坏"之空格内。				

敌我伤亡与缴获及其消耗：（1941 年敌我长官伤亡）

一、敌伪官伤亡 23（内中队长 1 三比瀑大佐 1 伪军 21）

二、俘伪中队排长翻译官各 1、少校参谋 2。

三、我军伤亡：伤：排长 19、连长 3、政指 5、营长姜大林，共 27。

　　　　　　　亡：排长 23、连长 11、政指 7、营长杨作林、团长夏群。

四、缴获：骡驴 40 头、军服 351、军毯 600 大衣 50 地图 10 份、军鞋 500 双，靴 30，水壶 300，药品 30 箱，手表 1000 个□□敌伪伤亡和我军伤亡长官姓名及其缴获与消耗：

（一）敌伪伤亡 71（内中尉 22、藤滕大尉 1、警卫指挥官渡边佐藤各 1、中尉翻译官 1、索村高中队长 2、大佐 1，伪 22R 团长乔保庭 1、副团长 1，治安军

12R 排长 1、连 1、大队副 1、大队小队长各 1、分队长 3、政权科长 2、共毙敌伪军官 22、伤敌伪军官 49 名）。

（二）俘敌伪官 14（内翻译官 2、伪中队长 4、分队长 4、排长 1、译官 1、少校参谋 2、中尉 2、二人系敌）。

（三）我军伤亡与被俘：伤亡干部 119①，（内伤排长 27、连长 14、政指 11、教导员陈明鉴、十团三营副教导员王鹤、一大队长姜峡明、十团特派员 1、营长姜士东、支队副贺礼保。亡：排长 45、连长 13、政指 11、营长李恒臣、杨年杰、姚士林，团长白乙化）。

我军被俘干部 5 名（内三科长王玉田、一科副科长张栟、侦察参谋潘华心、教育参谋尤良咕、政指李哲明）。

四、缴获：

军衣 500 套、大衣 151 件、军毯 600 床、望远镜 19、照像机 22、图囊 43、地图 12 份、饭盆子 397、军鞋 500 双、食盐 13000 斤、留声［机］3 架、测量器 2、电台马达 1、印印［刷］机 13、皮带 35、表 311、日旗 24 面、面粉 300 袋、药品 30 箱、水壶 300、绑带 1000 付。

---

① 原文如此，计算有误。

106. 冀中军区4月份排以上干部伤亡统计

(1941年)

（一）井旅二团四营四月九日南张村战斗亡排长意宪口。

（二）八支队特务营四月二十四日在安国谣家庄战斗伤连长张九恩，38岁，饶阳杜村人；亡排长贺庆昌25岁，蠡县贺塞村人；亡文化教员易汶奎，24岁，定县辛庄人。

（三）九支队三十团四月二十日未八庄伤连长董运长，31岁，安平沙窝人；伤政指张络泽，21岁，安国西叩村人；伤排长余长文，30岁，定县塞县人；亡连长李士勋，33岁，河南〈湖北〉襄阳县城内人，（九支队还有伤亡连长一、亡一政指、伤二排长没有报来）。

（四）十支队三十三团二营四月十一日蠡县卒兴战斗，伤副连长李欲清，24岁，安新杨家桥人；伤文化教育李士荣，23岁，博野北头村人；亡支书王钧高，阳卯口人（四月十二日罗家口战斗亡政指二名没报来）。

（五）X支队二十七团一营四月二日北念头战斗亡排长杨玉珍，24岁，晋兴县牧营人；二十九团三月十七日南剧战斗亡排长齐树艳，24岁，高阳人。

（六）七支队二十一团四月十二日柳下屯战斗伤副排长魏先会，27岁，献县魏庄人；亡连长高朋兴，38岁，献县韩村人；七排长符中山，30岁，束鹿郭家庄；亡副排长王国桂，24岁，束鹿郭村人；亡副排长李树山，深泽县府村人；二十四团四月九日北郭村战斗，伤连长刘茂生，26岁，陕西米脂县刘家坪人；伤连长邵国清，26岁，四川潼南县四墓庄；伤政指王汉三，21岁，蠡县刘各村人；伤排长丁乔凤，27岁，河间康宁山；曹桂采24岁，安新小王村；安保成29岁，蠡县大团；黄金支35岁，蠡县连子口；孟慷金22，清宛庄；王雁章28岁，清苑恋营；陆树斌，河南林县西峪村。亡连长林森林，38岁，河南武安县南关；史金花21，雄县郭村；黄海长23岁，蠡县连子口；彭世华22岁，定县贾庄桥；亡副连长二，丁世银35岁，深泽县；孙子增31岁，晋县广彭镇；亡支书二，赵中樱31岁，河南博爱县小尚村；王长胜23，蠡县东滞村；亡排长四，刘茂成31岁，洛阳城内；李永顺，大城五宜村；陈进璞28岁，新安城内；谷银凯28岁，蠡县崔家庄；

亡副排长二，臧现亭 38 岁，清苑城内；赵栓桂 27 岁，安新赵庄；哲柑号长玉福坚，23 岁，安新人。

（缺署名）

吕程①来

---

① 吕程：指吕正操、程子华。

107. 八路军第129师抗战四年战斗损耗比较统计表

（1941 年）

一二九师抗战四个周年的战斗收获损耗比较及总计（军用品在外）

类别 / 比较 / 周年		第一周年	第二周年	第三周年	第四周年	第五周年
战斗次数		1041	1363	1136	1599	5703
每次战斗平均毙伤敌伪多少		19 敌我伤亡比 1:3	34 敌我伤亡比 1(我):7	13 敌我伤亡比 1:2	9 敌我伤亡比 2:3	
每次战斗平均伤亡我多少		6	5	6	6	
缴获与损失各种枪比较		1:3（缴）	1:8（缴）	1:5（缴）	1:1强（损）	
缴获与消耗各种弹药比		3（消）:1	1:4（缴）	1:8（消）	1:4（消）	
平均要多少子弹杀伤一个敌人		62	45	138	95	
俘日军多少		11	43	35	73	53
俘伪军多少		2711	26165	2955	7737	7464
总计	收获 毙伤敌伪多少	19692	41444	15521	15647	
	收获 获步短轻重枪多少	2277	14160	4394	2159	
	收获 各种子弹多少	332783	49297070	267366	289172	
	收获 伪军反正几次及人数		6次3834日军投诚1	4次564日军投诚4名	9次157日军投诚1名	
	我损 我伤亡多少	6735	7824	7208	10751	伤：3209 亡：1480
	我损 我损耗多少	686	1725	759	2576	
	我损 我消耗弹药多少	1228826	1880727	2155579	1384894	
其他						

抗战以来营级以上牺牲烈士统计表 1942.1.8

部别\职别	政委	政治主任	团长	副团长	团政委	团参谋长	团政治主任	营长	副营长	教导员	科长	股长	团特派员	营特派员	供给处长	医务主任	参谋长	合计
一旅			1					1	3					1				6
四旅				1				2	3	1				1				8
五旅						1		4	3	6			1	3				18
六旅		1	3	1		1		2	3	5			1	3	1			22
七旅								3	3	3		1						9
八旅					1		1	5	3	6								16
九旅			1	1			1	2		1			1					7
十旅				2				3	5				1					11
决一	1				1			5	2	1			2			1		13
决三									1									1
太行一分区						1			1									2

名称	政委	政治主任	团长	副团长	团政委	团参谋长	团政主任	营长	副营长	教导员	科长	股长	团特派员	营特派员	供给处长	医务主任	参谋长	合计
太行四分区								1										1
太行五分区									1	1								2
冀南军区直									1									1
师特务营								1										1
东纵					1				1	1	1		1	2			1	8
平纵		1					1	1									2	5
先纵			1							2	1							4
津浦支队					1													1
先支								2	1									3
冀游								2	1	1								4
独支									1									1
青纵													1					1
总计	1	2	6	5	4	3	3	34	33	28	2	1	8	10	1	1	3	145

队别	决死纵队	东纵	平纵	平纵	六旅	六旅十六团	九旅
职别	政委	参谋长	参谋长	参谋长	政治主任	团长	团长
姓名	董天知	秦进荣	朱秋溪	吴定人	苏精诚	谢家庆	李林
年龄	29						
籍贯 省	河南						河北
籍贯 县	荥阳						威县
籍贯 区乡							
籍贯 村							
家庭通讯处及收信人姓名							
家庭经济状况							
入伍年月	1937					1929	
任过什么工作						班排连营长及团政委	
亡故经过			白晋路战役中				
亡故地点	潞城王家庄	辽县马根天		辽县	武乡韩壁	黎城曹儿河	河北荣华广川
亡故月日	1940.8	1938.9	1940		1941.1	1940	1940
是否党员							
备考							

队别		六旅	六旅	先纵	一旅	九旅	四旅	六旅
职别		团长	团长	团长	团长	副团长	副团长	副团长
姓名		丁思林	叶成焕	荆维德	陈锦秀	荣子文	程其昌	吴隆燊
年龄		26	26					
籍贯	省	湖北	河南	山东		安徽	安徽	安徽
	县	黄安	光山				六安	
	区乡							
	村							
家庭通讯处及收信人姓名								
家庭经济状况								
入伍年月			1930				1929	
任过什么工作			连营团长				班排连营团长	
亡故经过								
亡故地点		山西榆社云簇镇	长乐村	刘来寺	柏山	河北荣华景村	河北清河	白晋路上
亡故月日		1939. 7	1938	1939	1937	1940	1940	1940
是否党员								
备考								

队别	十旅	十旅	抉一	东纵五支队	五旅一团	太行一分区31团	六旅17团
职别	副团长	副团长	团政委	政委	参谋长	参谋长	参谋长
姓名	吴子彦	韩光远	凌则之	邓永耀	王辉	王永照	廖绍杭
年龄				26	23		
籍贯 省				湖南	湖南		
籍贯 县				茶陵	浏阳人		
籍贯 区乡							
籍贯 村							
家庭通讯处及收信人姓名							
家庭经济状况							
入伍年月				1929			
任过什么工作					营团长参谋长		
亡故经过							
亡故地点			武乡温庄	河北武邑沙村	王家山	河北沙河石岗	大原
亡故月日	1940		1940	1939	1939	1940	1941.5
是否党员							
备考							

队别		八旅22团	津浦支队	九旅27团	八旅独立团	平纵政治处	平纵五团政治处	十旅二大队
职别		政委	政委	主任	主任	主任	主任	营长
姓名		史钦琛	王育民	王顺平	陶兆享	王文瑞	白俊士	叶从之
年龄								
籍贯	省	河北		四川	山东			
	县	成安						
	区乡							
	村							
家庭通讯处及收信人姓名								
家庭经济状况								
入伍年月		1937						
任过什么工作								
亡故经过						在石家庄被敌俘获		
亡故地点		山东朝城耿楼	河北南宫张麻	龙华广川	山东馆陶董固		新菜东	
亡故月日		1940	1938	1940	1939.5			
是否党员								
备考								

队别	十旅二大队	八旅 23 团一营	八旅 23 团一营	八旅 24 团三营	八旅 19 团	八旅 22 团	七旅 19 团
职别	营长	营长	营长	营长	营长	营长	营长
姓名	陈大贵	冯聚涛	陈芳桢	张金阶	李长宽	陈忠传	赵振奎
年龄							
籍贯 省		河南	湖北	湖北		河南	
籍贯 县				黄陂			
籍贯 区乡							
籍贯 村							
家庭通讯处及收信人姓名							
家庭经济状况							
入伍年月		1938	1931	1931			
任过什么工作							
亡故经过							
亡故地点		山东馆陶	河北曲周	北寺头		山茌平	清河狼窝
亡故月日		1940. 4	1940. 3				
是否党员							
备考							

队别		七旅20团	师特务营	先支	先支特务营	32团	五旅14团	五旅14团
职别		营长	营长	大队长	营长	营长	营长	营长
姓名		李兴芝	李广升	武伦佩	杨培仁	杨文章	秦辉让	赵万财
年龄			25	40	39			27
籍贯	省		安徽	河南〈北〉	河南〈北〉			四川
	县			武安	武安			巴中
	区乡							
	村							
家庭通讯处及收信人姓名								
家庭经济状况								
入伍年月								1933
任过什么工作								
亡故经过								
亡故地点		武土成双庙	山西和顺	武安龙泉	武安龙泉	狼牙山	山西辽县	河北磁县石庙
亡故月日		1940.9	1940.9	1938.9	1938.9	1940	1940	1941.4
是否党员								
备考								

队别	五旅二团	七七一团	五旅769团	六旅16团	决一纵队	决一纵队	决一纵队
职别	营长	营长	营长	营长	营长	营长	营长
姓名	刘明发	潘占魁	赵宗德	汪德兴	李官营	郑学栢	陈玉堂
年龄			23				
籍贯 省			河南				
县			商城				
区乡							
村							
家庭通讯处及收信人姓名							
家庭经济状况							
入伍年月							
任过什么工作							
亡故经过							
亡故地点	平松	河北邢台台营头	阳明堡	芦家庄	太岳	沁县南泉	白虎窑被刺
亡故月日	1938	1937.12	1937.10	1940			
是否党员							
备考							

队别		决一纵队	决一纵队	一旅八团	七旅	冀游特务营	冀游	平纵二团
职别		营长	营长	营长	大队长	营长	大队长	营长
姓名		陈哲民	白文圭	刘周清	张义龙	石仁周	许文华	牛大伦
年龄								
籍贯	省			湖北	安徽			
	县			黄冈	六安			
	区乡							
	村							
家庭通讯处及收信人姓名								
家庭经济状况								
入伍年月								
任过什么工作								
亡故经过						积劳成疾病故		
亡故地点		山西平遥	刘家庄	柏山	河北			新当
亡故月日				1938	1940		1939	
是否党员								
备考								

队别	九旅 16 团	九旅 26 团	六旅 16 团	十旅 28 团	决三、九团	冀南军区直属	八旅 24 团
职别	营长	营长	营长	副营长	副营长	副营长	副营长
姓名	赵连三	刘宏亮	苑土权	贾保蓍	范军	杨永涛	田铭军
年龄			31	24	23	26	
籍贯 省	四川	安徽	河南	河北		福建	四川
籍贯 县			光山	隆平		连城	营山
籍贯 区乡							
籍贯 村							
家庭通讯处及收信人姓名							
家庭经济状况							
入伍年月						1932	1933
任过什么工作							
亡故经过							
亡故地点	故城		榆社	隆平	小汀铺	河北广宗北苏	
亡故月日	1940	1940	1940	1940	1940	1941.3	1940
是否党员							
备考							

队别		四旅 771 团	十旅 30 团	七旅 19 团	五旅 13 团	五旅 769 团	一旅一团	一旅二团
职别		营长	营长	副营长	副营长	副营长	副营长	副营长
姓名		伍炳先	陈德发	李智发	詹才达	吴显陛	王洪善	熊从立
年龄		30	22		29	28	27	
籍贯	省	四川	河南	四川	湖北	四川	陕西	河南
	县	广元	商城	万源	黄安	仪龙	宜川	光山
	区乡							
	村							
家庭通讯处及收信人姓名								
家庭经济状况								
入伍年月		1933. 5	1930	1931	1929. 2	1933	1935	1933
任过什么工作		班排连长		连长		排连长	排连长	
亡故经过								
亡故地点		祁王庄	太谷范村	枣强县王俊	磁县白家庄	偹路	积善公路	平顺英流
亡故月日		1941.5.4		1941.5.8	1941.9.26	1941.9.5	1941.8.14	1941.4.10
是否党员								
备考								

队别		八旅 20 团	八旅 24 团	十旅 31 团	十旅 28 团	十旅 29 团	六旅 16 团	五旅独支
职别		副大队长	副营长	副营长	副营长	副营长	副营长	副营长
姓名		许兴益	戴子新	黄寿文	李良臣	李泽富	白远科	张九山
年龄					26		27	39
籍贯	省	江西			四川		四川	安徽
	县						通江	六安
	区乡							
	村							
家庭通讯处								
及收信人姓名								
家庭经济状况								
入伍年月								
任过什么工作								
亡故经过								
亡故地点		山东东阿	鲁西北	山西榆次东乐亦土	山西榆次上湖	河北武安营井	榆社	平定柏井
亡故月日			1940		1938		1940	1938
是否党员								
备考								

	七旅 19 团	七旅 19 团	六旅 16 团	十旅 29 团	独支三大队	34 团	先支
队别	七旅 19 团	七旅 19 团	六旅 16 团	十旅 29 团	独支三大队	34 团	先支
职别	副营长	副营长	副营长	副营长	副大队长	副营长	副营长
姓名	夏明川	李家昌	白玉河	王贵照	王德全	罗先福	摩从之
年龄	25	28				22	24
籍贯 省	河南	四川				湖北	湖北
籍贯 县	商城	开县				麻城	黄安
籍贯 区乡							
籍贯 村							
家庭通讯处及收信人姓名							
家庭经济状况							
入伍年月		1933					
任过什么工作							
亡故经过							
亡故地点	马庄	排子	榆社		太谷	武安阳邑	山西杨沟
亡故月日	1940.10	1941.3	1940			1940	1937.4
是否党员							
备考							

队别	四旅12团	决一纵队	决一纵队	东纵一团	冀游特务营	四旅10团	四旅10团
职别	副营长	副营长	副营长	副营长	副营长	副营长	副营长
姓名	雷正海	贾宝善	郝有致	李双庆	刘庆昌	向光华	郑文洲
年龄	34						
籍贯 省	湖北			河北		四川	四川
县				宁晋			
区乡							
村							
家庭通讯处及收信人姓名							
家庭经济状况							
入伍年月							
任过什么工作							
亡故经过							
亡故地点	关家垴	关家垴	磨见垴	河北南宫		河北武安	河北南和
亡故月日	1940.9	1940	1940	1938		1942.2	1940.11
是否党员							
备考							

项目				一旅二团	八旅22团
队别				一旅二团	八旅22团
职别				副营长	教导员
姓名				庞汝霖	高启国
年龄				28	23
籍贯	省			安徽	河北
	县			寿县	磁县
	区乡				
	村				
家庭通讯处及收信人姓名					
家庭经济状况					
入伍年月				1938	1937
任过什么工作					
亡故经过					
亡故地点				源庄	河北肥乡
亡故月日				1941.11.4	1941.7.24
是否党员					
备考					

项目	六旅 17 团	大行一分区 31 团	五旅 9 团	五旅 14 团	八旅 22 团	八旅 22 团	八旅 22 团
队别							
职别	副营长	副营长	教导员	教导员	教导员	教导员	教导员
姓名	黄孚成	洪克全	罗绪元	李天照	李北安	于曼青	潘毓麟
年龄							
籍贯 省					山东	山东	河北
籍贯 县					蓬莱		大名
籍贯 区乡							
籍贯 村							
家庭通讯处							
及收信人姓名							
家庭经济状况							
入伍年月							
任过什么工作							
亡故经过							
亡故地点	安隆	辽县羊角	石岗	辽县上白土崖	山东华县	山东长清沟	山东莱县河店
亡故月日	1940.7		1940	1940			
是否党员							
备考							

队别		先纵一团	先纵	九旅26团	八旅22团	八旅22团	771团	六旅17团
职别		教导员	教导员	教导员	教导员	教导员	教导员	教导员
姓名		张树生	宋希穴	王文信	董占其	沙彦主	张明鉴	王贤海
年龄							36	
籍贯	省	山东		河南	山东	山东		
	县			清丰				
	区乡							
	村							
家庭通讯处								
反收信人姓名								
家庭经济状况								
入伍年月								
任过什么工作								
亡故经过					积劳成疾病故			
亡故地点		山东馆陶赵光岩	徐家楼			河北曲周	昔阳庙儿岩	安泽金当山
亡故月日		1940		1940		1940	1937.11	1940
是否党员								
备考								

队别	七旅20团	七旅39团	七七二团	决一纵队	冀游	七旅	34团
职别	教导员	教导员	教导员	教导员	教导员	教导员	教导员
姓名	丁兴孝	张庆义	何开生	孙缄	陈致岗	陈守如	李沿国
年龄							35
籍贯 省			四川				四川
县			南江				
区乡							
村							
家庭通讯处及收信人姓名							
家庭经济状况							
入伍年月							
任过什么工作							
亡故经过							
亡故地点	枣强严里村	河北威县贺钊	关家垴		河北临城	公光	磁县彭城
亡故月日			1940.10	1940	1940	1940	1941.6
是否党员							
备考							

队别	五旅 769 团	东纵一团	七七二团	七七二团	七七二团	五旅 769 团	五旅 769 团
职别	教导员	教导员	教导员	教导员	教导员	教导员	教导员
姓名	毛天洲	夏富伦	罗明海	苟生训	尹敬斌	罗学荣	高天益
年龄	25			26	32	28	25
籍贯 省	河南	河北	湖北	四川	陕西	四川	湖北
县	商城	藁城	黄安	阆中	永兴	仪陇	
区乡							
村							
家庭通讯处							
友收信人姓名							
家庭经济状况							
入伍年月							
任过什么工作							
亡故经过							
亡故地点	河北柏乡	河北无极	新乡路五坟	山西广阳镇	神头	山西辽县石匣	
亡故月日	1938.9	1938	1938.8	1937.11	1938.3	1938.7	
是否党员							
备考							

队别	五旅769团	东纵司令部	先纵政治部	六旅司令部	东纵一团	青纵二团	改一纵队
职别	教导营	一科长	总务科长	队训股长	特派员	特派员	团特派员
姓名	孙泽高	萧显友	秦顶山	高自辅	刘胜书	曾华轩	王世忠
年龄	27			27			
籍贯 省	四川			陕西			
籍贯 县	苍溪			米脂			
籍贯 区乡							
籍贯 村							
家庭通讯处							
反收信人姓名							
家庭经济状况							
入伍年月				1933			
任过什么工作				排连营长参谋长副团长			
亡故经过							
亡故地点	西峰峰	河北临漳大营镇	徐家楼	山西武乡砖壁		河北广宗张威	关家垴
亡故月日	1940	1938		1941.1		1939	1940.10
是否党员							
备考							

队别	六旅 771 团	九旅	十旅 29 团	决一 25 团	五旅	五旅 9 团 3 营	一旅八团
职别	特派员	团特派员	特派员	特派员	特派员	特派员	营特派员
姓名	罗庆祥	杨孝田	郑维金	王思中	醮富全	王元新	何传祖
年龄	27			22	27		
籍贯 省	江西	河北		河北	四川		
籍贯 县	安国	平乡		宁晋	宣汉		
籍贯 区乡							
籍贯 村							
家庭通讯处							
及收信人姓名							
家庭经济状况							
入伍年月				1937			
任过什么工作							
亡故经过							
亡故地点	山西武乡长乐村	漫河		山西黎城	响堂铺	河北柏乡三里庄	丁店
亡故月日	1938	1940		1940.11	1938	1938.9	1938.7
是否党员							
备考							

	四旅771团2营	东纵一团一营	东纵二团二营	五旅九团二营	五旅769团	772团	772团2营
职别	特派员	特派员	特派员	特派员	营特派员	营特派员	特派员
姓名	杜方银	许朝礼	杨凤宣	王贵元	罗运昌	余世辰	陈家万
年龄						24	36
籍贯 省		四川				湖北	四川
籍贯 县		南部				黄安	巴中
籍贯 区乡							
籍贯 村							
家庭通讯处							
及收信人姓名							
家庭经济状况							
入伍年月							
任过什么工作							
亡故经过							
亡故地点	河北武安	丁庄	河北宁晋大陈庄	河北柏乡三里庄	山西和顺	河北武安	昔阳广阳镇
亡故月日	1938.5	1939	1938.11	1938	1939	1938.6	1938.11
是否党员							
备考							

队别	六旅 771 团	六旅 771 团	决一卫生处
职别	营特派员	供给处长	医务主任
姓名	王继明	毛少臣	李友桥
年龄			
籍贯　省	湖北		
县	黄安		
区乡			
村			
家庭通讯处			
及收信人姓名			
家庭经济状况			
入伍年月			
任过什么工作			
亡故经过			
亡故地点	和顺马坊	河北威县	
亡故月日	1937	1939	1940
是否党员			
备考			

109. 八路军第 115 师关于山东军区被敌合围损失情况的报告
(1942 年 1 月 12 日)

军委集总：

佳晚一旅由沂蒙区来报：山东军区于冬日在沂水西北对崮峪遭敌合围，战斗于上下华村北之崔家寨，当日十一时发生战斗，至黄昏时我仅伤亡数名，因为敌机两架轮流轰炸，敌猛烈冲锋，当时敌伤亡甚大，坚持至黄昏始行突围，仅跑出百余人（内共五百余人），其余除被俘二十余外，大部均伤亡，计干部阵亡有部长李竹如，地委潘明周，电台队长吴得山，团政委王绍，主任张圣符；伤有黎玉、王建安、朱则民，被俘有山东军区机要科长夏熙芳，三科副科长黄奕棋，二军分区一支一团长刘遇泉。文件自行焚烧，电台丢失一架，详情仍在继续清查中。

陈罗陈①

戌十二日　（一一五师来）

---

① 陈罗陈：指陈光、罗荣桓、陈士榘。

110. 冀中军区1941年7月至12月干部伤亡统计

(1942年2月11日)

叶左唐①：

兹将七月十九日起至十二月份干部伤亡报告如下（其余未报）补报：

（一）七分区：

（1）一七团负伤连长张子明36，鲁唐邑县；排长杨景山28，冀蠡县；副排长代永山31，冀安新县。

（2）二二团副连长杨趲因31，冀平城内；副连长薛云福22，冀清苑县；王文海29，冀定县；排长刘仲林28，冀定县。

（3）四五地区伤副排长张昆午，21，冀定县，亡排长张俊禄，23冀定县；边邦，冀定县。

（4）三二地区队负伤区队长魏凯险，43，察涿县，成分贫农，出身行伍，八岁为农，十二岁入初小，十六岁学徒，民国九年即入伍，任过班排长、区队副官，后由六九一团编为自卫队，任助理员，管理主任职，一九三八年入党。

（5）以上计伤团级一、连级四、排级四，亡排级三，共计一二名。

（二）八分区：

（1）三十团负伤教导员周士敬，20岁，陕西渭南，双十二事变前在家读书，以后即到西北青年救联会青训班学习，后转入抗大，毕业即分配到冀中工作，任教导员，一九三八年入党。支书董纯山，冀新安县；政指邓绍英，27，冀赵县；连长郭振声，22，冀静海县，青文虎，18，冀定县；排长乔兰生，冀宁晋县。亡团长柳杨林，27，鲁济宁县，八岁上学，三年即当兵，任过班长司务长，由六九一团改编为自卫军，任政指、连长、营长、团长等职，一九三六年入党。连长刘建民，24，冀束鹿县；张惠连，33，豫港寺县；王保昌，年不详，辽怀清县；副连长张克已，23，冀保定南关；支书乔树轩，22岁，冀大城县；王安甫，19，冀大城县；曹纪元，19，冀安次县；副连长高慌华，31，冀无极；排长李春元，29，冀雄县；乔子贞，23，冀安平；杨西山，24，冀河间；王克俭，20，冀河间；张树仁，年、籍不详；郭恒珞，冀束鹿；杨庚寅，20，冀束鹿；曹尧，30，冀景县；孙焕梧，31，冀深泽县；副排长杨树资，20，冀河间；刘玉山，不详，冀藁城县；董国兴，年、籍

---

① 叶左唐：指叶剑英、左权、唐延杰。

不详；文教张昆远，18，冀束鹿；张玉真，19，冀安国。另有被俘七名（支书一，军教一，政教一，司务长二，连长一，副排长一）。

（2）三地区队负伤排长策金声，27，冀文安县；副排长李保章，30，冀大城；阵亡副连长国翟，25，鲁长清县。

（3）四一地区队负伤副连长李武科，28，冀饶阳；青干陈振，19，冀雄县；见习参谋张清磐，23，冀武强；排长靳贵林，22，冀饶阳。亡政指刘席，20，冀深泽；副连长张书清，22，冀献县；排长冯连江，卢称来，22，冀饶阳，小队赵一，19，冀献县。

（4）以上伤营级一、连级四、排级七，亡团级一、连级一一、排级一九，共计四三名。

（三）九分区：

（1）一八团负伤连长谢果芝，25，冀新城；副连长王松崇，24，冀高阳；排长胡金之，28，冀蠡县；宋本山，31，冀任丘；芦玉山，24，冀任丘。阵亡排长徐东之，25，冀高阳；贺其社，25，冀河间；张金见，23，冀河间；李景方，21，冀博野；孙伊玉，23，冀高阳。

（2）二四团负伤副营长刘茂生，26，陕米脂县，自八岁在家放羊，至18岁参加陕北红军，后到二八军特务队任战士，到六军任班长，到20师任排长，后到冀中任营长，一九四零年入党。连长王营武，25，冀清苑；王冲章，30，冀高阳；政指陈起义，22，冀安新；魏振国，21，冀深县；特派员张平章，25，晋文水县；特派干事梁咸宽，26，冀安新；排长张金中，21，冀高阳；梁洪得，25，冀任丘；韩志远，21，冀深县；排长宋国贤，23，冀蠡县；邹顺友，29，冀清苑。阵亡连长丁丰成，31，冀束鹿；李信，26，冀蠡县；副连长陈兴国，30，冀高阳；李秀鋆，36，冀雄县；政指刘天节，晋闻喜县；支书张清耀，25，冀深县；副排长林成立，25，冀蠡县。

（3）一分区特务连负伤排长王书田，23，冀雄县；二四大队长白斌，21，冀任丘。

（4）以上伤营级一、连级十、排级十，亡连级四、排级五，伤团级军一，营级军一，连级军一二，政六，排级军一九，政二。亡团级军一，连级军一一，政六，排级军二，班级二，总统计伤亡八五。

（冀中来）

真　日

· 1273 ·

111. 八路军第115师教导第4旅兼湖西军区战斗伤亡消耗统计表（1942年2月）

自1941年建旅至一九四二年二月底敌我伤亡比较表

区别\数目\部队	毙伤敌伪顽军 毙 敌	伪	顽	计	伤 敌	伪	顽	计	合计	我军伤亡 负伤	牺牲	合计	敌伪顽伤亡与我亡伤比较
旅直	6	3		9	8	10		18	27	10	4	14	2:1
十团	86	115	40	241	123	225	73	421	662	310	74	384	1.8:1
十一团	40	177	265	482	61	227	375	663	1145	278	68	346	3.3:1
十二团	70	212		282	65	297	116	362	644	171	48	219	2.9:1
独立团	93	40	33	166	175	107		398	564	64	16	80	7:1
合计	295	547	338	1180	432	866	564	1862	3042	833	210	1043	
总计					3042						1043		2.9:1
附注	总平均敌人伤亡2.9个我伤亡一个												

· 1274 ·

112. 冀中军区7、8分区1月份干部伤亡报告

(1942年3月6日)

叶左①：

仅将七八分区一月份干部伤亡报告如下：

（一）七分区：

一七团伤政委孙鸿志，二六，冀定县；政指霍信永，二六，北〈冀〉高阳；副政指毕海峰，二六，冀蠡县；排长贾漳，二五，冀清苑；张旺仁，二七，冀深县；王振瑞，二二，冀蠡县；李俊卿，三三，冀安平；王元田，二六，冀蠡县；张兰，三四，冀蠡县；张连华，二二，冀清苑；王士兴，三七，冀清苑；柏景顺，三六，冀蠡县；副排长鹿吞槐，二三，冀饶阳；赵保祥，二四，冀蠡县；王虎福，二七，豫西平；张文章，二五，冀蠡县；移中奋，二一，冀深县；刘昇庆，二六，冀高阳；梁文学，三〇，豫〈冀〉丘县。阵亡排长郭二保，二三，豫浚县；李再年，二二，冀清苑；副排长卫友山，二六，冀清苑；青干宁双印，一九，冀定县。

（二）二二团伤排长李运亿，二二，冀定县；周德华，三〇，冀〈豫〉濮阳；徐学订，二五，冀安平；郑计章，二三，冀清苑；副排长夏俊德，二〇，冀束鹿。

（缺署名）

六日

（冀中来）

---

① 叶左：指叶剑英、左权。

113. 太行军区第2军分区被服损失统计表
（1942 年 3 月 11 日）

种类	数量	单位	折合单价		金额								备考
					十万	万	千	百	十	元	毛	分	
白土布	6150	方尺	1	00			6	1	5	0	0	0	
鞋子	320	双	6	40			2	0	4	8	0	0	
棉花	120	斤	12	00			1	4	4	0	0	0	（一）二月三日反扫荡战争开始敌人在温泉堡下驻剿五六天其大肆搜山本处所损失之物系温泉附近五里路的二个库房。
布袜	46	双	7	20				3	3	1	2	0	
毛巾	194	条	2	50				4	8	5	0	0	
夹被	10	床	42	00				4	2	0	0	0	
白线	8	码	7	50					6	0	0	0	
棉手套	100	付	2	00					2	0	0	0	（二）损失之土布棉花毛巾等系二月二日夜间由路东军实处返回运来，同时已发生敌情，当即寄存于温泉附近库房，敌于二月四日即到达温泉各处搜山，又因这二个库房封口不久被敌识破，棉花焚毁，其他物品全部为敌搜去，余者旧库房均无损失。此次反扫荡又得到了经验教训，以后对保管工作还要改变方式。特此呈报。
线手套	35	付	1	20					4	2	0	0	
绑带	5	付	6	00					3	0	0	0	
米袋	30	条	3	00					9	0	0	0	
毡帽	120	顶	5	00				6	0	0	0	0	
联络旗	10	付	7	20					7	2	0	0	
换血棉衣	47	套											
废坏棉上衣	52	件											
废坏棉下衣	36	条											
旧单军帽	532	顶											
总计金额						1	1	9①	6②	8	2	0	

供给处长：谢方祠　副处长：胡传运　政治委员：郭蕴璋

被服股副股长：黄树棠、季益先　保管员：孙庆

---

① ② 原文如此，计算有误。

114. 八路军第 129 师第 10 旅损失报告表

(1942 年 3 月 13 日)

一九四二年三月份损失报告表十旅供给处

报告 1942. 3. 13 于芦峪里

关于我们在敌人此次扫荡中所损失的人员、牲口、物资、器械列下：

一、人员的损失

① 通讯员刘从小一名牺牲

② 合作社被俘三名（社长李勋芳和社员一名，运输排长一名）

二、牲口的损失：1. 骆驼九条　2. 毛驴七头　3. 骡马各一匹

三、合作社损失货物价值一万六千余元，现在详细清查造表。

四、被服股：1. 将冬季报销表册（因报销手续不合退回）完全损失（内有运动费），现在正继续造表；2. 损失被服成品及资材，另附详表一份。

五、军械股：修枪工具，木匠器具完全损失，另附表一份。

六、其他各单位的损失物资粮食等正详细统计中，俟统计完后再作报告。

七、以上所损失的一切东西，除另列报告请求解决外，将损失的原因在各种会议上进行了检讨如下：

一、敌人此次扫荡，我们在思想上没有深刻的认识。

C、利用被俘的叛徒寻找我们资材器械，尤其是我们这个单位的事务人员大半是老弱残废的，为了便利行动，有的寄在山庄上，有个别的人员被敌人俘去，因受不了敌人的威吓，甚至叛变，引导敌人寻找我临时的库房。

D、敌人在我根据地的搜索十分严密，凡是有足迹或有新土痕之处就进行挖掘，不但是军队政权的东西，而且是老百姓的东西也差不多完全摧毁，造成我二分区的群众情绪很是降低。

E、甚至将老百姓先祖的坟墓就掘开了寻找资财。

三、凡是在前寄放的东西（库房）敌人没有找着，检讨起来不外乎寄的秘密。

四、我们的经验教训：

① 我们在思想上对敌人这次扫荡没有深刻的认识。

② 我们的备战工作没有经常性，（因太平洋战争爆发后）造成了各个干部麻痹性。

③ 我们的工作不能适合战斗化。

④ 我们的空室清野工作做的不彻底（特别是秘密性差）。

⑤ 干部责任心差，对时刻准备战斗性不够，以致发生情况便惊慌失措。

谢方祠

胡传运

115. 八路军第115师师直及抗大一分校伤亡情况报告
（1942年3月14日）

军委集总并抗大总校并朱黎罗①：

沂蒙反扫荡战详情及经过正在总结，不日继续发出，缴获已由战报发出，现将师直及抗大一分校伤亡损失情形报告如下：

一、伤亡：

（一）负伤团级一（科长李佳陆）营级一人（侦察科长黄菜海），连级七，排级十二，班级三十一，战士五七，计一一八②。

（二）阵亡营级二人（保卫部一科长李绍贤，五科副敛絮），连级五，排级三，班级七，战士三八，计五五。

（三）失联络团级一（敌工部长王立人），营级一（师政组织科长林锋），连级一三，排级二一，班级一八，战士一四八，计二零二，共计三七六名。

二、损失武器：

步马枪一五九，轻机二，驳壳一零支，手枪九，计一八零，刺刀三八把。

三、消耗遗失弹药：

（一）消耗步马弹八二九八，轻机弹二三一九，驳弹四零，手榴弹三九零，手炮弹一八，计一一零四九。

（二）遗失步马弹六七三二，驳弹九二，手枪弹一五，手榴弹三三一，计七一六二。

共计一八二一一。

四、遗失骡马二三匹。

五、遗失军用品：公款一三三元（失联络人员带去），毯子三零零床，棉衣三七套，饭包五零个，大衣一七件，电话机二架，电线一二一斤，收发报机各一部，电台器材一部，西药一担，油印机一架。

抗大一分校：

一、干部伤亡：

（一）阵亡团政委一（刘振东），队长一，政指三，区队长三，军教一，政教三，共计一五③。

---

① 朱黎罗：指朱瑞、黎玉、罗舜初。

②③ 原文如此，计算有误。

（二）负伤队长三，区队长四，军教一，政教二，粮秣员一，文书一，中队长二，组织科员一，民运工作员一，计十六。

（三）失联络副大队长一，区队长三，军教一，政教一，图书干事一，生产职员一，侦察员一，女工人员二，共十一。

（四）被俘：供给股员一，会计一，粮秣员一，医生一，文书一，民运工作员二，文工作员一，计八。共计五十。

二、学员伤亡：阵亡八八，逃亡五四，负伤九三，失联络一一零，被俘十五，请假回家二，家存二一，联络三三，病亡二，计四一八。

三、工作人员伤亡：阵亡十，逃亡七，负伤九一，失联络二七，被俘九，请假回家三，误会战死一，其他失联络二，病亡一，投敌二，计七八，共四八六①。

四、武器弹药牲口器材等损失情形未详。

此外我们知道者牺牲有德国记者希甫先生，翻译仿练泊，战工会陈明，山纵刘子超，独支政委刘涛，分局机要科长周光华等同志。负伤有分局秘书主任谷牧，组织部长李林等同志。被俘者有抗协李澄之，山纵特务团长温士友（现已逃回）、朱鋈、陈若克（被俘后已自杀）。失踪者有军区司令刘海涛等，并听说财委会损失现款五十余万元，山纵现征存公粮数千百万斤，部队及地方武装之枪机被敌抢去在五千余支，地方牛羊被赶去一万九千八百余头。电台除师直外，分局、山纵各损二架，其他各部队、军区、地方政权人员、武器、马匹、财物、粮食、房屋等均受损失，详情由朱罗黎另报。

陈罗陈②

十四日

---

① 原文如此，计算有误。

② 陈罗陈：指陈光、罗荣桓、陈士榘。

116. 八路军野战卫生政治部损失物资统计表
（1942 年 3 月 14 日）

野战卫生政治部此次扫荡损失物资统计表

名称	地点	数量	价值	备考
领海盐	青泉沟村	一百四拾贰斤	五六八元	
豆子	黄溪	一八渠斗六斤	七七八元三角	买做豆腐的
煤	黄溪	一八六斤	一七四八元	
麦子	黄溪	二零零斤		散存在黄溪沟老乡家磨面的
火食内办公用香油	黄溪	三九斤三八斤	八七元八四元	
白萝卜	黄溪	一〇〇〇斤	一〇〇元	
纸	东山	一刀半	四五元四五元	
白铁匠家具全套	小山			
足球	新店山	一个		
篮球	新店山上	二个		
风箱	青泉山上	二个	一〇元	
玉麦	青泉山上	十〇〇斤		
排球网	新店山上	一个		
猪刀	新店山上	三把	三五元五零元	
幕布	黄溪	一九块		
剃头刀子	东山	三把	一二零元	
剃头用推子与围裙	东山	各一件	二五元一二零元	
借老乡铁锅	西山			
墨盒	新店山上	三个	一八元四五元	借老乡的
公毯	散放各处	四床		
三八式手子弹	新店	一五〇〇发	二二零元	因无枪故未带
草	黄溪	三五〇〇斤	二三元	

已估价的二二三五·二元

政治部 一九四二年三月十四日

117. 八路军野战供给部反"扫荡"损失报告表

(1942年3月24日)

这一次敌寇扫荡我太行区，使用了最阴险毒辣的猫捕鼠式的奔袭，乘我不备给以突然的进击。这显然是鬼子此次扫荡我根据地特点之一。

正因为如此，使我无足够的长时期的准备。加之敌以较长期的反复扫荡与清剿，搜山挖洞，在个别地区进行很久，所以使我之资材与器皿不无损失与破坏，人员和弹药也有伤亡和消耗，这是使我们引以为遗憾的。

由于年前有三个月甚至还要多一点的长期准备，虽这次准备不长，总是避免了庞大的损失，但损失依然还有。为清楚计，现分别述之于下：

一、乾粮厂（榨油厂）

1. 人员牺牲和款子的损失和械弹之耗损：

当敌人进攻西崖底，夜间我与敌遭遇，当即互为鸣枪射击，结果我牺牲干部二名（白耀月、敖云武二同志），消耗弹药二百发，损失长枪一枝，损坏二枝。

白耀月同志牺牲前，借公家钱九十元（伙食钱），除知道的花消是二十二元（买柴草十元、王科员借了［十五］五元、赵拴柱借七元）外，全数失掉了。

敖云武同志原借公家大洋二百三十元，赴武乡除交曹王忠同志一百元外，牺牲后全数失掉，因其自武乡回来会计出了发，故未结算。

以上两宗损失款计一百九十八元无处填补，望给予批准报销，以清手续和便于结算账目。

2. 损失桃仁和饼干，（附表）

二、营业处损失统计（附表）

三、警卫连损失与消耗统计（附表）

四、纺四所损失统计（附表）

五、总务科粮秣损失统计（附表）

六、供给本部伙食单位损失统计（附表）

七、运输队损失统计（附表）

八、军用制造厂厂部损失统计（附表）

九、军用制造厂一所损失统计（附表）

十、军用制造厂四所损失统计（附表）

（附表于后）

营业处损失统计表

队别	品名	单价		数量	金额		损失地点及原因
本处	火柴	430	00	6 箱	2580	00	在南岐沟山洞因山倒震散了
	麻	1	80	1600 斤	2880	00	在和尚岐南岐沟山坡上被敌发觉焚烧
	骡子			4 头	6000	00	在小费沟小村内被敌包围牵去了
	小米	0	60	3800 斤	2280	00	在羊家岐周家坮窑洞内被敌挖出焚烧
	洋丁	3	50	8.5 斤	29	75	在三里庄地洞内被敌挖出贼盗去
	合计				13769	75	
一分社	水烟	0	65	685 包	445	25	在杨树林地洞被敌挖出烧三百余包其余湿坏
	白面	0	963	77 斤	74	10	在桐峪地洞被敌挖去
	谷草			718 斤	59	80	在桐峪被敌烧了
	合计				579	15	
二分社	猪	50	00	1 口	50	00	在马家庄被敌打死
	合计				50	00	
三分社	棉花	6	50	40 斤	260	00	在拐儿镇山上敌放火烧山烧去
	合计				260	00	
四分社	谷草			300 斤	30	00	在洪水街上烧去
	合计				30	00	
五分社	小称	8	00	1 杆	8	00	在芹泉地洞内敌挖去烧掉
	小米	0	80	100 斤	80	00	同上
	玉茭	0	50	50 斤	25	00	同上
	被子	30	00	3 床	90	00	同上
	棉衣	30	00	2 件	60	00	同上
	账箱	10	00	1 个	10	00	同上
	椽子	0	65	54 根	35	00	在芹泉准备盖房被敌烧去
	菱子	9	00	2 捆	18	00	同上
	酒罐	15	00	1 个	15	00	在地洞内被敌挖出损坏

队别	品名	单价		数量	金额		损失地点及原因
五分社	铁锅	30	00	2 个	60	00	同上
	水缸	20	00	1 个	20	00	同上
	大称	60	00	1 杆	60	00	同上
	羊油	4	40	40 斤	176		同上
	利华皂	1	20	52 条	62	40	同上
	牙粉	4	00	4 打	16	00	同上
	袜子	1	30	6 双	7	80	同上
	毛巾	2	20	12 条	26	50	同上
	白酒	3	50	28 斤	98	00	同上
	狗皮	4	50	1 张	4	50	同上
	麻包	10	00	3 个	30	00	在十字沟窑洞内敌挖出去烧
	马灯	20	00	1 个	20	00	同上
	桃仁	1	00	3036 斤	3036	00	在敌驿托商人保存被敌抢去
	白麻	2	50	37.5 斤	93	75	同上
	桃仁箱	3	20	50 个	160	00	同上
	麻绳		75	40 条	30	00	同上
	老麻	2	20	187 斤	411	40	在于岭托商人保存被敌烧去
	席子	2	30	40 张	9	20	在十字沟被敌烧去
	合计				4662	55	
肥皂所	谷草		10	8009	80	00	
	合计				80	00	
总计					19431①	45	

警卫连物品损失子弹消耗统计表

数目 类别 项别	六五步枪弹	七九步枪弹	山药蛋	食盐	附记
消耗	20 发	180 发			在大林口山上打敌人敌死一人伤四人
损失			950 斤	28 斤	被偷去
合计	20	180	950	28	

---

① 原文如此，计算有误。

纺四所损失统计表

存放地点	存放何物	原存数目	损失数目	损失原因
前柴城交沟	麦子	250 斤	70 斤	存放村副家里，敌人到村里去把席条毁了
麻田	玉茭	130 斤	100 斤	当时搬不出，敌人来到没有进村，后来来了二土匪抢去了
北柳背	粉条	20 斤	20 斤	就是这次敌人在车峪来了，我们住土岭岐从十二号夜晚出发经过柳背捆不好驮子失掉了

总务科粮食损失统计表

存粮地点	粮食种类	损失数量	受损原因
下庄	玉茭	1520 斤	敌在下庄挖开窑洞将粮食给以毁坏（内有拨军实处 1420 斤）
大南庄	小米	1200 斤	敌至挖开窑洞全部给以烧毁
后庄	小米	3400 斤	在后庄后山被敌人全部烧掉了
合计		6120 斤	

供给本部伙食单位损失统计表

损物名称	损失数量	单价	合计金额	损失原因
水缸	3 个	110	330	在大林口南山上被敌打碎
大铁锅	1 口	120	120	同上
风箱	1 个	70	70	在大林口南山被敌人烧了
谷草	8200 斤	0.07	574	分散河滩和山上被敌烧了
合计			1094	
马	1 匹			因饲养不好而病死了

运输队损失统计表

名称	数量	金额		附记
麸子	370 斤	92	50	被老百姓偷去了
麦子	200 斤	200	00	同
便衣	4 套	200	00	同
蜂蜜	40 斤	120	00	同
谷草	2000 斤	140	00	难民烤火烧了
核桃油	6 斤	186	00	被偷去
合计		938	50	（以上损失在官滩松岭沟等地）
骡子	4 匹			一头被敌冲散一头生病死了二个是夜间搬东西（情况紧张时）摔死了

军用制造厂厂部损失统计表

数目 类别 / 类别	小米	玉茭	子弹袋	旧棉上装	旧棉下装	绑带	骡子	附记
敌烧数	1350 斤	2637 斤	80 条	76 件	58 件	1760 双		一、全部被烧是放在南庄和四里庄山上的
政府没收	3241 斤	3900 斤						二、被政府没收是邢西第八区政府做的
他部吃掉	48500 斤	2630 斤						三、他部（十六团）吃掉在沙河邢西二区王庄的
其他							2 匹	四、子弹带是平头下庄被敌烧去
价值			1200 元					五、绑带棉衣在口不沟被敌烧掉
合计	53091 斤	9167 斤						六、牲口二匹死掉一是驮资材跌死了一是被其他牲口给踢死了

1286

军用制造厂一所损失统计表

名称	数量	金额		附记
棉花	125 斤	1187	00	在东山上存放被老百姓偷去了
蓆子	42 块	168	00	在下庄被敌烧了
木料	3 根	45	00	同
案板	9 块	405	00	同
木炭	2429 斤	435	80	同
木凳	9 个	45	00	同
弹花机大轮	4 个	600	00	同
石炭	15204 斤	2736	00	同
风门	6 个	120	00	同
花包	6 个	300	00	同
合计		6091①	80	

军用制造厂四所损失统计表

名称	数量	金额		附记
磁缸	10 个	300	00	在官滩丢的
布	6 丈	80	00	
合计		380	00	

以上所呈造之表格均请备案，须报销者望予批准，该补充者亦望批发（款项）购买，以便进行工作。

此外我们提出以下两点意见：

一、编制表遗漏的人员：

1. 油坊每个榨须加管理榨（监督员一个）一人，保管员因原来饼乾、粮食、桃仁等就不够照管，打出来的油很多，就需保管员，所以需加二人。

2. 纺织厂需要增加司药一名（因为数百人取药要人管理），另外加粮秣员一员，因为冀西粮食比山西收集困难。

3. 军用制造厂数百人无理发员，军人习艺所也没有理发员和卫生员，均需增加。

---

① 原文如此，计算有误。

二、原军实处副处长钟连叶同志年纪有五十多了，作其他工作实有不便，况且他作被服工作甚久，对此较为熟悉，就连陈挽南说还是后配的，况且现在钟尚无分配其他工作，我们意见请批准军用制造厂设一副厂长由钟担任。

以上二点是否有当均请裁夺为盼。

此呈

十八号

周玉成

周文龙

118. 八路军野战卫生部卫生学校物资损失报告表
（1942 年 3 月）

根据敌人在这次扫荡中我部所损失的东西列表如下：

杂项

种类	数目	价值	总计	备考
油印机	1 只	500 元	500	这些东西除油印机及箱子外，都是准备开会用的，在山上驮子摔了，烟火着了，纸等被烧，油印机等是摔坏
粉连纸	3 刀	108 元	108	
纸烟	15 包	21 元	21	
箱子	3 个	45 元	45	
烟火	1 包	1.8 元		
合计		675.8	675.8	

生产物质

种类	数量	价值	埋藏地点
谷子	760 斤	366 元	黄漳西山与西北山
山药蛋	1020 斤	115 元	黄漳村老乡窖内
萝卜	420 斤	42 元	黄漳老乡地窖内
讲义	300 份	600 元	黄漳东山
共合洋 1123 元			

损失公物统计表 （一所）

数目／科目／项目	原有数	现有数	损失数
公毯	120 床	63 床	57 床
公垫	60 床	25 床	35 床
公枕	60 个	38 个	22 个
汗衣上装	120 件	119 件	1 件
汗衣下装	120 件	104 件	16 件
大衣	60 件	34 件	17① 件
棉袜	60 双	44 双	16 双

---

① 原文如此，计算有误。

职别	姓名	数目	地点及其损失原因
一所管理员	程维都	120 元	共保存五千元地点不知被人偷去
院部特干	任补生	36 元	保存 2000 元在周泉埦被袭击敌追跳崖而散了的
一所医生	杜兴中	10 元	保存两仟元地点及原因不明
本院政委	马宗璜	6 元	保存壹仟元错了手续
野政干部科科员	张靖武	7.42 元	保存六百元莫名其妙

数目 单位 ＼ 科目	小米	白面	玉荾	麦子	损失地点
一所	134				辽县皇家庄大楼上
二所	1857.5	405	405		辽县雨水埦窖洞内
三所		472		516	黎城南委泉水磨上
合计	19257.5	405①	405	516	

部别	驴骡马	数目	地点及原因损失
本院	洋马	1 匹	在周家坟敌人袭击被敌抢走
本院	骡	4 匹	同
休养员	马	1 匹	同
二所	驴	2 匹	死亡
合计		8 匹	

此致

敬礼

王学富

任付毅

1942 年 4 月 3 日

---

① 原文如此，计算有误。

生产用具

种类	数量	价值	埋藏地点
镢头	58	290 元	这些东西均藏于黄漳
锄头	9	36 元	村西头地洞内及黄
菜耙	1	8	漳北山窖洞内的
锯子	1	4	
共洋 338 元			

整个损失统计

类别	价值（元）
杂项	675.8
生产物质	523.0
生产用具	338.0
合计	1536.8 元共 2136.8 元（连讲义）

以上就是我们所损失的东西。

经验教训：

1. 东西若藏在老乡的地窖内藏亦等于不藏。

2. 东西若藏在山沟里须离人家较远的地方，经手能不叫人知道，即使知道，亦应是很少很少的人。

3. 物资若随队伍行动，驮架必须搞好，需派专人掩护，尤其是上山时更需一人照顾一个牲口。

此呈

钱部长①

孙政委②

涂锡道

---

① 钱部长：指钱信忠。

② 孙政委：指孙仪之。

119. 晋察冀军区 1、2 月份连以上干部伤亡统计报告
（1942 年 4 月 21 日）

叶左[①]：

一二月份连以上干部伤亡简历及排以下数目如下（包括一、二、三、四分区）：

（1）一月份：

（一）亡：

1. 一分区二十团三营副政教田倜磷，二三岁，冀肖宁，一月十日于徐水郑家庄；六团一营政教张敬万，二四，赣上饶，子董于后计病亡；八团一营一连长杜升殿，三十，冀昌乐子，皓于易县南洪村。排以下共四七名（内病亡九名）。

2. 二分区排以下共三九名。

3. 三分区排以下共十二名。

4. 四分区平山游击大队政委阎敬康，二三，冀平山，于子；九区队五连政指许大着，二三，冀平山官窑，丑江于西头镇；八区队四队政指刘忠元，二四，冀雄县，子于白庄；分区侦察队长谢文哀，三五，冀束鹿，子梗于泽营西北；九区队二连副郑宝连，二六，晋河津，子马于西；排三险岭九，内干四战六，以下〈上〉连级共亡三，排以下共四四，伤一六。

（二）伤：

1. 一分区一团一营二连长张德铭，三七，鲁郓城，一月于易县胡庄；一团一营二连政指王思，二四，秦福平，一月于易县胡庄；二十团三营部副政指王公亚，二三，冀肖宁，一月于徐水郑家庄；排以下七三。

2. 二分区四区队一大队政教郑寿财，三十，赣万安，一月十一日于代县潭池沟；四区队一大队分队长高作东，三十，晋赵城，一月寒日于代县东山底；排以下共一三。

3. 三分区排以下共一六。

4. 四分区五团五连政指李芳庭，二一，冀平山，一月寒日于灵寿南寨；九区队二连长刘克东，三一，灵寿，一月马日于平定县西头岭；排级六班级一三，战士四九，共五八；共伤连以上七，排以下共六十。

---

① 叶左：指叶剑英、左权。

（2）二月份：

（一）亡：

1. 一分区后方医院指导员程忠思，二五岁，冀新城，二月江于易县；七团三连政〔指〕王忠堂，二三，秦延安，二月筱于易县；三团二连政〔指〕邵家祥，二四，冀满城，二月筱于易县。

2. 二分区战九。

3. 三分区排一战二共三。

4. 四分区九区队六连政〔指〕宋出口，二三，冀平山；排三班二，战一六，病亡战一五共三六。共亡连以上四排以下四八。

（二）伤：

1. 一分区排一班六战士二一共二八。

2. 二分区排二班二战八共一二。

3. 三分区骑团侦察连长何之武，二七，秦延安，二月灰日于定县；班二战二共四。

4. 四分区九区队特务连机枪教员许呈祥，二六，冀平山，二月马日于平定；政指崔剑亭，二六，冀平山，三六团三连长刘英辉，三六，冀大名，二月于平山；排二班九，战二九共四十。共伤连以上四，排以下八四。

四月二十一日

120. 军委总政治部组织部百团大战后牺牲干部调查表
(1942 年 5 月 20 日)

百团大战后牺牲干部调查

说明：

这个材料是于情报部、一局、电文及本部调查中汇集而成，材料不多，前方报告可能不全，时间又短（七天）估计有些遗漏——即实际不止此数，这只好将来填补。

总政组织部

一九四二年五月二十日

目次：

一、统计表。

二、牺牲的旅级干部简历。

三、牺牲的团级干部简历。

百团大战后干部牺牲统计表：

级别 \ 数目 \ 部队	一一五师	一二零师	一二九师	晋察冀	冀中	山东纵队	新四军	总计
旅级	2	1	9	2	3	1	4	19①
团级	3	12	19	16	18	4	11	71②
营级	40	12		41	22	12	14	131③
连级	153	97	9	45	147	37	38	485④
排级	355	111	14	69	244	56	69	848⑤
总计	553	233	51	173	434	111	136	1554⑥
说明								

第二部份：牺牲的旅级干部简历：

杨忠同志——115D 教导六旅政治部主任，江西人，33 岁，雇农出身，三零

---

①②③④⑤⑥　原文如此，计算有误。

年入伍，同年入党，历任宣传员、组干、政指、教导员、地方工作科长、政治处主任、团政委、副支队长，四一年九月指挥作战牺牲。

赖国清同志——鲁南三军分区司令员，四一年八月牺牲。

刘德明同志——新军二纵队副司令员，陕西人，31 岁，雇农出身，曾在廿六路军当兵，31 年宁暴入伍，同年入党，历任排、连长、参谋、团长、支队参谋长、晋东南分区司令员，四二年二月于反扫荡中牺牲。

董天知同志——决死三纵队政委，河南人，29 岁，曾任北平青年团市委书记，被捕，不屈不挠，36 年出狱，任牺盟总会执委，抗先总队长，民青总团部执委，决死三纵队政治主任，三纵队政委兼山西五行政区保安司令部政治主任，百团大战中牺牲。

苏精诚同志——129D386B 政治部主任，福建人，27 岁，学生，32 年入伍，次年入党，历任宣传队长、宣干，俱乐部主任，科长，旅副主任，主任，四一年一月于山西武乡战斗牺牲。

范子侠同志——太行六分区司令员。江苏人，35 岁，中学生，曾任国民党部队中连营团长，35 年入李守信部，36 年反正任鹿钟麟部团长，38 年入我 129D。次年入党，任十旅旅长兼太行六分区司令员，于四二年春反扫荡中阵亡。

郭国言同志——太行三分区司令员，湖北人，30 岁，31 年入党，历任班长、政指、教导员、团政委、团长、新军三纵队副司令员，于四二年二月反扫荡中牺牲。

刘寿松同志——129D 新七旅政治主任，江西人。38 岁，农民，30 年入伍，次年入党，历任宣传员、分队长，政指、教导员，教育科长、团政委、旅主任，百团大战中牺牲。

陈元龙同志——129D 新四旅政治主任，河北人，大学生，32 年开始反日活动，37 年组织青年义勇军、38 年编为 129D 四旅，同年入党，任旅副主任，百团大战后牺牲。

杨宏明同志——太行一分区司令员，百团大战后牺牲。

孙毅民同志——太行一分区政治主任，河北人，31 岁，36 年入党，作地方党的工作，百团大战后牺牲。

刘海涛——山纵二旅副旅长兼鲁中军区司令员（41 年 11 月亡）。

张凤阁同志——决死一纵队政治部主任，百团大战后牺牲。

熊德臣同志——晋察冀二分区参谋长，河南人，34 岁，农民，29 年入伍，后入党，历任排连团长等职，百团大战后牺牲。

包森同志——冀东十三分区司令员，陕西人，26 岁，学生、党员，三五年入伍，曾任总支书记，团长兼政委，于四二年二月在遵化作战阵亡。

刘子超同志——山东纵队宣传部长，江苏人，30 余岁，大学生，曾被捕自首过。41 年牺牲。

罗志毅同志——新四军十六旅旅长，湖北人，35 岁，中学生，任过廿六路排长，31 年宁暴入伍，次年入党，历任连长参谋参谋长，分区司令员，于四一年十一月阵亡。

廖海涛同志——新四军十六旅政委兼主任，福建人，29 岁，中学生，30 年入党，曾任区苏维埃秘书、副主席、县裁判部长、游击大队政委、上杭党政军委会主任、团长等职，于四一年十一月阵亡。

林英俭同志——新四军代四旅旅长，河南人，33 岁，农民，29 年入伍，次年入党，历任班排连营副团长等职，团长，游击纵队长等职，百团大战后牺牲。

朱立文同志——新四军副旅长，原十六旅团长，后代旅长。百团大战后牺牲。

王春霖——129D 新旅政治主任，41 年牺牲。

第三部份：牺牲的团级干部简历：

李绍贤——115D 保卫部一科长，百团大战后牺牲。

李剑絮——115D 保卫部五科长，百团大战后牺牲。

杜　杰——115D 教导六旅敌工科长，百团大战后牺牲。

左清成——120D358B8RR 长，河北武强人，在旧军中任过排连长，39 年编入 120D。同年入党，41 年于阳曲西庄战斗中牺牲。

黄　湘——120D358B8R 副主任，41 年一月牺牲。

林长云——120D 直属教导队队长，41 年一月牺牲。

王贤光——120D 骑兵支队二团团长，湖南人，32 岁，30 年入伍，41 年二月陶庄小南沟战斗中牺牲。

王何全——新军二纵队四团团长，41 年三月阵亡。

宋时升——新军洪赵支队长，41 年三月阵亡。

张文龙——团参谋长，百团大战后牺牲。

张元和——120D 团政治处主任，百团大战后牺牲。

王仪卿——120D 骑兵支队政治部敌工科长，山东人，28 岁，38 年入伍。40年 12 月于武南沟子牺牲。

闫德旺——120D 骑支队政治部组织科长，安徽人。32 岁，31 年入伍，百团大战后于哈哪圪啦牺牲。

秦实菴——120D 二旅六团参谋长，湖南人，31 岁。30 年入伍，34 年入党，41 年三月于黑蛇沟牺牲。

张元基——120D 二旅司令部二科长。山西人 23 岁，37 年入伍，次年入党。历任参谋、股长，1940 年 9 月于大虫容窝牺牲。

谢家庆——129D386B16R，团长，河南人，29 岁，历任班排连营团长等职，40 年于榆社云簇战斗牺牲。

龙熙——386B16R 副团长，40 年十月于沁县龙涩崖牺牲。

廖绍杭——386B17R 参谋长，41 年五月同蒲路战斗牺牲。

李林——129D 九旅二五团团长，于百团大战时在龙华广川战斗牺牲。

肖庆深——八旅团政治主任，百团大战时于山东朝城战斗中牺牲。

荣子文——九旅二七团副团长，40 年百团大战中龙华广川战斗时牺牲。

王顺则——9B27R 政治主任。百团大战龙华广川战斗牺牲。

吴子彦——9B29R 副团长。百团大战中阵亡。

肖伟成——129D386B 供给处长，河南人，40 岁，31 年入党，次年入伍，历任队长、供给处长等职，百团大战后牺牲。

李良贤——太行一分区三一团副团长，四川人，31 岁，工人，33 年入伍，次年入党，历任连长等职，41 年牺牲。

曾林——太行二分区卫生处长，百团大战后牺牲。

邹林——冀南军区直属特务团政治主任，百团大战后牺牲。

桂承志——129D 新四旅一团政委，湖北人，32 岁，32 年入伍，次年入党，历任政指教导员职，41 年牺牲。

吴定一——平汉纵队团参谋长，40 年八月于辽县战斗中牺牲。

白俊士——平汉纵队五团政治主任。40 年八月于新乐东柳战斗牺牲。

郝延先——决死三纵队团主任，百团大战后牺牲。

杨凤明——决死三纵队团主任，百团大战后牺牲。

郭嗣璜——决死三纵队团主任，百团大战后牺牲。

陈萍——决死三纵队团主任，百团大战后牺牲。

王达——晋察冀二分区组织科长，吉林人，27 岁，高中学生，37 年入党，次年入伍，41 年九月于平山西北黄家沟牺牲。

张国瑞——二分区区队参谋长，河北人，41 年七月于五台北下车铺阵亡。

赵宽元——六分区区队长，河北人，32 岁，41 年六月在五台阵亡。

王（石）博——晋察冀游击军司令员，40年十一月于曲阳阵亡。

郝玉明——晋察冀游击军副主任，河北人，31岁，学生，37年入伍，同年入党。曾任供给部政委，40年十一月于曲阳张家沟阵亡。

苏士茂——副支队长，河北人，33岁，41年二月于①

---

① 原文如此。

121. 八路军第 120 师春季反"扫荡"烈士名册
(1942 年 5 月)

春季扫荡烈士名册

一九四二年五月

于恶虎滩

烈士登记表

队别		旅侦察连	侦察连	
职别		侦察员	班长	
姓名		艾林荣	赵世有	
年龄		21	29	
籍贯	省	河北	四川省	
	县	新城	沧岐县	
	区乡	占岗镇		
	村			
家庭通讯处及收信人姓名		本县占岗镇		
家庭经济地位		人十二口地二十亩房五间	独自一人	
入伍年月		1940 年 6 月小武子村入伍	1933.6 本县入伍	
任过什么工作		任副班长	副班长班长	
亡故经过		被敌包围	被敌包围	
亡故地点		阳曲	岚县四沟村	
亡故年月		1942 年 2 月	1942 年 4 月	
何时入党		1940 年入党	1936 年入党	
备考				

烈士登记表

队别				
职别		总务科长	锄奸	政治侦察员
姓名		胡先明	黄金贵	吴宪章
年龄		35	30	26
籍贯	省	湖北	湖北	河北
	县	江陵	云溪 <郧西>	博野
	区乡			
	村		黄家湾村	屯庄
家庭通讯处及收信人姓名			陕西桥底镇交黄金财	
家庭经济地位			人二口租房一间	人五口地七亩房七间
入伍年月		1930 年入伍	1936.12	1939
任过什么工作			战士、班、排长、政指	班长
亡故经过		今春扫荡和敌人遭遇	被叛徒打死	同
亡故地点		兴县	阳曲	阳曲
亡故年月		1942.2	1942.2	1942.2
何时入党		1935 年	1937 年	1940 年
备考				

烈士登记表

队别		军医处	训练队	
职别		供给员	学员	
姓名		李蒋茹	许根录	
年龄		29	19	
籍贯	省	河北	同	
	县	饶阳	同	
	区乡			
	村	马长屯	许家堡	
家庭通讯处及收信人姓名		本村李振声	本村许树行	
家庭经济地位		人七口地十二亩房三间欠债180元	人十三口地十亩房三间	
入伍年月		1939 年	1939 年 5 月	
任过什么工作		油印员文书	看护班长看护长	
亡故经过				
亡故地点		山西兴县窑上	同	
亡故年月		1942 年 2 月 6 日	同	
何时入党		1940 年 2 月	1939 年 7 月	
备考				

烈士登记表

队别				旅司令部	旅司令部
职别		敌干		参谋	参谋
姓名		姚云生		张耀如	李寿长
年龄		24		26	21
籍贯	省	河北		河北	河北
	县				饶阳
	区乡				
	村				
家庭通讯处及收信人姓名					
家庭经济地位					
入伍年月				1939 年入伍	饶阳 1939 年入伍
任过什么工作					
亡故经过		作敌占区工作打死			侦察敌人被敌发觉被围自杀
亡故地点		忻州			临县
亡故年月		1942 年 1 月		1941 年冬	1942 年 11 月
何时入党				党员	
备考				在兴县因病不能行走被敌刺抬回牺牲	

烈士登记表

队别		六团三营营部	二连	同
职别		副排长	战士	同
姓名		王章厚	李永山	李向义
年龄		25	28	35
籍贯	省	山西	冀	同
	县	五寨	固安	无极
	区乡	三区	七区	
	村	野子村	马庄	西石村
家庭通讯处及收信人姓名		本村王起有	本村李荣顺	本村交李应小
家庭经济地位		人四口地三十亩房无	房二间人四口地无	房三间地六亩人六口
入伍年月		1937 年	1939 年 7 月	1938 年 8 月
任过什么工作		班长	同	
亡故经过		被敌包围突围时阵亡	掩埋	同
亡故地点		季家梁	交口战斗	同
亡故年月		3 月 20 日晚	1942 年 2 月 31 日	同
何时入党		38 年六月入党	1940 年	非
备考				

烈士登记表

队别		六连		
职别		战士	同	伙夫
姓名		耿爱国	池有茂	王贵武
年龄		18	22	27
籍贯	省	晋	同	冀
	县	阳曲	岚县	新城
	区乡	一区	同	同
	村	杏林坪	黄草梁	马庄
家庭通讯处及收信人姓名		本村耿宝全	本村池基茂收	本村本人
家庭经济地位		人五口地十五亩房二间	人三口房一间地五亩	人五口房三间地无
入伍年月		1941年2月	1941年6月	1938年5月
任过什么工作		战士	同	同
亡故经过		固守山头被敌猛烈机枪扫射阵亡	战斗开始后固守阵地被敌炮击死	撤通时随大行李到山头被敌炮击而亡
亡故地点		在楼圪台	同	同
亡故年月		1942年2月16日	同	同
何时入党		非	同	同
备考		原是八连的	同	

烈士登记表

队别		六连		五连
职别		副连长	副班长	战士
姓名		白荞里	孟招才	宋福常
年龄		36	26	20
籍贯	省	四川	冀	同
	县		深县	任丘
	区乡		三区	
	村	乐极镇	大陵肖	
家庭通讯处及收信人姓名		本镇	本村	
家庭经济地位		人五口房四间地二十亩	人三口地五亩房二间	
入伍年月		1936年5月	1939年10月	39年
任过什么工作		排班		战士
亡故经过		率领一排失联［络］放警戒疏忽受敌袭而死	固守阵地被敌炮击死	固守阵地伤亡
亡故地点		季家凉	恶虎滩	同
亡故年月		1942年2月25日	42年2月10日	同
何时入党		1937年1月	40年3月	非
备考				

烈士登记表

队别		机枪连	营部	团直特务连
职别		班长	侦察员	战士
姓名		陈聚永	马其明	王汝成
年龄		28	26	26
籍贯	省	冀	同	同
	县	安平	河间	蠡县
	区乡	一区		四区
	村	王哥庄		保曲村
家庭通讯处及收信人姓名				本村交王桥
家庭经济地位				人四口地七亩房四间
入伍年月		1939 年 1 月	1939 年 4 月	1939 年 6 月
任过什么工作				
亡故经过		被敌击毙	同	
亡故地点		青阳沟	同	老黄底
亡故年月		2 月 25 日	同	1942 年 2 月 25 日
何时入党		1939 年 3 月	1939 年 7 月	非
备考				

烈士登记表

队别		特务连		供给处
职别		战士	同	主任
姓名		史德胜	赵金生	李国文
年龄		32	21	38
籍贯	省	冀	晋	湖北
	县	任丘	忻州	石首
	区乡	八区		
	村	黄家村	南马村	
家庭通讯处及收信人姓名		本村史德义	本村交赵子仁	本人是织布工人房地均无
家庭经济地位		人十口地三十亩房二间	人四口地十亩房三间	1934 年
入伍年月		1939 年 7 月	1940 年 9 月	班长出纳会计
任过什么工作		战士	同	
亡故经过				被敌包围伤后被捕杀
亡故地点		老黄底	同	杨会岩
亡故年月		2 月 15 日	同	1942 年 2 月 21 日
何时入党		1939 年 10	非	1935 年
备考				

烈士登记表

队别				
职别		粮秣员	会计	参谋
姓名		宪连龙	姜塘之	张崇厚
年龄				
籍贯	省			山西
	县			芮城
	区乡			
	村			
家庭通讯处及收信人姓名				
家庭经济地位				
入伍年月				
任过什么工作				
亡故经过		被敌包围敌捕去	同	同
亡故地点		杨会岩	静乐水峪	同
亡故年月		2 月 21 日	2 月 10 日	同
何时入党		党员	同	党员
备考			在酒房里被俘	因病在酒房休息被俘

烈士登记表

队别		特务连		
职别		侦察排长		
姓名		张继		
年龄		29		
籍贯	省	山西		
	县	寿阳		
	区乡			
	村	胡家侯村		
家庭通讯处及收信人姓名		本村交本人		
家庭经济地位		人六口地三十亩房三间		
入伍年月		1937		
任过什么工作		班长		
亡故经过		被敌包围		
亡故地点		兴县西坡		
亡故年月		42 年 2 月 16 日		
何时入党		1938 年		
备考				

烈士登记表

队别	七团二营六连	同	同
职别	伙夫	战士	战士
姓名	朱贯生	段茂林	刘石山
年龄	34	19	25
籍贯 省	河北	山西	河北
籍贯 县	安平	静乐	深泽县
籍贯 区乡			
籍贯 村	否岁村	洛马庄	
家庭通讯处及收信人姓名			
家庭经济地位			
入伍年月	1939 年 7 月入伍	1940 年 2 月入伍	1942 年 2 月入伍
任过什么工作			1940 年 5 月入党
亡故经过	方山县神堂沟被袭亡	方山神堂沟被受刺刀亡	方山神堂沟受袭负伤过重亡
亡故地点	方山县神堂沟	方山神堂沟	方山神堂沟
亡故年月	1942 年 2 月 17 日	1942 年 2 月 17 日	1942 年 2 月 17 日
何时入党	不是	不是	正式党员
备考			

烈士登记表

队别	七团特务连	七连	九连
职别	副班长	战士	副班长
姓名	柴宗玉	赵根耀	李英杰
年龄	24	23	22
籍贯 省	河北	河北	河北
籍贯 县	安新县	安平县	晋县
籍贯 区乡			
籍贯 村	韩传村		
家庭通讯处及收信人姓名	本村收	交本村赵老潘	本村收
家庭经济地位	房三间人三口地十亩		房四间地五亩人四口
入伍年月	1938 年 5 月入党	1939 年入伍	1938 年入伍
任过什么工作	班长	任班长	干特务员
亡故经过	塔疙疸战斗亡	为坚决掩护大行李被敌围亡	静乐塔疙疸阵亡
亡故地点	静乐塔疙疸	静乐塔疙疸	在段家山上
亡故年月	1942 年 2 月 19 日	1942 年 2 月 19 日	1942 年 2 月 19 日
何时入党	正式党员		党员
备考			

烈士登记表

队别		六连		
职别		战士	工人	运输员
姓名		李振英	冯登受	曹风池
年龄		22	31	28
籍贯	省	河北	河北	同
	县	安平	饶阳	
	区乡			
	村			
家庭通讯处及收信人姓名				
家庭经济地位				
入伍年月		1939 年入伍	1939 年入伍	同
任过什么工作		班长	战士	
亡故经过		塔疙屯战斗阵亡	在孙家庄被俘	在沟门前被俘
亡故地点		静乐塔疙屯		
亡故年月		1942 年 2 月 19 日		
何时入党		党员		
备考				

烈士登记表

队别		八团一营二连		
职别		二排长	七班长	战士
姓名		刘配生	王桂和	董苍
年龄		25	24	20
籍贯	省	陕西	河北	河北
	县	藤县	新城	饶阳
	区乡			
	村			
家庭通讯处及收信人姓名				
家庭经济地位				
入伍年月		1936 年入伍	1940 年入伍	1939 年入伍
任过什么工作			党小组长	
亡故经过		打腰腹部阵亡	打头部阵亡	打腰部阵亡
亡故地点		岚县花家沟	同	同
亡故年月		1942 年 2 月 21 日	同	同
何时入党		党员		党员
备考				

烈士登记表

队别				一连
职别			伙夫	五班长
姓名		段景	李正山	朱德玉
年龄		20	37	29
籍贯	省	河北	河北	河北
	县	饶阳	赵县	新城
	区乡			
	村			
家庭通讯处及收信人姓名				
家庭经济地位				
入伍年月		1939年4月入伍	1940年4月入伍	1938年入伍
任过什么工作				
亡故经过		爆炸阵亡	阵亡	伤头部阵亡
亡故地点		同	同	同
亡故年月		同	同	同
何时入党		群众	群众	党员
备考				

烈士登记表

队别		三连	二连	二连
职别		战士	战士	伙夫
姓名		皮林生	康如同	张志中
年龄		17	31	33
籍贯	省	河北	山西	山西
	县	雄县	宁武	
	区乡			
	村			
家庭通讯处及收信人姓名				
家庭经济地位				
入伍年月		1939年入伍	1941年入伍	1940年入伍
任过什么工作				
亡故经过		重伤未下来	负伤未下来阵亡	负伤不明
亡故地点		同	同	岚县花家沟
亡故年月		同	同	1942年2月21日
何时入党		群众	群众	
备考				

烈士登记表

队别				
职别		战士	同	文书
姓名		霍军明	朱庆奎	赵春生
年龄		22	30	20
籍贯	省	冀	山西	冀
	县	献县	太原	蠡县
	区乡			
	村			
家庭通讯处及收信人姓名				
家庭经济地位				
入伍年月		1939 年	同	同
任过什么工作				
亡故经过		重伤		
亡故地点				
亡故年月				
何时入党		非	1934 年	同
备考		未弄下来	同	同

烈士登记表

队别		九连	二连	二连
职别		连长	伙夫	战士
姓名		刘光清	张昌中	张万发
年龄		24	35	33
籍贯	省	湖南	山西	河北
	县	澧县	兴县	饶阳
	区乡			
	村	刘家林	井邑村	西强民庄
家庭通讯处及收信人姓名		本村公所		本村村公所代收
家庭经济地位		人六口	人三口地三亩房三间	人三口地无房二间
入伍年月		1935 年 8 月	1938 年	1940 年 2 月
任过什么工作		班、排长	战士	
亡故经过				
亡故地点		吴家岔	吴家岔	吴家岔
亡故年月		1942 年 4 月 23 日	1942 年 3 月 27 日	1942 年 3 月 28 日
何时入党				
备考		病亡	伤亡	伤亡

烈士登记表

队别		九连		九连
职别		四班长		副班长
姓名		孟庆斌		芦信
年龄		21		20
籍贯	省	河北		河北
	县	肃宁		清苑
	区乡			
	村			
家庭通讯处及收信人姓名				
家庭经济地位		人六口地八亩房五间		人九口地□□房七间
入伍年月		1939 年 6 月伍		1939 年入伍
任过什么工作		战士副班长		
亡故经过		战斗阵亡	伤部位及轻重	左肩重伤
亡故地点		宁武石家庄		宁武石家庄
亡故年月		1942 年 4 月 6 日		4 月 8 日
何时入党		1940 年 12 月入党		党员
备考				

122. 晋察冀军区 3 月份伤亡统计报告
（1942 年 6 月）

左叶①：

三月份伤亡统计（一二三四分区）：

（一）亡：一分区排二班二战士一六，共二十；二分区排一战士五共八；三分区骑团一营副政教李智光，二十七岁，冀安新，寅江于唐县；高和骑团九连副连长刘团佳保，冀阜平，寅微于唐县；都亭十连副连长王兴贵，二十七岁，豫滑县，寅微唐县；都亭排一班三，战士七共一四。

（二）伤：

1. 一分区一团一连副连长郝旭，二十岁，冀徐水，寅筱于易县薛娄山，右肩重；排一班二战士三十共三四。

2. 二分区排二班一战四共七。

3. 三分区排一班六战九共一六。

4. 四分区三五团侦察连副赵安然，二三，冀高阳，寅敬于平山东苏家庄，右腿重；战二共三。

计亡连以上三，排以下三七，伤连二，排以下五八。

（缺署名）

（军区来）

---

① 左叶：指左权、叶剑英。

123. 晋察冀军区 4 月份伤亡统计报告

(1942 年 6 月)

左叶①：

四月份伤亡统计报告（一二三四分区）：

（一）亡：

1. 一分区排一班四战〔四〕八，受训练学员三，共亡一六。

2. 二分区排一战一三共一四。

3. 三分区七区队武装宣传队长郭子杰，二八，冀完县，四月佥于完县大王庄；七区队敌军干事曲口，二十，冀正定，于上同；战士三共五。四分区班二战七共九。

（二）伤：

1. 一分区三团三营副刘金华，二八，赣瑞金，卯有于易县杨家庄；轻三团十一连长彭永胜，二八，赣城武，卯有于易县台鱼；轻三团二连长韩金铭，二五，鲁成武，卯有于易县武家庄，胸部；重三连长张玉耀，三十，鲁清平，卯元于易县荆山；轻三区队四支队一连长马凤岗，三十四，冀涞源，卯寒易县钟家庄，胸重；十连长曾宪金，二十七，赣兴国，卯×于易县钟家店，腿重。

2. 二分区四团十一连长马青海，二四，冀定县，卯铣丹五台松岩口，轻；排级一班五战一九共二九。

3. 三分区班一。

4. 四分区排一班四战三一共三六，计亡连二排以下三五，伤连以上七，排以下六二。

唐②

---

① 左叶：指左权、叶剑英。
② 唐：指唐延杰。

124. 冀中军区第6、7、10军分区干部伤亡情况报告
（1942 年 7 月 4 日）

叶左唐[①]：

（一）六分区：一团伤政指延宝珍，二十，冀新城；副政指刘樯杉，一九，冀博野。排长肖丙彬，二四，冀博野；孙丰兴，二七，冀束鹿；副排长姚连海，二八，豫枫邪；张满庆，二七，冀定县；副团长张铭华，二七，湘浏阳，于一月十九日在深县浅庄负伤。亡排长王羿，二九，冀博野；副排长周凤岐，二十，冀宁晋；二团伤排长冯子丹，三三，冀深泽；副排长冯子义，冀晋县；四四地区队伤政指连保山，二七，冀宁晋；连长左方，三十，冀河间；政委宋开元，二三，冀深县；副排长冯志义，二四，冀晋县，于一月十九日在宁晋朱家庄负伤。亡政指宋学廉，二五，冀饶阳。共伤团级二，连级四，排级六；亡连级一，排级六，亡连级一排级六，计一五。

（二）七分区：十七团伤政指王子武，二一，冀无极；副政指周从善，二三，冀无极；赵永丹，二四，冀定县；赵先海，二二，冀清苑；排长田润民，二五，冀高阳；刘王臣，三八，冀固安；曾馨凤，二九，冀蠡县；副连长李致华，二五，冀蠡县。亡文教胡凤之，三三，冀清苑。

（三）二二团伤政指左先富，二三，冀盂县；副排长钟铭场，二二，二月份干部伤一；八大队伤队长董锌未，二二，冀荟炽。二十大队亡区小队长郑义，二一，冀定县；一五大队亡政指王士忠，三二，冀新乐。共伤连级七，排级四；亡连级二排级一，计一四。

八分区：二三团伤排长陈士俊，二二，冀河间；司务长张进录，二六，冀束鹿；亡政指牟也端，二一，冀深县；连长韩影朝，三一，冀固安；排长王庆山，冀河间；侯丙春，二九，冀河间；副排长余殿珍，二二，冀新乐；文教康徒民，一九，冀深泽。共伤连长二，亡排级三，计八。

（四）十分区：二七团伤教导员刘立甫，二四，冀武强；分支书王松龄，二八，冀新城；二月二三日在博野傅家左负伤；政指牛庆义，二五，高平；邓完盛，三十，豫开封；副政指闫汉文，二一，冀新城；刘少亭，二一，冀永清。亡特派员孙志宽，二八，冀清苑；青干刘全，冀固安；陈迦星，一九，冀蠡县；连

---

① 叶左唐：指叶剑英、左权、唐延杰。

长马津图，三七，冀房山；张指武，二五，热原泉；王允端，三二，鲁临清；政指赵纪东，三十，冀霸县；排长张有才，二四，冀固安；贾厚普，四四，冀固城；郭先炎，二四，冀大名；王保忠，二八，冀永清；石春和，二九，豫石家逡城；马治国，二九，冀蠡县；赵端山，三零，冀霸县；陈德明，四二，冀永清；张鸣和，二九，冀安次；副排长徐宝山，二九，冀霸县；王连生，三零，冀新城；刘政民，二五，冀任丘；王旭生，三十，冀任丘。共伤营级二，连级四，排级二，亡连级八，排级一三，计二九（内政干一二人）。

（五）以上共伤团级二，营级二，连级一五，排级一四，亡连级一四，排级一九，计六六。（九分区骑团后补报）

吕沙①

七月四日

（三纵来）

---

① 吕沙：指吕正操、沙克。

125. 军委总政治部编制的抗战以来各级干部伤亡减少统计表 (1942 年 7 月 7 日)

抗战第四周年八路军伤亡统计

级别 \ 数目 \ 伤亡	阵亡		负伤		各级伤亡总数		备考
	人数	百分比	人数	百分比	人数	百分比	
团级	17	0.09%	37	0.12%	54	0.11%	（一）另有其他伤亡二六零人 （二）山东纵队与一一五师的班级均列在战士项内
营级	113	0.65%	190	0.61%	303	0.63%	
连级	756	4.37%	1240	4.02%	1996	4.15%	
排级	1000	5.78%	1641	5.33%	2641	5.5%	
班级	1589	9.19%	2522	8.2%	4111	8.55%	
战士	13800	79.78%	25108	81.58%	38908	80.91%	
其他	21	0.12%	52	0.16%	73	0.15	
总计	17296	占伤亡数 35.97%	30790	占伤亡数 64.03%	伤亡总数 48086		

（一）牺牲干部登记

（一）新四军抗战五周年来牺牲团以上干部（由38.7.7—42.7.7）

牺牲数目		旅级职别					团级职别						总计
旅级	团级	旅长	副旅长	政委	政主	办处主	团长	副团长	政委	政主	参长	其他	
8	51	1	2	2	2	1	12	7	9	7	8	8	59①

（二）一二九师抗战以来团以上牺牲干部（至四一年十二月）

牺牲数目		旅级职别				团级职别				总计
旅级	团级	部长	政委	政主	参长	团长	政主	副团长	参长	
7	23	1	2	3	1	5	8	5	5	30②

（三）冀察晋抗战以来团以上牺牲干部

死亡数目		旅级职别				团级职别					旅级牺牲		总计
旅级	团级	部长	顾问	政主	司令	团长	政委	政主	参长	科长	38年	39年	
5	20	2	1	1	1	7	3	5	2	3	1	2	
年份		团级牺牲年份					在何种情况下死了（旅团级）						25③
41年	37年	38年	39年	40年	41年	炸死	毒死	病故	水淹	遇害	阵亡	伤死	
2	1	4	4	7	4	3	1	7	1	2	10	1	

附：新四军、一二九师、冀察晋军区团以上牺牲干部名单

①②③　原文如此，计算有误。

新四军抗战五周年来团以上牺牲干部

单位	职别	姓名	牺牲时间地点情况
四军六师十六旅	旅长	罗忠毅	湖北襄阳人 四一年十二月栗阳战斗阵亡
四军五师	副旅长	朱立文	广西人
四军五师	代旅长	林英伦	河南城人 四一年十二月襄河战斗牺牲
四军六师十六旅	政委	廖海涛	福建上杭人 四一年十月栗阳战斗牺牲
原三支队政治部	主任	曾绍明	三九年无为反顽战斗牺牲
挺进纵队政治部	主任	龙树林	三九年渡江过扬中淹死
五师抗大十分校	政委	黄春廷	四二年牺牲亡
驻干办事处	主任	黄道	三九年三月
原军部军需处	处长	叶辅平	
游击纵队	参长	桂逢洲	四零年无为战斗牺牲
三支队军需处	处长	杨木贵	四零年皖南反扫荡牺牲
原三纵第九团	团长	徐绪奎	大州营溪战斗牺牲
苏鲁豫支队	团长	刘忠英	三九年沛县二郎庙战斗牺牲
六师十六旅三团	团长	巫恒通	被捕在南京绝食自殉
新七团	团长	熊梦飞	四一年无为反顽战斗牺牲
十六旅独立团	团长	王丰广	句容反扫荡阵亡
六师十四团	团长	朱长清	常熟反扫荡阵亡
十八团	团长	赵伯华	苏南反清乡战斗牺牲
	团长	徐魂	负伤逝世
二师定远总队	副队长	汪得安	

单位	职别	姓名	牺牲时间地点情况
江阴		喻僧林	四一年七月信阳战斗阵亡
一支队老六团	副团长	吴昆	
	团长	杨威	四一年于应山战斗牺牲
	团长	熊相柏	四一年七月黄阳战斗牺牲
老三团	团长	王一民	
	副团长	邱金生	负伤逝世
二师新二团	副团长	顾世多	四零年无为阵亡
四师三纵十八团	副团长	陈芳名	四一年蒙城战斗牺牲
四师三纵八团	副团长	陈之甫	四零年战斗牺牲
四师十七团	副团长	周大璨	四零年被叛徒击伤后牺牲
	政委	郭猛	四一年十二月盐城战斗牺牲
	政委	吴徽文	四一年七月盐城战斗牺牲
独二团	政委	刘文胜	四零年殉职
	政委	吴楚郎	
二师七团	政委	徐世奎	四零年龙王庙战斗牺牲
五师八团	政委	刘树藩	四零年太平桥战斗牺牲
六合独立团	政委	鄂行炎	
四师宿东游支	政委	周启邦	宿东战斗牺牲
六师警一团	政委	曾得辉	苏南反清乡牺牲
一支队二团	政委	肖国生	镇江上下会战斗牺牲

上接表（续）

单位	职务	姓名	牺牲情况
苏中税务局	局长	蔡良	殉职
二师六旅政	民运科长	许正	四一年路西阵亡
驻湘东办事处	主任	罗正坤	四一年平江修案殉难
同左	主任	许智	四零年反扫荡牺牲
鲁迅戏剧系	主任	徐保罗	四零年病死
鲁迅艺校	教导主任	万东平	四一年反扫荡牺牲
二师独二团	参谋长	田承宏	四零年天合阵亡
二师八团	参谋长	方和平	四二年寿县阵亡
六师警一团	参谋长	陈新一	反清乡牺牲
淞沪清游纵三支	参谋长	周进明	
六师五十四团	参谋长	王明星	反清乡牺牲
二师十一团	参谋长	高昆	四一年复兴集战斗牺牲
	参谋长	杨子芳	四一年京山牺牲
后方医院	政主	刘里军	四一年反扫荡牺牲
二师八团	政主	何绪英	
六师团	政主	周示生	反清乡牺牲
一支队新六团	政主	刘振英	句容战斗牺牲
七师十七团	政主	刘全	渡江牺牲
四师十七团	政主	庞玉辉	四零年被叛徒击伤牺牲

（二）一二九师抗战以来团以上牺牲干部名单

单位	职务	姓名	时间地点情况
四旅十团	副团长	陈再昌	四零年清河战斗牺牲
决三纵团	主任	陈萍	
决三纵团	主任	郭嗣黄	
决三纵团	主任	杨凤鸣	
决三纵团	主任	郝延瓦	
平汉纵队五团	主任	白俊士	四零年新乐东坚战斗牺牲
九旅二十七团	主任	顺则	四零年百团大战于龙华广川战牺牲
八旅二十二团	主任	肖钦深	四零年朝城普樊战斗牺牲
八旅独三团	主任	闫兆东	三九年五月官陶董固战斗牺牲
平汉纵队	参谋	朱秋溪	四零年五月耳附战役牺牲
津浦支队	政委	余江凡	三八年南宫张么战斗牺牲
九旅二十五团	团长	李林	四零年百团大战于龙华广川战牺牲
三八六旅新二团	团长	丁忠林	三九年七月渝杜云簇战斗牺牲
三八六旅十六团	团长	谢嘉庆	四零年黎城曹儿河战斗牺牲
新一旅六八八团	团长	陈锦秀	三七年柏山战斗牺牲
决二纵政治部	主任	邓永耀	三九年武邑沙村战斗牺牲
决一纵政治部	主任	张凤阁	
三八六旅政治部	主任	苏精诚	四一年武乡战斗牺牲
决三纵政委	政委	董天知	四零年八月潞城天家庄战斗牺牲
一二九师锄奸部	部长	邱积成	四零年四月病故

（三）冀察晋军区团以上干部牺牲姓名单

单位	职务	姓名	籍贯及牺牲情况
三八六旅十六团	副团长	龙熙	四零年十月于沁源团大战于龙丽战斗牺牲
八旅二十七团	副团长	荣子文	四零年十月于沁源团大战于龙丽战斗牺牲
八旅十九团	副团长	吴子彦	四零年百团大战于广川龙华战斗牺牲
十团	副团长	韩光远	四零年六月昔阳战斗牺牲
三八五旅七七一团	参长	王辉	三九年十月昔阳王家山战斗牺牲
三八六旅十七团	参长	廖绍康	四一年五月同蒲路战斗牺牲
保安六团	参长	秦进乐	三八年九月辽县马天山战斗牺牲
三十二团	参长	王永照	四零年五月沙河石岗战斗牺牲
平汉纵队团	参长	吴定一	四零年辽县大木村战斗牺牲
军区政治部宣传部	副部长	钟蛟潘	三九年九月炸死于延安
军区卫生部	顾同	白求恩	三九年九月毒死于完县
军区卫生部	副部长	杜白华	四一年病亡
二分区政治部	主任	朱潘显	四一年病亡
军区政治部组织部	巡视团主任	钟家勃	四零年病亡
抗大二分校研究室	主任	张渠	四一年病亡
军区政治部	科长	高其五	山西人 四零年百团大战时故水淹死
同	同	王嘉宾	四零年病亡
一军分区二十六团	副主任	张灌生	河北人 四零年三月为叛徒杀害

单位	职务	姓名	籍贯及牺牲情况
一分区卫生部	代政委	陈得坤	四一年一月于易县洛车阵亡
一分区卫生部	副院长	郑善庄	河北人 四零年十月于易县洛车阵亡
易县游击支队	队长	张继国	湖南人 三八年九月坡阵于灵丘南山阵亡
察绥游支	参长	朱宝琛	山西人 四一年二月于灵丘南山阵亡
二分区十九团	团长	李利辉	四零年四月一月于前线病故
三分区二十团	团长	许佩坚	河北人 四九年一月于曲阳灵山阵亡
同	左	辛力生	辽宁人，三八年七月阵亡
三分区游击大队	队长	朱仰兴	湖北人 三八年八月于高门负重伤牺牲
游击军	司令	王溥	辽宁人 四零年十一月于张家岭阵亡
同左	政主	郝玉明	冀人 同左
四分区七大队	政委	陈宜胜	湖南人 四七年十一月于寿阳牺牲
游支	队长	陈生庆	河南人 四九年三月于寿阳炸伤牺牲
同左	政委	高晞	辽宁人 同左
同左	主任	黄胜斌	江西人 四九年七月亡于获鹿平山病故胡家庄
五分区司令部	司令	周建萍	
五分区民运科	科长	王铭森	河北人 四八年十一月为叛徒杀于应县

・1318・

（十一）一九四一年干部增减统计

级别	增加					减少										
	提拔	学校来	他部调来	地方来	合计	阵亡	逃亡	失联络	投敌	送医院	调他部	犯错误送走	自杀	被灭	病亡	合计
排级	471	504	312		1287	123	62	52	9	341	320	14		24	2	947
连级	286	140	275	13	714	84	14	24	12	325	313	15		16	1	804
营级	73	8	45		126	9	1	2	2	4	63	2	1	1		85
团级	20	5	16		41	1		2			18		3			24
旅级	1	1	2		4						1					1
师级																
总计	851	658	650	13	2172	217	77	80	23	670	715	31	4	41	3	1861

（十二）抗战来（1937.9—1941.11）各级干部伤亡统计

级别	直属队		一分区		二分区		三分区		四分区		总计		
	伤	亡	伤	亡	伤	亡	伤	亡	伤	亡	伤	亡	伤亡
排级	6	31	284	201	123	121	117	127	128	101	658	581	1239
连级	9	39	121	89	78	80	75	82	78	63	361	353	714
营级	1	6	12	9	17	15	13	12	11	9	74	51	125
团级	5	6		3	3	1	7	5	1	4	16	19	35
旅级										1（病）		1	1
总计	21	82	417	302	221	117	212	226	218	178	1109	1005	2114
	103		719		338		438		396		2114		

126. 八路军第 120 师第 716 团抗战以来战斗伤亡统计（1942 年 7 月 10 日）

抗战以来（一九三七年至一九四二年）战斗统计存根

抗战开始自三七年至三八年止战斗伤亡统计表

地址名称 月份	负伤 营长	副营长	教导员	一参谋	组织股长	参谋副官	军医	特派员	政治干事	连长	副连长	政指	支书	排长	副排长	文书	文教	班长	战士	阵亡 副营长	参谋	副官	政干事	特派员	连长	副连长	政指	支书	排长	副排长	班长	战士	失联络 计党员	战士	计 总计
10 雁门关				1														6	34						1		1		5	1	16	37			110
12 香罗村																														1					1
2 河口																			38													1			39
2 峪口						1													1																2
2 河庄										2		2	1	4				2	23								1		1		8	15		3	51
3 虎北				1							1							8	79						2	1			3		9	54		5	161
3 凤凰山												2	2					9	56	1					2	1	1		2		5	58			119
3 宁武																			2												1	1			4
5 北周庄																			3													21			24
5 南辛庄												2							7						1										9
5 张家店														1				2	6													3			13
5 泥河																			1																1
5 李家墕														1					1																1
5 榆林																																	2	2	2
5 马救山	1	1						1										3	25						1		1	1			2	11			49
6 陶卜窳						1	1	1	2	1			1	2				5	54			1									2	33	9	5	108
6 老营													1	1					18						1			1	1		3	15			49
7 广武														1					6																8
□ 雁门										1				1				1	6												2			2	12
8 榆河	3		1					1		3		1	2	9	1	1	2	25	119				1		2		3	1	3		11	51			239
10 龙泉庄												2													1						2	3			5
11 滑石		1	1				1		2	2		2	2	6				11	51						1		2				5	12			98
合计	3	1	3	1	1	1	2	3	2	9	1	5	7	89	1	2	2	74	533	1	1	1	1	1	11	1	10	4	15	2	56	300	9	13	1103①

说明：自一九三七年开始至三八年止，负伤人员 678，阵亡人员 403，失联络 22，共数量 1103，内党员数目不知，尚后待查。

① 原文如此，计算有误。

一九三九年战斗伤亡人员党员统计表（二月起至十二月份止）

月份 / 地址名称	负伤 营长	副营长	教导员	组织股长	参谋长	特派员	政干事	连长	副连长	政指	支书	排长	副排长	文书	文教	班长	战士	合计	党员	阵亡 政干	副营长	特派员	连长	副连长	政指	支书	排长	副排长	文教	班长	战士	合计	党员	司务长	失联络 班长	战士	什务人员	总计	党员
曹家庄	1		1				2			1	2	6	1			18	64	96	20	1				1	1		2			5	34	45	23				1	142	43
大曹村	1							3		1	1	1	1			9	25	41	20		1						2	1		3	7	13	6	1				54	26
□河同																	2	2									1			1		1	1	1				3	1
冯张庄			1				1	3	1	1		3				8	54	71	30				2				2			5	21	29	15					100	45
□马	1							1		3	2	4				1	35	42	18				1			1	1			3	18	23	11				1	67	29
会栗						1		1	1	3		5		1		14	83	110	74				2			1	2	1		3	24	30	21			3		144	95
土村							1	1		3	1	3				3	37	46	24				1				1			3	18	22	11			1		69	35
□家庄								1		1		2			1	1	12	19	11								1			3	16	20	12			2		41	23
子口																	2	2													2	2						2	
长堤							1	1	1		1	1				3	9	16	7								1	1		2	7	12	5			1	1	29	12
□峪								1			1	2	2			7	13	24	13			1	1		1	1	2	1		6	11	22	12					46	25
□村						1	1	1	1		1	2	1			3	6	12	7								1	2		2	3	8	6					20	13
□家庄										1					1	1	3	2	2										1	1	1	3	2	1				4	2
陈庄		1			1						2	6				21	124	161	81				1				1			8	37	48	25		4			213	106
东兰庄	1			1			1	2	1	1		3	1	1		11	85	107	51						1		3			4	25	34	15	1	5	65	12	223	66
黄土咀												3				4	27	34	11												4	5	3	1	10	10	4	54	14
合计	4	1	2	1	1	1	7	15	2	11	8	41	6	2	2	103	579	786	396①	2	1	1	3	1	4	3	18	5	1	48	226	313	166	1	6	88	17	1211②	545②

说明：负伤党员数目之内占党职员小组长39，支委46，支书8，文书2，文教2，班长103，战士579……

① ② 原文如此，计算有误。

一九四〇年战斗伤亡统计表

地点	日期	负伤 营长	教导员	参谋	干事	连长	政指	副连长	支书	排长	排副	特派员	四排长	班长	副班长	战士	文教	卫生员	担架员	什务员	合计	党员	阵亡 连长	政指	干事	支书	排长	文书	副班长	战士	合计	党员	失联络 班长	什务员	战士	合计	党员	总计	党员
机炸	3.31										1	1		3		14	1				20	4							1	2	3	2						23	6
白水	5.19															1					1	7								2	2	1			5	5		8	8
奇村	5.26													2		7					9	2																9	2
合计									3	1	1	1		5		22	1				30	13							1	4	5	3			5	5		40	16
米峪	6.17			1	1	4	2		3	10	2	1		28		130	2			1	190	115	1				6	3	3	26	36	17			15	15	8	241	140
寨上	6.21																																						
杜家嘛	6.29									1						1					2	1								1	1	1			2	2	2	5	2
二十里铺	7.3				1					1			1	1		3					5	4											1	5	4	4	10	14	4
石曹	7.14					1				1				1	1	5					7	2								1	1				3	3	4	12	2
介桥	7.21													2	18	9		2	3		21	10		1					2	9	12	3		1	5	5	5	38	18
合计				1	1	5	2		3	13	2	1	1	32	18	139	2	2	3		225	132	1	1			6	3	3	37	50	21	1	6	29	36	13	311	166

· 1322 ·

地点（日期）	负伤																					阵亡										失联络					总计	
	营长	教导员	参谋	干事	连长	政指	副连长	支书	排长	排副	特派员	四排长	班长	副班长	战士	文教	卫生员	担架员	什务员	合计	党员	连长	政指	干事	支书	文书	班长	班副	战士	合计	党员	班长	什务员	战士	合计	党员	总计	党员
砚湾 8.22		1				1	1		2				4		16					24	15							2	5	9	7						33	22
丰润 8.25	1				1	2	1		6				6	4	51		1			73①	48	1		1	2	2	4	1	24	36	18			1	1	1	110	66
杨家坪 25												1			4				3	8	1													14	14	14	22	1
黑塔 9.20					1	1	3	1	6				12		68	1				94②	60	4					9		20	36	25			8	8	8	138	85
大马营 9.22					1	1			2				1		18					20	10																210	10
头马营 9.22			1		2		2		2			1	9		40					54	20		1						7	8	3						122	23
合计	1	1	1	1	4	5	5	1	18			1	32	4	195	1	1	3	3	223③	154	5	1	1	2	2	15	1	56	90④	53			23	23	23	385⑤	207
马家庄 12.23	1				1															1	1	1				1				1	1	2		2	4	1	5	2
任家坡 1.5					1							1		1						2	2	1				1				1	1			2	2	1	2	2
合计	1				1							1		1						2	2	1				1				1	1	2		2	4	1	7	4
总计	1	1	2	1	10	7	5	4	32	3	1	2	69	23	356	4	3	3	3	530	301	5	2	1	2	15	9	3	97	146	78	3	6	59	68	14	744	393

①②③④⑤ 原文如此，计算有误。

一九四一年战斗伤亡统计

地点	日期	负伤															阵亡														失联络					统计	党员
		军事干部					政治干部				战卫什务				合计	党员	军事干部					政治			战卫什				合计	党员	失联络						
		班级	排级	连级	营级	合计	排级	连级	营级	合计	战斗员	卫生员	什务员	合计	合计	党员	班级	排级	连级	营级	分计	排级	连级	分计	战斗员	卫生员	什务员	分计	合计	党员	排长	班长	战斗员	什务员	党员	统计	党员
郑沟	3.5																															1	5			6	
柳林	3.12																								2			2	2	2			3		2	5	4
北龙泉	3.16																1				1				2			2	3	3						3	3
分计																					1							4	5	5			8		2	14	
三元		9	1		1	11		2	1	3	22			22	36	24	4	3	1	1	9				13		1	14	23	18	2	1	8	2	10	72①	52
下马铺	4.12										2			2	2										2			2	2	2			2			6	
步斗	4.27										3			3	3																		2	1		6	
前乔子	5.28		1			1					3			3	4		1	1			2				1			1	3							7	
杨瑀村	6.3	1				1									1	1																				1	1
分计		1	1			2								8	10													3	5	2			4	1		20	
罗庄	6.5										4			4	4	5			1						5			5	6	1			3	1			
战斗																																				14	6
冯简村	7.4																						1	1	2			2	3	2						3	2

① 原文如此，计算有误。

项别 地点/日期	负伤·军事干部 班级	连级	营级	合计	负伤·政治干部 排级	连级	营级	合计	负伤·战卫什务① 战斗员	卫生员	什务员	合计	负伤 合计	负伤 党员	阵亡·军事干部 班级	排级	连级	营级	分计	阵亡·政治 排级	连级	分计	阵亡·战卫什务② 战斗员	卫生员	什务员	分计	阵亡 合计	阵亡 党员	失联络 排长	班长	战斗员	什务员	党员	统计	统计 党员
河口 7.19									1			1	1	1																				1	
马家庄 7.25									3			3	3	3									2			2	2	2						5	
新树科 2.26									1			1	1	1									2			2	2	2						3	
古交 8.1	2			2									2	2																				2	2
分计	2			2					5			5	7	7							1		6			6	7	7						14	2
丰岭地 8.4									1			1	1	1																				1	
塌头 9.15	1			1			1	1	2			2	4	4																				4	
分计	1			1			1	1	3			3	5	5																				5	
恶虎滩 11.4									2			2	2	2			1						1			1	1							3	
马坊 12.9																																			
温家沟 12.13																																			
周家沟 12.24																																			
分计	6	4	1	11	1	3	1	5	39			39	50	26	3	1	1		5				12		1	12	17	9	1	1	3	1	5	72	
总计	20	7	1	29	1	3	1	5	83			83	117③		10	4	3	1	18			1	44		1	45	64	35	3	3	24	3	5	214	40

① 原文如此。
② 原文如此。
③ 原文如此，计算有误。

一九四二年负伤阵亡失连络战斗统计表 共战斗五十八次

地点数目	负伤 合计	阵亡 合计	失联络 合计	总计
官庄	5			6
官庄	6		1	7
	2			2
老黄底	3		3	5
沟门前	5			8
	5		3	5
	14			19
	2			2
	7			107
	2			75
	4		1	18
	46		11	11
	2			57
			1	2
			1	1
	4			1
			9	8
	14		1	7
	2			23
				3
				2
			1	1
统计	123		35	301

日期	性质	地点	负伤				阵亡			失联络							统计
			教导员	副班长	战士	合计	副班长	战士	合计	战士	炊食员	合计	班长	战士	挑夫	合计	
1.23	被击	马坊至赤家岭					1	1	2								2
1.26	被袭	姚家沟			4	4		1	1	2	1	3	1			1	9
2.9	遭遇	开府		2	2	4											4
2.14	被伏	店子						1	1								1
2.25	同	阳坡						1	1					1		1	2
2.26	伏击	马兰沟	1			1									1	1	2
总计			1	2	6	9	1	4	5	2	1	3	1	1	1	3	20

127. 八路军第 120 师抗战第五周年部队负伤、阵亡、病亡、敌捕人员统计表

（1942 年 7 月）

抗战第五周年指战员及党员增减总报告

附记

1. 此统计各种增减是从 1941 年 6 月至 1942 年 5 月止，现有数是 1942 年 5 月份的。

2. 后勤现有数内缺兵站分支及休养员人数，独二旅现有数缺剧社、生产队、九团骑兵营，大青山支队的增减数是 1941 年 6 月份 1942 年 1 月至 6 月七个月的，缺 1941 年 7 月至 12 月份的数目。现有人数是 1942 年 6 月份数。

3. 补充扩大数是游击队补充及个别扩大的。

师政组织部

1942 年 7 月

抗战第五周年部队病亡人员统计表（五）

部别 职别 数目	军事干部							政治干部						其他干部					战其				合计	党员
	旅	团	营	连	排	班	计	旅	团	营	连	排	计	团	营	连	排	计	战斗员	什务人员	卫生员	计		
师直					1		1										1	1	2	2		4	6	2
后勤				3	5	9	17				9	2	11		1	1	4	6	42	45	1	88	122	31
特务团				1		1	2												3	1		4	6	4
三五八旅				1	1		2				2	2	4				2	2	26	10	1	37	45	23
三五九旅				1	1	4	6				2	1	3				2	2	16	14	1	31	42	15
独一旅					3		3				2	1	3						19	13		32	38	14
独二旅				1	1	1	3			1	4		5			1	2	3	3	8		11	22	15
五分区											1		1						4	1		5	6	1
大青山											1		1						12	5		17	18	4
抗大																	1	1	1	2		3	4	1
总计				7	12	15	34			1	21	6	28		1	2	12	15	128	101	3	232	309	110
附记																								

抗战第五周年部队阵亡人员统计表（十）

部别＼职别数目	军事干部 旅	团	营	连	排	班	计	政治干部 旅	团	营	连	排	计	其他干部 团	营	连	排	计	其战 战斗员	什务人员	卫生员	计	合计 计	党员
师直				2			2												3	1		4	6	4
后勤					2	1	3												10	2	1	13	13	2
特务团					2	1	3				3		3						20			20	27	16
三五八旅			1	4	10	19	34			2	10	2	14		1	1	1	3	130	23		153	204	103
三五九旅						1	1												3			3	4	
独一旅				2	1		3				3	2	5				1	1	25	1		26	54	42
独二旅				3	9	12	24				3		3			1	1	2	25	1		26	54	42
五分区			3	4	5	15	27				1	2	3			1		1	47			47	75	30
大青山				2		8	10		1	1	1	1	4						53	9		62	76	26
抗大																	1	1	1			1	2	1
总计			4	17	27	56	104		1	3	21	7	33①		1	3	4	8	297②	37	1	335	480③	236④

附记：后勤阵亡的是因伤重在医院牺牲的

①②③④ 原文如此，计算有误。

抗战第五周年部队部队负伤人员统计表（十一）

部别＼数目＼职别	军事干部 旅	团	营	连	排	班	计	政治干部 旅	团	营	连	排	计	其他干部 团	营	连	排	计	战其 战斗员	什务人员	卫生员	计	合计	党员
师直				2	2	1	5													1		1	6	3
后勤																								
特务团					4	7	11												19			19	30	15
三五八旅			2	7	29	41	79				11	6	17			1	1	2	156	30	3	189	287	212
三五九旅																								
独一旅						2	2												4			4	6	5
独二旅			1	2	4	13	20				2	3	5						73	1	1	75	100	45
五分区			1	4	6	6	17			1	1		2						30	2		32	51	25
大青山				6	2		8			2	2	2	6						12	3		15	29	18
抗大																								
总计			4	21	47	70	142			3	16	11	30			1	1	2	294	37	4	335	509①	323
附记																								

① 原文如此，计算有误。

1331

抗战第五周年部队送延安医院人员统计表（十五）

部别＼数目	军事干部							政治干部						其他干部					其战士				合计	党员
	旅	团	营	连	排	班	计	旅	团	营	连	排	计	团	营	连	排	计	战斗员	什务人员	卫生员	计		
师直				2			2												3	3		6	9	4
后勤											1		1	1				1	1			1	3	3
特务团																								
三五八旅									1	1			2										2	2
三五九旅										1			1		1			1					2	2
独一旅																								
独二旅										2			2										2	2
五分区																								
大青山																								
抗大																								
总计				2			2		1	4	1		6	1	1			2	4	3		7	17①	13
附记																								

① 原文如此，计算有误。

- 1332 -

128. 晋察冀军区 1941 年秋季反"扫荡"群众牺牲调查统计表
(1942 年 9 月 20 日)

秋季反"扫荡"群众牺牲调查统计表

死者姓名	性别	年岁	牺牲经过	抚恤款数	领款人姓名	盖章	籍贯	与死者关系	备考
王凤山	男	48	被敌打死	15 元	王四尔		峪子村	子	
王青河	男	32	被敌捉住逃跑打死	20 元	孙氏		同上	妻	中队长
王香亭	女	35	强奸不从打死	15 元	王小丫		同上	女	
赵文秀	男	28	在山沟被敌包围打死	15 元	赵洛丙		东石血	父	
赵山明	男	37	同上	15 元	赵俊明		同上	兄	
张黑货	男	48	同上	15 元	张小山		同上	子	
赵秋子	男	53	同上	15 元	赵满刚		同上	子	
王赵氏	女	42	同上	15 元	王民歪		同上	子	
张小花	女	16	同上	15 元	王氏		同上	母	
赵二旦	男	68	与敌遭遇打死	15 元	赵青尔		同上	子	
张生才	男	55	被敌搜出打死	15 元	刘氏		同上	妻	
刘满艮	男	58	跑不快被敌打死	15 元	刘拉他		铺上村	子	
王二女	女	36	看病在道上打死	15 元	刘小艮		同上	子	
刘山青	男	45	在家被敌搜出打死	15 元	葛氏		同上	妻	
刘法义	男	27	前去侦察遇敌打死	20 元	曹氏		同上	妻	中队部干部
刘俊舟	男	49	在村外被敌打死	15 元	刘如分		同上	女	
孙赖子	男	38	未曾跑脱被敌打死	15 元	孙小喜		内河	子	
孙不止	男	67	同上	15 元	孙邦尔		同上	子	
合计			18 人	280					

秋季反"扫荡"群众牺牲调查统计表

死者姓名	性别	年岁	牺牲经过	抚恤款数	领款人姓名	盖章	籍贯	与死者关系	备考
孙成尔	男	48	夜间遇敌打死	15	孙明子		内河	子	
王汗臣	男	30	同上	20	王刘氏		同上	妻	村干部
王小七	男	12	同上	15	王洛强		同上	父	
齐洛士	男	52	被敌刺死	15	齐林子		店上	子	
孟洛衣	男	63	被敌打死	15	孟福子		大川村	子	
孟连春	男	49	被敌打死	15	孟喜兆		同上	子	
孟春喜	男	38	被刺死	15	刘氏		同上	妻	
陶木清	男	47	在山沟被敌用机枪扫射	20	陶须子		小川	女	村粮食委员
陶洛立	男	56	同上	15	陶李氏		同上	女	
陶清合	男	55	同上	15	陶俊喜		同上	子	
陶刘氏	女	49	同上	15	陶黑狗		同上	夫	
孟氏	女	38	同上	15	陶六尔		同上	子	
刘小三	男	26	同上	20	陶氏		同上	母	游击组长
陶清尔	男	31	同上	15	赵氏		同上	母	
陶俊花	女	27	同上	15	陶三合		同上	父	
马洪印	男	43	与敌遭遇刺死	15	孙氏		沙湾	妻	
马小文	男	39	同上	20	刘氏		同上	妻	民政主任
孙青来	男	54	同上	15	孙文子		同上	子	
合计			18人	290					

秋季反"扫荡"群众牺牲调查统计表

死者姓名	性别	年岁	牺牲经过	抚恤款数	领款人姓名	盖章	籍贯	与死者关系	备考
马文学	男	47	在山沟转移遇敌打死	15	马先知		沙湾	子	
孙立秋	男	25	同上	15	孙来子		同上	兄	村干部
孙孟子	男	63	同上	15	陈氏		同上	妻	
李相艮	男	32	向前侦探被敌打死	20	张氏		赤岸	妻	治安员
李大胖	男	25	同上	15	王氏		同上	母	
王法祥	男	43	被敌打死	15	王小圈		同上	子	
王三喜	男	54	在家被投到井里	15	王生尔		齐村	子	
齐货子	男	24	在村边投手榴弹被敌打死	20	刘氏		同上	母	抗先队长
齐二冻	男	35	同上	15	甄氏		同上	妻	
安腊月	男	48	被敌打死	15	安生尔		同上	子	
胡金山	男	32	被敌打死	15	胡小娥		胡家咀	女	
胡秀女	女	26	拒绝强奸而死	15	张氏		同上	母	
胡瑞香	女	19	被敌打死	18	刘氏		同上	母	妇救会干部
张六臣	男	37	被敌打死	15	张春尔		同上	妻	
刘心秋	男	48	逃跑时被敌打死	15	刘小拴		辘古村	子	
刘可臣	男	56	同上	15	刘正月		同上	子	
刘三义	男	60	同上	15	赵氏		同上	妻	
合计			17 人	268					
各页合计			53 人	838					

129. 晋察冀军区 5 至 8 月份伤亡统计报告

（1942 年 10 月）

军委总部：

兹将北岳区（包括一二三四分区）五六七八四个月伤亡统计报告于下：

（一）一分区，亡：五月份一团一营政教孙丕谟，年 24，陕富平，五月二十三日于易县中罗村；六团三营副营长陈前，年 26，粤合浦，五月十五日于易县钟家店；排级 4、班级 5、战士 47，共计 52。七月份三团作战参谋杨兴堂，年 26，晋天镇，已删于易县大坎下；六团二连长张跃宗，年 23，冀迁安，已养于阜平神堂堡；政指李远兴，年 31，赣吉水，已迥于阜平神堂堡；班级 1，战士 4，共 13。八月份排级 2，战士 6，计 8。负伤：五月份一团一连政指郝旭，年 21，冀徐水，辰梗于易县东罗村胸部重伤；一连长赵永胜，年 24，冀曲阳，辰梗于易县东罗村胸部重伤；六团五连长刘福荣，年 27，陕上桑，凹辰删于易县钟家店胸部轻伤；十一连政指黄宾，年 25，辽宁苇山河，辰冬于满城岗头村；排级 5，班级 15，战士 41，共计 65。六月份六团十一连长郭桓金，年 29，晋大同，已养于易县神堂堡，脚部轻伤；政指胡铭，年 22，甘肃中蔚县，已养于易县神堂堡脚部轻伤；战士 10，共计 12。八月份战士 4。

（二）二分区：（1）亡：五月份四区队队长兼政指杨丰泰，19，冀定兴，卯微于代县金岗村；34 团三连长梁升功，28，晋五台，辰有于盂县上社；五区队总支书贾臣汉，29，晋朔县，辰虞于定襄南庄；政指刘福临，22，冀望都，辰虞于定襄南庄；定县基干队长齐建荣，25，晋定襄，辰号于忻县辛庄；排 3 班 7，战 36，共 51。六月份 34 团侦察连长胡海存，25，晋定襄，已敬于盂县四家庄；五台县基干队政委何光翠，39，蜀广元，已铣于瓦村；排 4，战 24，共 30。七月份战 1；八月份排 1 班 2，战 4，共 7。

（2）伤：五月份三四团二连政指杨作卿，23，冀蠡县，辰有于盂县大沟，脚部轻伤；三连政指韩卿，24，晋繁峙，辰有于盂县上社，腰部重；排 12 班 8 战 35 共计 57。六月份五区队一中队长刘玉生，27，冀定兴，辰世于盂县龙凹，腹部轻；排 4 班 3 战 27 共 35。七月份排 2 班 1 战 2 共 5。八月份排 2 战 7 共计 9。

（三）三分区：（1）亡：五月份二团一连副政指陈玉民，年 23，冀高阳，五月二十八日于唐县岳烟村；排级 5 班 19 战 50，共计 75。六月份排级 2 班 1 战

15，共计53。七月份排1班2战4，共计7。八月份战6。（2）伤：五月份二团一连长陈玉祥，五月于唐县岳烟村臂部重；八连政指马振武，年29，冀完县，五月于完县西头部重；骑团一连副连长郭敬荣，26，冀高阳，五月江于唐县城面部轻；排7班33战86共计130。六月份骑团二连长刘元堂，年29，陕西安，五月俭于唐县岳烟，腹部重；排3班5战57，共65。七月份班1战9共10。八月份班2战1共3。

（四）四分区：（1）亡：五月份八区队总支书许世昌，24，陕商县，五月敬于寿灵＜灵寿＞朱食；排6班7战43，共计56。六月份九区队三连政指赵焕周，年22，冀平山，六月支于井陉方山；排3战6共10。七月份排1班1战9共11。八月份排1班5战8共计14。（2）伤：五月份五团二连政指张秀年，年28，冀平山，卯宥于寿灵＜灵寿＞苏家白雁，脚部轻；六连长任保庆，31，冀保定，卯宥于寿灵＜灵寿＞吴家庄，头部轻；九连政指崔剑亭，年27，冀平山，辰虞于平山黄壁村，手部轻；十二连长苗登文，年27，晋平定，辰有于寿灵＜灵寿＞朱食，头部轻；八区队管理员王占廷，年24，冀遵化，辰敬于朱食，手部重；四连政指王子哲，年24，冀束鹿，辰敬于朱食，胸部重；二连政指尹保员，年22，晋盂县，辰养于辛安车站，脚部轻；排4班24战116共计151。六月份五团二营长胡从明，23，赣吉安，已养于平山金上，三级轻；九区队二连长纪大章，29，川，已支于井陉沙密，脚部重；排6班7，战39共计54。七月份八区队副区队长韩光宇，29，冀平山，于黄壁庄臂部轻；36团政指伍文彬，25，冀平山，午灰于王青季，肩部轻；战12共14。八月份五团组干李通溪，22，冀平山，齐梗于平山，七级腿部重；六连政指梁凤禄，23，冀建屏，齐马于寿灵＜灵寿＞下邵，臂部重；排3班12战39共计57。

（缺署名）

（军区来）

1337

130. 八路军第 115 师关于遭敌合击牺牲干部情况的报告
（1942 年 11 月 1 日）

集总军委并新四军各旅二纵：

（一）9 月 27 日敌人合围我冠濮范地区，我冀鲁豫军区、南支、抗大、八分区各直属机关等伤亡失联络约 300 余人（抗大主任郑思群、八分区主任黎金岐负伤，抗大校务处长王志清阵亡，昆山县长寿张，县委书记被俘），损失长短枪（地方武装在内）六百余支，损失物质达 200 万元，敌寇推行五次治安强化运动，抽调在山东各地驻防军约万左右，向我山东各根据地进行普遍扫荡，从 9 月感日起至戊月灰日止共 10 多天，从鲁西至胶东，从鲁南至冀鲁边均处于扫荡与反扫荡中，主要对我显著目标采取奔袭合围，企图歼灭有生力量，敌人此次作战中虽消耗伤亡颇大，但我机关也有严重损失。

（二）酉筱日敌合围泰区之茶叶口（莱博淄章边），我鲁中军区一军分区直属队一部被歼，政委汪萍，锄奸科长徐山，供给处长刘述披，营长赵钧以下阵亡百余人，被俘 50 余，其余被冲散。

（三）□月感日敌合围南墙峪（沂水西南）山西我抗大、鲁中军区二军分区及百十一师各一部共伤亡约 50 余（十一团长侯宜科、抗大上干队副队长徐奇贵，政治委员丁文与学员四阵亡，政委罗野岗及学员负伤）。骡马 30 余匹及平射炮一门被炸毁，东西全部遗失。

（四）戊月□日山东军区在对崮峪（沂水西北）遭敌合击，与敌激战整日，敌伤亡□□余，我伤亡、失联络 300 余（阵亡战工会秘书长李完如，地委书记潘潍周，队长吴德展，团政委王锐，主任张雕符等百余。负伤军区政委黎[玉]、副指挥王建安，鲁中军区民运部长朱则民等），下落不明或已被俘 20 余（山东军区机要科长夏熙芳，三科副黄奕祺，二军分区一团长□□□主要干部均在内），其他主要文件密码自行烧毁，电台自行破坏，骡马全部炸死。以上这些严重损失诚然由于敌人疯狂，我活动地区缩小，回旋困难，先对敌行动规律掌握不准确，机关大，目标暴露，精兵主义执行不彻底，对分散的游击战争认识不够亦为主要原因之一。除将此次敌人扫荡新特点由战报台随即拍发外，希各地可照当地具体情况切实研究对策为要。

陈罗陈①

戌铣（十六）

（一一五师来）

---

① 陈罗陈：指陈光、罗荣桓、陈士榘。

部别	职别	姓名
六支队	支队长	常德善
一支队	支队长	杨嘉瑞
四支队	支队长	苏鳌
暂一师二支队	副支队长	旷伏兆
七一五团	团长	王尚荣
三旅四团	团长	王庭文
七一四团	团长	张绍武
七一八团	团长	徐国贤
七团	团长	唐金龙
三团	团长	傅传作
七一七团	副团长	陈外欧
工卫旅廿三团	副团长	彭家诗
七一八团	副团长	陈宗尧
三纵队三团	团长	曹诚
工卫旅22团	团长	彭敏
八团	参谋长	刘子云
七一八团	参谋长	陈嵩岳
七一七团	参谋长	左齐
六支队	参谋长	刘华香
七一四团	参谋长	樊哲祥
七一五团	参谋长	鲁赤诚
四纵队四团	参谋长	吴化民
四纵20团	参谋长	王兰麟
三纵队	副参谋长	郑治章
七一四团	政委	张世良

部别	职别	姓名
七一七团	政委	刘春宫
八旅教导营	政委	肖头生
一旅一团	政委	王宝珊
六支队	政委	陈云开
四纵队35团	政委	姚仲康
暂一师37团	政委	曹铭
四纵队卫生部	政委	马善成
七一六团	副政委	黄新义
独立一旅	副政委	辛世修
六支队	副政委	朱绍田
独立六支队	主任	熊世钧
七一七团	主任	罗贵连
七一七团	副主任	廖明
游三支队	副主任	李光照
七一九团	副主任	张云善
七一四团	副主任	蔡光炎
三旅五团	副主任	王坚
暂一师	主任	饶一化
暂一师37团	主任	里学勤
工卫旅22团	主任	卢承章
暂一师36	主任	黄亚谟
工卫旅21团	主任	麻志皓
师供给部	科长	谭凯丰

附：科部长未列入

抗战五年来一二零师新军团以上军政干部负伤登记

部别	职别	姓名
九旅	锄奸科长	罗章
工卫旅	科长	刘君仰
工卫旅	三科长	张□川
二旅	二科长	王亚三
暂一师	教育科长	申毅坚
二纵供给处	副处长	戎冶芳
七一九团	副政委	张云三
七二旅四团	同	蔡光炎
七一七团	副主任	廖明
二旅五团	同	王坚
工卫旅廿一团	同	陈志好
暂一师卅六团	同	王亚谟
工卫旅廿二团	同	虞成章
暂一师卅七团	同	里学勤
三支队	同	李光照
暂一师	主任	饶一化
七一七团	主任	罗贵连
九旅教导营	同	肖头生
四纵卫生处	同	马善丞
六支队	政委	朱少田
七一六团	副政委	黄新义
四纵卅五团	同	姚仲康
暂一师卅七团	同	曹铭
一二一旅二团	同	王宝珊
七一七团	同	刘春官
七一四团	政委	张世良
独一旅	副政委	幸世修
独六支队	副政委	熊仕钧
一二一旅六支队	政委	陈云开
三纵六支队	副参谋长	郑治彭
三纵六支队	同	刘华香
四纵廿二团	同	王兰麟
四纵四团	同	吴化民
八团	同	刘子云
七一七团	同	陈嵩岳
七一五团	同	左齐
七一四团	同左	鲁赤诚
七一八团	参谋长	樊哲祥
七一七团	副团长	陈崇尧
工卫旅廿二团	副团长	陈外欧
工卫旅廿一团	团长	彭敏
二纵三团	团长	彭豪诗
一二一旅二团	团长	曹诚
八一七团	团长	傅传作
七一八团	团长	曹金龙
七一四团	团长	徐国贤
二一旅四团	团长	张绍武
七一五团	团长	王庭文
暂一师二支队	团长	王尚荣
九旅四支队	副支队长	旷伏兆
独立一支队	同	苏鳌
独立六支队	支队长	杨嘉瑞
	支队长	常德善

132. 八路军第120师、新军抗战五年来团以上军政干部牺牲统计（1942年）

部别	职别	姓名
		罗宝遂
八旅	民运总务科长	张明发 定民
独二支队	锄奸科长	何定福 郁民
九旅	组织科长	陈有元
八旅	组织科长	同德茂
工卫旅	粮秣科长	王文炳
二纵队	一科长	张汉
暂四纵队	组织科长	金敏
暂一师	宣教科长	张固修
工卫旅	敌工科长	薛兮佐 郭芳珍
新总队	副科长	刘公樟
一二二旅	二科长	张燕绩
一二零师	锄奸科长	高常福
三纵卫生处	处长	张汉斌
二三零师民运部	副部长	王霈委
二纵团	主任	郭健中
八旅教导队	政委	郭有松
七一七团	同	刘理明
骑兵六支队	同	彭德大
二纵保安旅	主任	牛继争
三纵卫生处	同	刘水仔
骑二团	同	孙春烈
九旅四支队	同	朱昌昆
二旅三团	同	赖香红
九旅九团	同	陈文彬
七一七团	政委	牛继合
三纵队五团	同	蔡国杰
警六团	同	秦世甫
二旅三团	参谋长	张云
骑三团	副团长	曾庆云
八旅八团	副团长	王贤光
二纵十八团	同团	左清臣
二纵四团	团长	董一飞
一二二旅	参谋长	王和泉
二旅	旅长	郭征泉
同	同	魏大光
暂一师一支队	支队长	唐公强 刘森
三纵队三支队	副纵队长	周平
洪赵总队	总队长	刘德明
		宴金升

133. 八路军第 120 师第 358 旅全年战斗消耗损失武器弹药统计表（1942 年）

战斗地点	弹药 消耗 步马枪七九	步马枪六五	轻机枪七九	轻机枪六五	重机枪七九	重机枪六五	重机枪九二	驳壳枪	掷弹筒	迫炮弹	合计	弹药 遗失 步马枪六五	轻机枪七九	九二重机弹	迫击炮弹	掷弹筒	合计	武器 失联络带走 步马枪七九	轻机弹六五	轻机弹七九	七九重机弹	合计	武器 遗失 步马枪七九	轻机枪七九	马枪	驳壳枪	九二重机枪脚	合计	武器 损坏 步马枪七九	轻机枪六五	轻机枪七九	六五重机枪	掷弹筒	合计
官庄	403	35	120	30							588																							
下静游	5		35	28							68							1				1												
界河口	412		65	95			300				872																							
官庄	180		155	38	88	102			8		571																							
刘家湾	240			50							290																							
奥家滩	150										150																							
二十里铺	45										45																							
刘家湾	120			30							150																							
同	168		350								538																							
寺沟会	80		90	100					2	8	278																							
芦古沟	60		50						4		114		30				30																	
小蛇头	30			40							70																							
老黄底	370							4			374	30	80				110																	
沟门前	57		50	215	97						419												3		1			4						
孙家庄	505	100	44	210	195	420					1474												1					1						

战斗地点	消耗·步马枪七九	消耗·步马枪六五	消耗·轻机枪七九	消耗·轻机枪六五	消耗·重机枪七九	消耗·重机枪九二	消耗·驳壳枪	消耗·掷弹筒	消耗·迫炮弹	消耗·合计	遗失·步马枪七九	遗失·步马枪六五	遗失·九二重机弹	遗失·迫击炮弹	遗失·掷弹筒	遗失·合计	失联络带走·步马枪七九	失联络带走·步马枪六五	失联络带走·轻机弹七九	失联络带走·轻机弹六五	失联络带走·七九重机弹	失联络带走·合计	武器遗失·步马枪七九	武器遗失·步马枪六五	武器遗失·轻机枪七九	武器遗失·轻机枪六五	武器遗失·马枪	武器遗失·驳壳枪	武器遗失·九二重机脚	武器遗失·合计	损坏·步马枪七九	损坏·轻机枪七九	损坏·轻机枪六五	损坏·六五重机枪	损坏·掷弹筒	损坏·合计
白崖沟	63	140	30	150	103					486																										
孙家庄	100			30						130	240	72	78	65	28	483	834	185	681	114	60	1874	12	1	2	1			1	17	5	1	3	1	2	12
芦子沟	60	29	222	170						472							60	20		100		180														
东坡	15			20						35							49	423	477	139		1088					1			1						
清阳沟										125																		1		1						
二十里铺	27	20	28	50						125																										
田家会	3163	2325	2592	1790	638	660		42	12	11225					6	6							1				1			2	2					2
毛儿	40						10			50																	1			1						
胡琴舍														40		40																				
同											30					30																				
马家庄	85			125						210	20					20									2					2						
杂石沟	45	35								80																										
东六渡	30		145							175									275			275														
岚兼上	48	165	13				6	4		236															1		1									
同	3									3																										
崖底	2									2																										
西马坊	10	210	3	125				7		355													2							2			1			1
狮咀	209	428	94	319		124		2		1176																					1					1
羊川庄	125	1559	1015	642		770		17		4128	40	105				145						290	5	4			1			9	1				2	3

区别 名称 项目 战斗地点	弹药 消耗 步马枪七九	步马枪六五	轻机枪六五	轻机枪七九	重机枪六五	重机枪七九	重机枪九二	驳壳枪	掷弹筒	迫炮弹	合计	弹药 遗失 步马枪七九	步马枪六五	轻机枪七九	轻机枪六五	九二重机弹	掷弹筒	迫击炮弹	合计	失联络带走 步马枪七九	步马枪六五	轻机弹六五	轻机弹七九	七九重机弹	合计	武器 遗失 步马枪七九	步马枪六五	轻机枪七九	轻机枪六五	马枪	驳壳枪	九二重机枪脚	合计	武器 损坏 步马枪七九	步马枪六五	轻机枪七九	轻机枪六五	六五重机枪	掷弹筒	合计
岚夫地	5										5																													
闹沐峪	5										5																													
山底		20	45								65																													
村莴	2										2																													
殷家湾	22										22																													
郭家沟	4										4	17							17						17		3						3							
统计	5238	650	478	4682	483	1284	1730	20	86	20	24974	357	237	30	80	78	65		179	1026	943	668	1433	353	60 3458①	27	8		1	4	1	1	45	4	6	1	3	1	4	19

备考：此表是 1942 年全年消耗损失之数，但因交通不便，有的部队在外活动战斗中消耗的少部分没统计在内。

① 原文如此，计算有误。

134. 八路军第120师全年武器弹药消耗统计（1942 年）

月份	战斗村名	消耗								损失及遗失						损坏		合计
		步马弹	轻机枪弹	重机枪弹	驳壳弹	手枪弹	炸弹	掷弹	步枪	马枪	连枪弹	步马弹	手榴弹	刺刀	炸弹	步枪	刺刀	
二月份	唯儿沟	90																
	花家沟	1185	438				64	6				529					14	
	接官亭	270	108				9	12					9	6				
	新屯堡	89	85										5	5				
	乾沟	131	95															
	界河口	195	30				2	5										
	计	1940①	736②				75	23				529	14	11			14	
四月份	佐头	411	135		3		4	6										
	石家庄	190																
	计	601	135		3		4	6										

①② 原文如此，计算有误。

战斗村名	消耗 步马弹	轻机枪弹	重机枪弹	驳壳弹	手枪弹	炸弹	掷弹	损失及遗失 步枪	马枪	连枪弹	步马弹	手榴弹	刺刀	炸弹	损坏 步枪	刺刀	合计
七月份 王家沟	31																
村沟	83	100															
计	114	100					3										
八月份 石家庄	520	85		12		61	3						1				
塌头	677	304		6		4	12										
火合沟	354	36				50					2		2				
红土沟	1096	420	80	4		53	5						3				
岔上村	354	214															
吴家沟	30																
细腰	30					3											
计	3061	1059	80	22		171	20				2		6				

月份	战斗村名	消耗							损失及遗失							损坏		合计
		步马弹	轻机枪弹	重机枪弹	驳壳弹	手枪弹	炸弹	掷弹	步枪	马枪	连枪弹	步马弹	手榴弹	刺刀	炸弹	步枪	刺刀	
九月份	津良庄	57			2		27	2										
	细腰	1875	420		4		41	2										
	三交	17					12											
	圪陆墕																	
	三交		60								49	89		19	35	1	1	
	圪陆墕	725	60		2		32	7	9									
	三交	235	131	20			44	1										
	吉家坪	97						5										
	丁家湾																	
	计	3006	611①	20	8		165②	17	9		49	89		19	35	1	1	

①② 原文如此，计算有误。

区分 月份 战斗村名	消耗							损失及遗失							损坏		合计
	步马弹	轻机枪弹	重机枪弹	驳壳弹	手枪弹	炸弹	掷弹	步枪	马枪	连枪弹	步马弹	手榴弹	刺刀	炸弹	步枪	刺刀	
任家村	308	370					3										
三交	27	20															
杜家圪台	15	15															
吴家沟	415	136		23		19											
薛家坡	40																
杜家岭	30																
殷家焉	419						6										
寺圪塔						12											
神峪塔	10																
看高里	5			6													
岐道	175	242		17		6											
固贤	8			9		1				损失							
蔚峰村	70	35												1			
计	1214①	448		55		38	9		1	连枪2	52						

---

① 原文如此，计算有误。

| 区分 | | 消耗 | | | | | | | 损失及遗失 | | | | | | | 损坏 | | 合计 |
月份	战斗村名	步马弹	轻机枪弹	重机枪弹	驳壳弹	手枪弹	炸弹	掷弹	步枪	马枪	连枪弹	步马弹	手榴弹	刺刀	炸弹	步枪	刺刀	
十二月份	杜家岭	10			3													
	大隝				12													
	东社	162			3													
	潘家板	7			3													
	计	179			21													
总计		10443	3459		109		463	78										

135. 八路军第120师第358旅1942年下半年阵亡与伤病亡登记（1942年）

队职别	六团团部政指	六团团部给养士	特务连战士
姓名	郭敦厚	何清明	张应和
年龄	38	42	29
入院日期			
籍贯及详细通讯处	山西榆次	湖北省	阳曲李家凹
诊断			
治疗简单经过			
何时何地伤病亡	八月二十九日阵亡	九月十二日岚县后令会阵亡	八月十五日西马房阵亡
死亡原因			
主治医生签字			
备考			

队职别	特务连战士	通讯队侦察员	三连班副
姓名	金明全	孟仲仙	步文彬
年龄	22	25	26
入院日期			
籍贯及详细通讯处	河北任丘	四川省苍溪县王堡	河北固安县
诊断			
治疗简单经过			
何时何地伤病亡	八月胡琴社阵亡	七月五日岚县毛弯阵亡	九月四日凤坡岭村阵亡
死亡原因			
主治医生签字			
备考			

队职别	三连排长	三连战士	同
姓名	常安满	高立元	张一光
年龄	27	25	27
入院日期			
籍贯及详细通讯处	阳曲县李家山	河北无极王村	河北深县未家营
诊断			
治疗简单经过			
何时何地伤病亡	九月四日凤坡岭村阵亡	同	同
死亡原因			
主治医生签字			
备考			

队职别	三连战士	三连班长	三连战士
姓名	金云和	苏过春	石二小
年龄	20	29	30
入院日期			
籍贯及详细通讯处	河北任丘虢庄村	山东门源县苏庄	河北深县石寄村
诊断			
治疗简单经过			
何时何地伤病亡	九月四日凤坡岭阵亡	九月十八日梁家坡村阵亡	同
死亡原因			
主治医生签字			
备考			

队职别	同	三连班长
姓名	刘永志	王海玉
年龄	20	
入院日期		
籍贯及详细通讯处	临县张家台	静乐砚湾
诊断		
治疗简单经过		
何时何地伤病亡	同	九月四日凤岭坡阵亡
死亡原因		
主治医生签字		
备考		

队职别	七团十连战士	同	同
姓名	苏记	李西明	闫更臣
年龄	23	32	21
入院日期			
籍贯及详细通讯处	河北安平	河北武清	山西平定
诊断			
治疗简单经过			
何时何地伤病亡	1942年5月忻县南委沟阵亡	1943年8月石凤沟阵亡	同
死亡原因			
主治医生签字			
备考			

队职别	同	十连战士	十连班长
姓名	赵少六	刘满周	张生元
年龄	23	18	29
入院日期			
籍贯及详细通讯处	陕西紫阳	山西静宁	河北交河
诊断			
治疗简单经过			
何时何地伤病亡	1942.3.7 定沟山阵亡	1942.5.22 大大沟阵亡	1942.1.2 赤尼泉阵亡
死亡原因			
主治医生签字			
备考			

队职别	十连上士	十连班长	六连战士
姓名	金凤台	翟进生	张祥贵
年龄	30	26	23
入院日期			
籍贯及详细通讯处	河北武强	河北无极	山西静乐
诊断			
治疗简单经过			
何时何地伤病亡	同	1942.8.13 曹家堂阵亡	1942.9.14 小店子阵亡
死亡原因			
主治医生签字			
备考			

队职别	同	特务连副连长	特务连战士
姓名	李呈应	周传文	张志立
年龄	22	23	21
入院日期			
籍贯及详细通讯处	山西静乐	四川贯县	山西太原
诊断			
治疗简单经过			
何时何地伤病亡	1942.8 羊坡伤亡	1942.9.14 小店子阵亡	1942.7 红崖头阵亡
死亡原因			
主治医生签字			
备考			

队职别	十连班长	十连通讯员	十连战士
姓名	李印昌	齐国同	严满
年龄	22	19	28
入院日期			
籍贯及详细通讯处	河北霸县	同	山西静宁
诊断			
治疗简单经过			
何时何地伤病亡	1942.1.30 赤泥泉	同	1942.1.15 同
死亡原因			
主治医生签字			
备考			

队职别	同	同副班长	同伙夫
姓名	严桂生	席全喜	司常清
年龄	21	22	28
入院日期			
籍贯及详细通讯处	山西方山	山西静乐	山西河曲
诊断			
治疗简单经过			
何时何地伤病亡	同	1942.1.15 红河村阵亡	同
死亡原因			
主治医生签字			
备考			

队职别	十一连战士	同	同
姓名	安中义	赵玉	孟占年
年龄	18	22	22
入院日期			
籍贯及详细通讯处	山西静乐	山西宁武	河北河间
诊断			
治疗简单经过			
何时何地伤病亡	1942.2 红河村	同	同
死亡原因			
主治医生签字			
备考			

队职别	同	同班长	同战士
姓名	贾振林	茅亭喜	程记文
年龄	29		34
入院日期			
籍贯及详细通讯处	河北深县	河北河间	
诊断			
治疗简单经过			
何时何地伤病亡	1942.5 南委沟	同	同
死亡原因			
主治医生签字			
备考			

队职别	八团九连战士	同	九连班长
姓名	张庆海	武信昌	刘乐
年龄	26	21	22
入院日期			
籍贯及详细通讯处	河北宁晋县	河北万城	河北肃宁
诊断			
治疗简单经过			
何时何地伤病亡	八月九日合伙沟阵亡	同	同
死亡原因			
主治医生签字			
备考			

队职别	九连战士	三营营部通讯员	同
姓名	范美福	秦二条	王才
年龄	21	19	18
入院日期			
籍贯及详细通讯处	河北饶阳	山西岢岚	河北新城
诊断			
治疗简单经过			
何时何地伤病亡	8月23日苍沟阵亡	九月三日陈岔口阵亡	同
死亡原因			
主治医生签字			
备考			

队职别	同	同	三营营部理发员
姓名	韩玉存	李桐林	傅贵祥
年龄	19	20	30
入院日期			
籍贯及详细通讯处	同	河北固安	河北蠡县
诊断			
治疗简单经过			
何时何地伤病亡	同	同	同
死亡原因			
主治医生签字			
备考			

队职别	三营营部肩看护	三营八连战士	三营九连伙夫
姓名	李大庄	姚殿华	无喜池
年龄	18	30	31
入院日期			
籍贯及详细通讯处	河北新城	山西静乐	河北蠡县
诊断			
治疗简单经过			
何时何地伤病亡	九月三日保转弯阵亡	九月三日陈岔口阵亡	同
死亡原因			
主治医生签字			
备考			

队职别	九连战士	同	同
姓名	刘玉元	李中福	金玉龙
年龄	18	25	21
入院日期			
籍贯及详细通讯处	河北霸县	河北曲阳	河北雄县
诊断			
治疗简单经过			
何时何地伤病亡	同	同	同
死亡原因			
主治医生签字			
备考			

队职别	九连战士	同	同
姓名	武子金	邢进生	李清波
年龄	26	26	27
入院日期			
籍贯及详细通讯处	山西静乐	河北高阳	河北肃宁
诊断			
治疗简单经过			
何时何地伤病亡	九月三日陈岔沟阵亡	同	同
死亡原因			
主治医生签字			
备考			

队职别	六连排长
姓名	岳端立
年龄	34
入院日期	
籍贯及详细通讯处	
诊断	
治疗简单经过	
何时何地伤病亡	九月二十二日 格连墕阵亡
死亡原因	
主治医生签字	
备考	

队职别	六团一营班长
姓名	丁佩明
年龄	29
入院日期	1942. 10. 8
籍贯及详细通讯处	河北
诊断	复卒骨打丁合并流感
治疗简单经过	固定整复及防腐交换备 带及内消毒后解热剂
何时何地伤病亡	1942. 11. 17 大佰山
死亡原因	身体极衰弱伤口化脓症
主治医生签字	何风辉
备考	此人为六团伤 兵寄至七团

队职别	八团一连班长	一连排长	一连副班长
姓名	朱生玉	朱正寿	刘老代
年龄	27	23	26
入院日期			
籍贯及详细通讯处	河北新城	河北雄县	河北青元〈清苑〉
诊断			
治疗简单经过			
何时何地伤病亡		八月十七日石家庄阵亡	八月十一日红土沟
死亡原因			
主治医生签字			
备考			

队职别	三连班长	三营副营长	九连战士
姓名	王中秋	张国清	刘五子
年龄	20	30	32
入院日期			
籍贯及详细通讯处	河北蠡县	陕西沔县	山西静乐
诊断			
治疗简单经过			
何时何地伤病亡	八月十一日贺家沟阵亡	八月十三日葱沟阵亡	八月九日合伙沟阵亡
死亡原因			
主治医生签字			
备考			

队职别	旅部勤务员	七团团部马兵	六团一营二连班长
姓名	王小二	马有昌	智进宝
年龄	16	22	22
入院日期	1942.2.12	1942.8.18	1942.7.3
籍贯及详细通讯处	山西曲沃赵卒村	陕西凤翔县	河北深县王张氏村
诊断	慢性赤痢	肺结核	流行性感冒合并腹水
治疗简单经过	曾肠防腐收敛镇静等有效后因食不注意犯病服药无救	曾服祛痰剂止咳强心剂健胃剂无效后合并下痢	当与以解热剂后渐痊又发腹水服利尿发汗泻下剂无效而死
何时何地伤病亡	1942年9月27日于兰家会病亡	1942年11月10于兰家会病亡	1942年10月13日于兰家会病亡
死亡原因	身体呈恶液质	下痢到身体成为恶液质而死	全身循环障碍心动麻痹
主治医生签字	谭凯	谭凯	谭凯
备考	在旅医院亡	同	同

队职别	军医处伙夫	八团二营七连战士
姓名	李金凯	王少武
年龄	38	24
入院日期	1942.8.18	
籍贯及详细通讯处	山西汾阳三全镇	河北卜野东庄村
诊断	赤痢	慢性下痢
治疗简单经过	在前方病久很弱当服消毒剂肠收敛剂制酵强心剂	入院下痢月余营养不良并有槿疮曾投肠防腐收敛镇静等剂
何时何地伤病亡	1942.9.11 兰家会	1942.8.6 兰家会
死亡原因	全身衰弱陷于衰弱虚胀	恶液质心动停止而死
主治医生签字	谭凯	谭凯
备考	在旅医院亡	同

队职别	六团二营青年干事	六团特务连司务长	八团供给处铁匠工人
姓名	高芸	丁春海	张正录
年龄	21	25	27
入院日期	1942 年 7 月 14 日		1942 年 10 月 11
籍贯及详细通讯处	山西省五寨恸坪村	云南□□县张村	河北安国
诊断	盲肠炎	黄疸	肺脓疡
治疗简单经过	用过镇痛强心并用吗啡一次电包几次洗肠一次无效	前患流感用过解热剂强心剂未愈又续发黄疸曾洗肠注射强心剂	给强心利尿呼吸镇咳与碘剂
何时何地伤病亡	1942 年 11 月在兴县介河口村病亡	1942 年 7 月 20 日在兴县明通海病亡	1942 年 11 月 2 兴县李家湾
死亡原因	用药无效心脏麻醉而死	用药无效心脏麻醉而死	心肌衰弱麻痹而死
主治医生签字	雷世电	张孝隆	何坤
备考	在团上	同	途中转运体力过弱而死

队职别	八团特务连战士	旅通讯连战士	教导营学员
姓名	郭东城	崔辛货	曹福林
年龄	18	19	17
入院日期			1942 年 8 月 2 日
籍贯及详细通讯处	河北肃宁	河北安平	河北察河计
诊断	慢性□□炎	不明	流感合并□□
治疗简单经过	只行毡包		按以通下及内消毒强心镇静并实行理学疗法排尿
何时何地伤病亡	1942 年 12 月 9 日于上西坡	1942 年 9 月 6 日沟门前	1942 年 8 月 12 日刘家峁
死亡原因	合并腹膜炎	呼吸困难停止	本人手淫过度营养不良衰弱
主治医生签字	彭士平	张守志	李佐福
备考	在团卫牺牲	急性发生五点钟即死	

队职别	七团电话员
姓名	徐金民
年龄	20
入院日期	
籍贯及详细通讯处	河北霸县
诊断	中毒
治疗简单经过	开始泻下止痛强心无效
何时何地伤病亡	42 年 4 月 24 日静乐陈家庄
死亡原因	吃砒霜中毒
主治医生签字	何风辉
备考	

136. 八路军第120师第358旅1942年下半年负伤登记
(1942年)

八旅四二年下半年负伤登记军医处

队职别	五连战士	七连班长	七连战士
姓名	方文庆	贾贵	赵清云
年龄	24	33	20
籍贯	河北固安	河北饶阳	河北固安
何时何地入伍	1938年	1929年	1939年
永久通信处			
过去担任过何工作	通讯员		
何时何地负伤	1942年9月圪里焉	1942年9月西腰	1942年9月西腰
负伤部位	右膝关节	臂部	左下肢
伤名	炸伤	炸伤	贯通
是否党员	是	是	
备考			

队职别	八连班副	六连政指	四连战士
姓名	赵泗	肖良田	胡庆祥
年龄	27	23	25
籍贯	河北固安	河北任丘	河北
何时何地入伍	1939年	1939年	1940年
永久通信处			
过去担任过何工作			
何时何地负伤	1942年9月保转弯	1942年9月圪里焉	1942年9月
负伤部位	左下肢	右手	
伤名	贯通	擦伤	
是否党员			
备考			跌伤

队职别	六连战士	同	六连班长
姓名	杨斯仁	张庆伦	苏鱼成
年龄	24	26	22
籍贯	山西宁武	河北宁晋	河北雄县
何时何地入伍	1940 年 3 月	1939 年 9 月	1939 年
永久通信处			
过去担任过何工作	勤务		
何时何地负伤	1942 年 9 月十连焉	同	1942 年 9 月十连焉
负伤部位	左上肢	右拇指	同
伤名	擦伤	同	同
是否党员		是	是
备考			

队职别	六连战士	同	同
姓名	王明福	冯占槐	鬼喜明
年龄	21	18	21
籍贯	山西宁武	河北蠡县	河北束鹿
何时何地入伍	1940 年	1939 年	1939 年
永久通信处			
过去担任过何工作	通信员	战士	
何时何地负伤	1942 年 9 月圪里焉村	同	1942 年 9 月圪里焉
负伤部位	右手指	臀部	手掌
伤名	擦伤	同	擦伤
是否党员		是	
备考			

队职别	八连战士	八连战士	同
姓名	李更寿	郭玉田	康元海
年龄	20	23	30
籍贯	山西宁武	河北蠡县	山西静乐
何时何地入伍	1942 年	1939 年	1941 年
永久通信处			
过去担任过何工作			
何时何地负伤	1942 年 9 月陈家台	同	1942 年 9 月保转弯
负伤部位	右上下肢	头部	右下肢
伤名	贯通	擦伤	贯通
是否党员			
备考			

队职别	八连战士	九连伙夫	九连班长
姓名	杜宝金	钟夫全	王永红
年龄	28	37	27
籍贯	河北新城	河北安国	河北蠡县
何时何地入伍	1939 年	1939 年	1940 年
永久通信处			
过去担任过何工作			
何时何地负伤	1942 年 9 月陈家台	同	同
负伤部位	右臀	右上肢	右下肢
伤名	贯通	骨折	炸伤
是否党员	是		
备考			

队职别	七连通讯员	七连战士	九连战士
姓名	赵春和	王凤良	孙友富
年龄	19	18	31
籍贯	河北蠡县	河北正定	河北献县
何时何地入伍	1940 年	1939 年	1940 年
永久通信处			
过去担任过何工作			
何时何地负伤	1942 年西腰	同	1942 年 9 月陈家台
负伤部位	臀部	头部	右下肢
伤名	炸伤	盲贯	贯通
是否党员			
备考	右上肢盲贯	胸部盲贯	

队职别	九连班副	九连班长	七连排长
姓名	高玉廷	李信棠	黄顺成
年龄	19	20	28
籍贯	河北新城	河北新城	贵州大定
何时何地入伍	1939 年	1939 年	1932 年
永久通信处			
过去担任过何工作			
何时何地负伤	1942 年 9 月陈家台	同	1942 年 9 月
负伤部位	左上肢	右手	左上肢
伤名	贯通	炸伤	贯通
是否党员	是		
备考			

队职别	八连排长	七连战士	九连战士
姓名	唐志勤	王应崇	王东庆
年龄	23	26	23
籍贯	四川高县	河北新城	河北新城
何时何地入伍	1933 年	1939 年	1939 年
永久通信处			
过去担任过何工作			
何时何地负伤	同	同	1942 年 9 月陈家台
负伤部位	右下肢	右上肢	右下肢
伤名	贯通	骨折	贯通
是否党员	是		
备考			

队职别	七连战士	七连班长	八连战士
姓名	闫东景	刘心云	王庆增
年龄	21	19	26
籍贯	河北清＜苑＞	河北固安	河北蠡县
何时何地入伍	1939 年	1939 年	1939 年
永久通信处			
过去担任过何工作			
何时何地负伤	1942 年 9 月西腰	1942 年 9 月西腰	同
负伤部位	左上肢	左上肢	头部
伤名	贯通	贯通	擦过
是否党员			
备考			

队职别	九连班副	二连战士	三连班融
姓名	李万辉	宋大喜	吴清林
年龄	40	19	20
籍贯	河北新城	河北深泽	河北束鹿
何时何地入伍	1939 年	1939 年	
永久通信处			
过去担任过何工作		通讯员	
何时何地负伤	1942 年 8 月在合伙沟	1942 年 8 月在红土沟	同
负伤部位	右手	左脚	左手
伤名	擦过	擦过	贯通
是否党员	是		
备考			左肩盲贯

队职别	一连班长	一连战士	七连战士
姓名	李善义	贾炳成	韩树其
年龄	28	19	29
籍贯	河北清苑	山西宁武	河北饶阳
何时何地入伍	1940 年	1941 年入伍	1940 年入伍
永久通信处			
过去担任过何工作			
何时何地负伤	1942 年 8 月在红土沟	同	1942 年 8 月西腰
负伤部位	右下肢	上额	头部
伤名	贯通	擦过	擦过
是否党员	是		
备考			

队职别	八团九连班长	九连战士	同
姓名	芦信	范泗政	齐殿林
年龄	21	19	21
籍贯	河北清苑	山西静乐	河北肃宁
何时何地入伍	1940 年入伍	1941 年入伍	1940 年入伍
永久通信处			
过去担任过何工作			
何时何地负伤	1942 年 8 月合伙沟	1942 年 8 月合伙沟	同
负伤部位	左上肢	左上肢	左下肢
伤名	贯通	骨折	贯通
是否党员	是		
备考			

队职别	九连战士	九连班长	九连战士
姓名	张福才	许凤山	刘贵银
年龄	29	24	32
籍贯	河北蠡县	河北固安	河北胡芦白
何时何地入伍	1939 年入伍	1939 年入伍	1939 年入伍
永久通信处			
过去担任过何工作			
何时何地负伤	1942 年 8 月合伙沟	同	同
负伤部位	右下肢	右上肢	右上肢
伤名	贯通	骨折	贯通
是否党员		是	
备考			

队职别	八团政治处	八团特务连战士	一连战士
姓名	张文志	张大才	安永正
年龄	28	25	19
籍贯	河北蠡县	河北蠡县	河北清苑
何时何地入伍	1942 年 4 月 5 日	1939 年	1940 年
永久通信处			
过去担任过何工作		战士	
何时何地负伤	宁武西岭上	1942 年 10 月仁家村	1942 年 4 月红土沟
负伤部位	髋骨部	右手	右肩
伤名	贯通	炸	贯通
是否党员	是		是
备考			

队职别	十连战士	六连战士	通讯连战士
姓名	王子明	杨春槐	郭文录
年龄	16	19	20
籍贯	1941	山西静宁	河北新乐
何时何地入伍	1941.3	1941	1940
永久通信处	山西静宁	本地	
过去担任过何工作			
何时何地负伤	1942 年 7 月车流度	1942 年 7 月 6 日开茯村	1942 年 8 月 16 日雁门
负伤部位		腿部	左脚
伤名		盲贯	炸伤
是否党员		否	
备考			

队职别	十连战士	同	
姓名	刘寿中	贾玉堂	马云营
年龄	14	24	22
籍贯	山西祁县	山西忻州	湖南大营
何时何地入伍	1942 年 6 月	1941 年 5 月	1935 年
永久通信处		何家庄	
过去担任过何工作			
何时何地负伤	1942 年 8 月 12 曹家庄	同	1942 年 8 月 29 日丰家坪
负伤部位	左臂	左腿	左臂
伤名	擦过	炸伤	贯通
是否党员			是
备考			

队职别	九连排长	战士	三营特辰员
姓名	张九四	李成友	郭国芳
年龄	25	25	28
籍贯	河北	河北	江西
何时何地入伍	1939 年	1939 年入伍	1933 年
永久通信处	本村	本地	本县
过去担任过何工作	班长	战士	排长
何时何地负伤	1942 年 9 月大牛店	同	1942 年 9 月大牛店
负伤部位	手掌	手指	脚指
伤名	贯通	同	贯通
是否党员			
备考			

队职别	通讯员	七团政治处	五连战士
姓名	王其昌	宋有章	韩风先
年龄	21	22	26
籍贯	河北	河北霸县	山东禹城
何时何地入伍	1939 年	1938 年	1938 年
永久通信处	本县	本地	二十里铺韩六毅
过去担任过何工作	战士		
何时何地负伤	1942 年 9 月 静乐寨子	1942 年 7 月 27 日南欲村	1942 年 7 月 东流度
负伤部位	手指	食指炸断	
伤名	擦过	炸伤	
是否党员		是	
备考			

队职别	特连战士	同	五连班长
姓名	闫金台	焦长明	崔洪
年龄	21	38	24
籍贯	河北任丘	山东禹城	河北安平
何时何地入伍	1938 年	1938 年	1940 年
永久通信处			北满镇
过去担任过何工作			
何时何地负伤	1942 年 9 月 7 日南窑村	同	1942 年 7 月 25 日东流度
负伤部位	左间	右手	右下上肢肢
伤名	同	同	炸伤
是否党员			是
备考			

队职别	战士	同	三营排长
姓名	史德肿	张桂堂	杜丙根
年龄	21	21	25
籍贯	河北大城	河北无极	山西忻县
何时何地入伍	1939 年	1939 年	1937 年
永久通信处			
过去担任过何工作			
何时何地负伤	1942 年 8 月 15 日雁门	同	1942 年 7 月 10 日赤尼泉
负伤部位	右上左下肢	口腔部	右小腿
伤名	擦伤	擦伤	重
是否党员	否	否	是
备考			

队职别	战士	同	六连战士
姓名	李二子	王文化	米度邦
年龄	33	18	21
籍贯	同	山西兴县	河北安平
何时何地入伍	1941 年 10 月	1940 年 3 月	1939 年 10 月
永久通信处			
过去担任过何工作			
何时何地负伤	同	同	1942 年 9 月 14 日小店子
负伤部位	右脚	同	头部
伤名	同	同	盲贯
是否党员	否	同	
备考			

队职别	战士	战士	
姓名	杜立群	牛玉珍	郭尚武
年龄	20	21	21
籍贯	河北深县	河北河间	河北博野
何时何地入伍	1940年10月	1939年12月	1940年
永久通信处			
过去担任过何工作			
何时何地负伤	1942年8月20日开茯村	1942年8月15日开茯村	1942年9月南窑上
负伤部位	臀部	左手	右腿
伤名	贯通	同	同
是否党员			
备考			

队职别	战士	同	十一连战士
姓名	张明义	赵满呆	张有财
年龄	28	21	27
籍贯	河南滑县	河北饶阳	河北蠡县
何时何地入伍	1941年	1939年10月	1939年12月
永久通信处			
过去担任过何工作			
何时何地负伤	1942年3月7日定沟	1942年1月红河村	1942年3月6日石风沟
负伤部位	胸部	手掌	背部
伤名	贯通	同	贯通
是否党员	否	同	是
备考			

队职别	十连战士	战士
姓名	郭王子	户三元
年龄	15	25
籍贯	山西静宁	同
何时何地入伍	1941 年 4 月	1941 年 10 月
永久通信处		
过去担任过何工作		
何时何地负伤	同	同
负伤部位	右臂	右腿
伤名	贯通	贯通
是否党员	否	否
备考		

队职别	十一连副班长	十一连战士	同
姓名	张星转	曹来喜	周文其
年龄	23	22	33
籍贯	河北深县	山西大大店	河北献县
何时何地入伍	1939 年	1940 年	1939 年
永久通信处			
过去担任过何工作			
何时何地负伤	同	1942 年 1 月 15 日红河村	同
负伤部位	大腿部	右膝盖	左大腿
伤名	轻	贯通	贯通
是否党员	是	否	否
备考			

队职别	同	十一连战士	政指
姓名	石福林	赵福泽	黎明
年龄	25	22	24
籍贯	山西静乐	河北饶阳	陕西
何时何地入伍	1941 年	1939 年	1935 年
永久通信处			
过去担任过何工作			排长
何时何地负伤	同	1942 年 3 月 6 日石风海	1942 年 5 月 2 日南委沟
负伤部位	同	右大腿	脸部
伤名	同	贯通	擦伤
是否党员	同	是	是
备考			

队职别	同排长	同副班长	十一连战士
姓名	李出重	刘福生	李西成
年龄	21	20	19
籍贯	河北	同	河北
何时何地入伍	1938 年	同	1940 年
永久通信处	本村	同	本地
过去担任过何工作	班长	战士	战士
何时何地负伤	同	同	同
负伤部位	脚背	同	手掌
伤名	同	同	贯通
是否党员			
备考			

队职别	特务连班长	一连战士
姓名	张大才	安东正
年龄	25	19
籍贯	河北蠡县	河北清苑
何时何地入伍	1939 年	1940 年
永久通信处		
过去担任过何工作	战士	
何时何地负伤	1942.10 仁家村	1942.4 红土口
负伤部位	右手	左肩
伤名	炸伤	贯通
是否党员	是	是
备考		

队职别	七团五连战士	十连战士	十一连战士
姓名	王齐代	张文义	沙发生
年龄	25	29	22
籍贯	山西忻州	山西	河北
何时何地入伍	1941 年 2 月入伍	1941	1939 年入伍
永久通信处	本地	本地	本地
过去担任过何工作	战士	战士	同
何时何地负伤	1942 年 10 月马房	1942 年 9 月大中店	同
负伤部位	下肢	手部	脚背
伤名	擦伤	同	贯通
是否党员	否	否	
备考			

队职别	三连班长	七团号目	十连班长
姓名	28	武志刚	李臣
年龄		18	28
籍贯		河北饶阳	同
何时何地入伍		1939 年	1939 年
永久通信处			
过去担任过何工作			
何时何地负伤		1942 年 1 月 30 日赤尼泉	1942 年 11 月朔县
负伤部位		右臂	左腿
伤名		轻	重
是否党员		否	是
备考			

队职别	十一连班长	十一连战士	十一连连长
姓名	李孟州	高二来	宋连奎
年龄	25	17	29
籍贯	河北深县	山西宁武	湖北
何时何地入伍	1939 年	1941 年	1931 年
永久通信处			
过去担任过何工作			
何时何地负伤	同	1942 年 1 月 15 日红河村	同
负伤部位	右腿	腿部	右脸
伤名	轻	重	重
是否党员	是	是	是
备考			

队职别	十连战士	十一连战士	十连战士
姓名	吕海发	高增徐	张三娃
年龄	20	22	28
籍贯	晋临县	河北安平交庄	陕西省
何时何地入伍	1940年3月白文入伍	1939年入伍	
永久通信处	枣圪台	本地	本地
过去担任过何工作			
何时何地负伤	八月十九日在岚县寨子上	同	同
负伤部位	右手	手部	臀部
伤名	擦过	贯通	贯通
是否党员	非	非	党员
备考			

队职别	特务连战士	十连战士	三连班长
姓名	张树元	孟金林	田成贵
年龄	20	38	28
籍贯	河北武强垃难村	河北任丘	河北定县
何时何地入伍	1939年入伍	1939年入伍	1939年2月入伍
永久通信处	本地	本地	刘家庄
过去担任过何工作			
何时何地负伤	在八月岚县胡琴社	八月十九日在岚县寨子上	娄烦镇
负伤部位	下肢	下腿	头部
伤名	炸伤	擦过伤	炸伤
是否党员	非	是	是
备考			

队职别	同	同	二连战士
姓名	李兰田	高二狗	闫三保
年龄	28	34	21
籍贯	河北深县大齐村	晋太原新村	阳曲田七村
何时何地入伍	1939 年入伍	1938 年入伍	1942 年入伍
永久通信处	本地	本地	本地
过去担任过何工作			
何时何地负伤	九月四日风坡塔村	同	同
负伤部位	胸部	下肢	下肢
伤名	贯通	贯通	盲贯
是否党员	党	非	非
备考			

队职别	二连排长	通信队	同侦察员
姓名	张学美	李东兴	孙克成
年龄	25	24	21
籍贯	晋大同	冀安平	河北井陉县良郐村
何时何地入伍	1937 年入伍	1939 年入伍	1938 年在东山入伍
永久通信处	本地	城内	城内
过去担任过何工作			
何时何地负伤	九月四日风坡岭	九月四日在岚县毛湾	同
负伤部位	头部	手部	肩部
伤名	擦过	擦过	贯通
是否党员	党	非	党
备考			

队职别	一连战士	同	二连战士
姓名	李福荣	冯牛子	孟儿
年龄	22	21	27
籍贯	晋怀仁县	晋阳曲	晋大同怀仁
何时何地入伍	1938 年入伍	1941 年入伍	1938 年 1 月入伍
永久通信处	本地	本地	古城镇
过去担任过何工作			战士
何时何地负伤	同	同	娄烦镇
负伤部位	胸部	头部	下肢
伤名	盲贯伤	同	炸伤
是否党员	是	非	是
备考			

队职别	特务连战士	同	一连战士
姓名	陈发明	梁广川	郭振期
年龄	24	28	20
籍贯	河北安平之茂营	河北霸县刑家铺	河北深泽小丰村
何时何地入伍	1939 年入伍	1939 年入伍	1939 年入伍
永久通信处	本地	本地	本地
过去担任过何工作			
何时何地负伤	西马房	西马房	九月四日风坡岭村
负伤部位	腰部	臀部	下肢
伤名	贯通	同	同
是否党员	非	非	非
备考			

队职别	二连班长	二连战士	三连支书
姓名	于连基	高汗贵	张继
年龄	26	21	27
籍贯	晋忻州	晋临县	晋阳曲三角镇
何时何地入伍	1938 年入伍	1941 年入伍	1938 年入伍
永久通信处	本地	本地	本地
过去担任过何工作			
何时何地负伤	九月四日风坡岭村	同	九月十八日梁家坡
负伤部位	头部	头部	肩部
伤名	擦过伤	同	贯通
是否党员	是	非	是
备考			

队职别	三连班长	三连战士	一连班长
姓名	丁善明	李大中	严学中
年龄	23	32	21
籍贯	普朔县	冀安平白石庄	晋白文
何时何地入伍	1939 年入伍	1939 年 10 月入伍	1939 年 10 月入伍
永久通信处	本地	本地	本地
过去担任过何工作			
何时何地负伤	九月十八日梁家坡	同	同
负伤部位	上肢	上肢	下肢
伤名	贯通伤	贯通伤	同
是否党员	是	非	党
备考			

137. 八路军第 120 师第 7 团阵亡、负伤登记表
(1942 年)

队别		七团十连		
职别		副班长	伙夫	战士
姓名		席全喜	司长青	孟占年
年岁		22	28	23
籍贯	省	山西	山东	河北
	县	静乐	汶上县	河间
	区乡			
	村	曹家坡	西官屯	孟官庄
家庭通讯处及收信人姓名		交本村曹明收	本村交司竹山收	本村孟占之收
家庭经济地位		房 5 地 15 人 2	房 3 人 4	房 6 人 2 地 10
入伍年月		1940 年 6 月入伍	1938 年 10 月入伍	1939 年 8 月入伍
任过什么工作		战士	班长	
亡故经过		红河战斗牺牲	宁武红河牺牲	
亡故地点		宁武红河	同	宁武红河
亡故年月		1942 年 1 月 15 日	同	1942 年 1 月 15 日
何时入党		1941 年 2 月入党	非	不是
备考				

烈士登记表

队别				
职别		战士	战士	班长
姓名		赵玉	安忠义	李印昌
年龄		22	18	22
籍贯	省	山西	山西	河北
	县	宁武	静宁	霸县
	区乡			
	村	羊道坡	上官庄	水王庄
家庭通讯处及收信人姓名		本村赵明收	本村安忠孝	本村李心田
家庭经济地位		人2	房地人各3	人8房3
入伍年月		1941年12月23日入伍	1941年2月入伍	1938年入伍
任过什么工作				
亡故经过		就地葬埋	同	脑部中弹过重亡
亡故地点		晋宁武红河	同	宁武赤泥泉
亡故年月		1942年1月15日	同	1942年1月30日
何时入党		不是	同	党员
备考				

烈士登记表

队别				
职别		战士	战士	战士
姓名		齐国桐	弓满	阎国生
年龄		20	28	21
籍贯	省	河北	山西	山西
	县	霸县	静宁	方山
	区乡			
	村	信安	槐道林	斜家沟
家庭通讯处及收信人姓名		本村齐有泉	本村本人	本村阎朝良
家庭经济地位		人7	人7房2地7	人4房2地20
入伍年月		1938年2月入伍	1941年2月入伍	1940年5月入伍
任过什么工作				
亡故经过		就地葬埋	同	同
亡故地点		晋宁武赤泥泉	晋宁武赤泥泉	同
亡故年月		1942年1月30日	1942年1月30日	同
何时入党		党员	党员	群
备考				

烈士登记表

队别				
职别		排长	战士	战士
姓名		滕嗣塑	叶二丑	张岭小
年龄		25	20	24
籍贯	省	湖南	晋	河北
	县	麻阳	朔县	安平
	区乡			
	村	团山村	周庄	子文镇
家庭通讯处及收信人姓名		本村本名收	本村叶顺收	本村村公所
家庭经济地位		房 3 地 30 人 13	房 3 地 30 人 5	无人
入伍年月		1938 年入伍	1941 年 8 月入伍	1940 年 1 月入伍
任过什么工作				
亡故经过		用棺葬埋于娄家庄	同	同
亡故地点		晋静宁娄家庄	同	同
亡故年月		1942 年 4 月 12 日	同	同
何时入党		1938 年 10 月入党	群	同
备考				

烈士登记表

队别		六连
职别		战士
姓名		李福祥
年龄		26
籍贯	省	河北
	县	大城
	区乡	五区
	村	刘立碑
家庭通讯处及收信人姓名		本村本人名
家庭经济地位		
入伍年月		1938 年 2 月入伍
任过什么工作		任过副班长
亡故经过		冲锋中弹阵亡用棺葬埋于娄家庄
亡故地点		晋静宁娄家庄
亡故年月		1942 年 4 月 12 日
何时入党		1942 年 2 月入党
备考		

负伤登记表

队别	七团五连		
职别	班长	班长	副班长
姓名	王金相	刘忠海	张甫
年龄	31	31	39
籍贯	河北饶阳	河北深泽	河北束鹿
入伍年月	1939 年 5 月入伍	1940 年 1 月入伍	1939 年 6 月入伍
入党年月	党员	党员	非
负伤部位及负伤轻重	左肩轻伤	头眉轻伤	手指打丢二个
负伤地点	晋静宁娄家庄	晋静宁娄家庄	晋静宁娄家庄
负伤年月日	1942 年 4 月 12 日	1942 年 4 月 12 日	1942 年 4 月 12 日
伤后处置	随连休养	随连休养	送卫生队
任过什么工作			
备考			

负伤登记表

队别			六连
职别	副班长	战士	一排长
姓名	李海则	冯德安	张凤贵
年龄	20	20	29
籍贯	晋静宁白道村	河北固安	河北安次
入伍年月	1940 年 7 月入伍	1938 年 8 月入伍	1938 年入伍
入党年月	非	党员	党员
负伤部位及负伤轻重	两肩之眉轻伤	脑口轻伤	右肩受弹伤
负伤地点	晋静宁下马城	晋阳曲马地塂	晋静宁娄家庄
负伤年月日	1942 年 4 月 10 日	1942 年 4 月 10 日	1942 年 4 月 12 日
伤后处置	随连休养	送卫生队	送卫生队
任过什么工作			
备考			

负伤登记表

队别	七团六连		
职别	副排长	三班副	战士
姓名	孔合泉	韩风歧	姜治国
年龄	25	24	20
籍贯	河北献县	河北饶阳	河北饶阳
入伍年月	1938 年 5 月入伍	1939 年 8 月入伍	1940 年 3 月入伍
入党年月	党员	党员	非
负伤部位及负伤轻重	脑部中弹伤重	腿部中弹伤子弹未出	腿部中弹伤重
负伤地点	晋静宁娄家庄	同	同
负伤年月日	1942 年 4 月 12 日	同	同
伤后处置	送卫生队	同	同
任过什么工作			
备考			

负伤登记表

队别			
职别	战士	战士	战士
姓名	郭五丑	刘子玉	李成英
年龄	19	21	22
籍贯	山西宁武	河北无极	山西静宁
入伍年月	1941 年 6 月入伍	1939 年 6 月入伍	1941 年 1 月入伍
入党年月	群	群	党
负伤部位及负伤轻重	腿部中炮伤重	臂受弹伤轻	腿中弹轻伤
负伤地点	晋静宁娄家庄	同	同
负伤年月日	1942 年 4 月 12 日	同	同
伤后处置	随卫生队	同	同
任过什么工作			
备考			

负伤登记表

队别	七团六连		
职别	战士	战士	战士
姓名	乔九成	耿中环	王采
年龄	23	22	30
籍贯	山西静宁	陕西长安	河北安平
入伍年月	1941 年 6 月入伍	1936 年入伍	1939 年入伍
入党年月	群	党	党
负伤部位及负伤轻重	肩下被枪弹轻伤	腿部中弹伤轻	脑部负伤轻
负伤地点	晋静宁娄家庄	晋静宁娄家庄	同
负伤年月日	1942 年 4 月 12 日	1942 年 4 月 12 日	同
伤后处置	送卫生队	随连休养	同
任过什么工作			
备考			

负伤登记表

负伤登记表	队别	七连	
职别	炊事员	战士	战士
姓名	王贵福	陈进福	焦景升
年龄	35	24	18
籍贯	山西岚县	河北安平	河北深泽
入伍年月	1941 年入伍	1940 年 4 月入伍	1940 年 1 月入伍
入党年月	群	1941 年 2 月入党	1941 年 2 月入党
负伤部位及负伤轻重	右肩负重伤	大腿负轻伤	右肩轻伤
负伤地点	阳曲马地塥	同	同
负伤年月日	1942 年 4 月 10 日	同	同
伤后处置	随卫生队	随连休养	同
任过什么工作			任连通讯员
备考			

负伤登记表

队别	七团十一连		
职别	连长	副班长	战士
姓名	宋庭魁	张运转	曹来喜
年龄	29	22	21
籍贯	湖北房县	河北霸县	山西宁武
入伍年月	1931 年入伍	1939 年入伍	1941 年 11 月入伍
入党年月	1934 年入党	1941 年入党	群
负伤部位及负伤轻重	脸部负伤打丢牙二个	腿受轻伤	上肘负轻伤
负伤地点	宁武红河	宁武红河	宁武红河
负伤年月日	1942 年 1 月 15 日	1942 年 1 月 15 日	1942 年 1 月 15 日
伤后处置	寄地休养	寄地休养	寄地休养
任过什么工作	班、排、连长	当过战士	
备考			

负伤登记表

队别			
职别	战士	战士	战士
姓名	高二来	□福林	周文祺
年龄	16	23	22
籍贯	山西宁武	山西静宁	河北霸县
入伍年月	1942 年 12 月入伍	1941 年 11 月入伍	1939 年入伍
入党年月	群	群	群
负伤部位及负伤轻重	大腿负重伤	大腿轻伤	腿部负重伤
负伤地点	宁武红河	宁武红河	宁武红河
负伤年月日	1942 年 1 月 15 日	1942 年 1 月 15 日	1942 年 1 月 15 日
伤后处置	寄地休养	寄地休养	寄地休养
任过什么工作			
备考			

负伤登记表

队别	七团三营部		十连
职别	通讯员	侦察员	战士
姓名	彭致祥	张玉明	郑五子
年龄	20	19	16
籍贯	河北河间	河北武强	山西静宁
入伍年月	1938 年入伍	1939 年入伍	1940 年 9 月入伍
入党年月	1939 年入党	1940 年 2 月入党	群
负伤部位及负伤轻重	右膝盖负重伤	大腿负重伤	右臂轻伤
负伤地点	宁武红河	宁武红河	宁武红河
负伤年月日	1942 年 1 月 15 日	1942 年 1 月 15 日	1942 年 1 月 15 日
伤后处置	寄地休养	寄地休养	送卫生所
任过什么工作	勤务员	通讯员	
备考			

负伤登记表

队别			
职别	战士	战士	战士
姓名	李二子	王子明	王文化
年龄	33	16	17
籍贯	山西静宁	山西静宁	山西兴县
入伍年月	1941 年 10 月入伍	1942 年 1 月入伍	1940 年 3 月入伍
入党年月	群	群	群
负伤部位及负伤轻重	左腿轻伤	左臂轻伤	右脚轻伤
负伤地点	宁武红河	宁武红河	宁武红河
负伤年月日	1942 年 1 月 15 日	1942 年 1 月 15 日	1942 年 1 月 15 日
伤后处置	随卫生所	随卫生队	随卫生所
任过什么工作			
备考			

负伤登记表

队别		三营部	
职别	战士	勤务员	排长
姓名	王庚台	谢堂香	杜炳根
年龄	19	19	25
籍贯	山西崞县	河北安平	山西忻县
入伍年月	1942 年 1 月入伍	1939 年 11 月入伍	1937 年入伍
入党年月	群	1941 年入党	1939 年入党
负伤部位及负伤轻重	左腿轻伤	臂部轻伤	右小腿重伤
负伤地点	宁武红河	宁武赤泥泉	宁武赤泥泉
负伤年月日	1942 年 1 月 15 日	1942 年 1 月 30 日	1942 年 1 月 30 日
伤后处置	送卫生所	寄地休养	
任过什么工作			任过排长
备考			

负伤登记表

队别			
职别	侦察员		号目
姓名	崔士友	邓怀廷	武致刚
年龄	22	31	18
籍贯	河北无极	河南邓县	河北饶阳
入伍年月	1939 年入伍	1941 年入伍	1939 年入伍
入党年月	1939 年入党	群	
负伤部位及负伤轻重	右手二指受伤	右腿轻伤	大臂轻伤
负伤地点	宁武赤泥泉	同	同
负伤年月日	1942 年 1 月 30 日	同	同
伤后处置	随连休养	寄地休养	随地休养
任过什么工作	副班长		
备考			

负伤登记表

队别	七团十连		
职别	战士	班长	副班长
姓名	张致小	赵得胜	翟进生
年龄	19	25	26
籍贯	河北无极	河北安平	河北无极
入伍年月	1939 年 8 月入伍	1939 年 5 月入伍	1940 年 2 月入伍
入党年月	群	党	党
负伤部位及负伤轻重	右臂重伤	脸受轻伤	额头轻伤
负伤地点	宁武赤泥泉	宁武赤泥泉	宁武赤泥泉
负伤年月日	1942 年 1 月 30 日	1942 年 1 月 30 日	1942 年 1 月 30 日
伤后处置			
任过什么工作			
备考			

负伤登记表

队别			
职别	战士	战士	战士
姓名	常日柱	王运保	秦玉来
年龄	18	21	23
籍贯	山西静宁	山西静宁	山西岚县
入伍年月	1941 年 3 月入伍	1941 年 3 月入伍	1941 年 5 月入伍
入党年月	群	群	群
负伤部位及负伤轻重	头受轻伤	右下肢轻伤	轻伤
负伤地点	宁武赤泥泉	宁武赤泥泉	宁武赤泥泉
负伤年月日	1942 年 1 月 30 日	1942 年 1 月 30 日	1942 年 1 月 30 日
伤后处置			
任过什么工作			
备考			

负伤登记表

队别			
职别	战士	指导员	班长
姓名	杨成	任士茂	张生元
年龄	24	25	29
籍贯	山西宁武	山西汾阳	河北交城
入伍年月	1942 年 1 月入伍	1937 年 10 月入伍	1939 年 8 月入伍
入党年月	群	党	党
负伤部位及负伤轻重	轻伤	重伤	重伤
负伤地点	宁武赤泥泉	宁武赤泥泉	宁武赤泥泉
负伤年月日	1942 年 1 月 30 日	1942 年 1 月 30 日	1942 年 1 月 30 日
伤后处置			
任过什么工作			
备考			

负伤登记表

队别		
职别	上士	战士
姓名	金风台	马海福
年龄	30	28
籍贯	河北武强	山西静宁
入伍年月	1938 年 4 月入伍	1941 年 2 月入伍
入党年月	党	群
负伤部位及负伤轻重	重伤	右下肢面部重伤
负伤地点	宁武赤泥泉	宁武赤泥泉
负伤年月日	1942 年 1 月 30 日	1942 年 1 月 30 日
伤后处置		
任过什么工作		
备考		

负伤登记表

队别		三营部	同	同
职别		特派员	理发员	通讯员
姓名		瞿渤然	刘振坤	张兆禄
年龄		25	29	21
籍贯	省	豫	冀	同
	县	沁阳县	深县	任丘
	区乡			
	村	凌村	唐奉村	赵北口村
家庭通信处及收信人姓名		沁阳县凌村苗风来收	唐奉村交刘森林收	任丘赵北口张凤科收
家庭经济地位		房地无人一口	房一间地一亩人五口	房一间地无人八口
入伍年月		1936 年津阳入伍	1939 年 6 月大贾村	1939 年 1 月鄞州
任过什么工作		支部委员、书记		
亡故经过		打冲锋	侦察被俘掳去	同
亡故地点		晋浑源南石府	同	同
亡故月日		1939 年 10 月 29 日	同	同
是否党员		是	不是	不是
备考		与日军作战	同	同

138. 八路军第 120 师独立第 1 旅 1938 年至 1942 年负伤阵亡营以上干部名册（1942 年）

负伤：

二团二营营长杨顺 38 年 4 月霍县高家坟战斗

一团政治委员王宝珊 39 年 3 月河间南詹村

旅副政委袁世修 39 年 4 月河间南留路

三团一营营长马骥良 39 年 4 月河间南留路

三团一营副营长周凯龙 39 年 4 月河间南留路

二团一参谋陈积山 39 年 4 月河间南留路

二团一营副营长蒋玉租 39 年 4 月河间南留路

二团一营副政教姚海龙 39 年 8 月陈庄战斗

二团二营长杨德松 39 年 8 月陈庄战斗

二团三营政教汪瑞先 39 年 8 月陈庄战斗

五团一参谋崔光海 38 年 2 月黄岭村战斗

五团团长王尚荣 38 年 2 月黄岭村战斗

五团二营营长唐金龙 38 年 3 月卫村战斗

　　　　　　　　　 38 年 3 月虎北村战斗

五团一营营长傅传作 39 年 3 月李城

　　　　　　　　　 39 年 4 月找子营

五团团长顿星云组织股长阿云汗

五团二营营长罗昆山二十里铺战斗

五团政教杨国材二十里铺战斗

五团参谋长鲁赤成 40 年冬季反扫荡

三团一营政教唐开先 39 年 4 月任丘于村

负伤：旅副政委杨世修一团政委王宝珊五团团长王尚荣顿星云参谋长鲁赤成一参谋崔光海一营营长傅传作（39 年 3 月大城 4 月找子营）二营营长唐金龙（38 年 3 月卫村及虎北村）又二营营长罗昆山一营政教惜云汉二营政教杨国材组织股长陈云汉二团一参谋陈积山二营长杨顺杨德松副营长蒋玉租一营副政教姚海龙三怕苦政教汪瑞先三团一营营长马骥良副营长周凯龙一营政教唐先

共 23 人

阵亡：

一团三营副营长刘庆文 38 年 2 月黄庄子

一团二营副营长李家骥 38 年 2 月黄庄子

二团二营副营长王广林 38 年 4 月高家坟

一团三营副营长李成寿 39 年 3 月河间张侯

一团二营副营长张自雄 39 年 4 月河间孙村

三团政治委员朱吉昆 39 年 4 月河间南角路

二团一参谋张荣 39 年 9 月冯沟里

五团一参谋崔光海 39 年 10 月下关

旅参谋长郭征 39 年 9 月冯沟里

五团政教陈正万 37 年 10 月湘关峪

五团总支书记曾衍芳 39 年 4 月南角路

五团组织股长赵总全 37 年 10 月南泉

五团二营副营长潘有璧 38 年 3 月虎北村

五团一营营长曾庆云 39 年 10 月站上

五团一营营长刘克复 39 年 5 月找子营

五团一总分总支王即斋 39 年 7 月小坞营

二团一营营长汪清纯上庄战斗

二团一营政教唐开先上庄战斗

二团一营营长刘德才 38 年 4 月高坟

阵亡：旅参谋长郭征三团政委朱吉昆一团三营副营长李家骥张自雄三营副营长刘庆文李成秀二团一参谋张荣一营营长汪清纯刘德才二营副营长王广林一营政教唐开先五团一参谋崔光海一营营长单庆云刘光复二营副营长潘有璧总支书记鲁衍芳王即斋组织股长顿赵全政教陈正才

共计 19 人

	晋西北	大青山	冀中	晋察北	晋西北	陕甘宁	合计
负伤	506	248	595	204	449	20	2022
阵亡	267	89	263	104	373	12	1008
下伤亡	1423	512	1109	321	1407	78	4850
我伤亡	773	337	858	308	722	32	3030
百分比	1.84	1.52	1.29	1.04	1.95	2.44	1.6

139. 八路军第 120 师独立第 1 旅 1942 年阵亡调查表
(1942 年)

队别	五连	同	同	同
职别	副班长	同	炊事班长	战士
姓名	田保壮	张四小	张金玉	吴小五
年龄	20	22	19	24
籍贯	河北新乐牛临村	晋神池东张王村	冀深县大冯营	晋临县张家峁
通信处	本人收	同	同	同
何时何地入伍	1939 年 5 月白店入伍	1940 年 2 月本村入伍	1939 年 4 月本村	1940 年 2 月
何时何地入党	同上	同上	同	同
何时何地作战阵亡	同上	同上	同	同
备考				

队别	五连	同	同	同
职别	炊事班长	战士	同	同
姓名	柴殿元	郭三人	杨有柱	马德厚
年龄	33	21	23	19
籍贯	河北深县柴家屯	山西五寨大村	山西离石梁家会	东宕村
通信处	本人收	同	同	同
何时何地入伍	1938 年 8 月本村	1940 年 2 月邱家屯	1941 年 4 月高家圪塔	同
何时何地入党	同	同		
何时何地作战阵亡	同上	同上	同上	同上
备考				

队别	二团十二连	三营营部	同上	十二连
职别	通信班长	排副	班长	政指
姓名	张文富	吕炳元	陈兆深	周俊岭
年龄	23	25	26	29
籍贯	河北无极北赵村	任丘备村	任丘西里长	宁津菜户店
通信处	北召户村交本人	交本村李书奎收	本村交陈兆勋	本村交周文召收
何时何地入伍	1939 年 7 月 本村入伍	1937 年 10 月	1938 年 7 月	1938 年 1 月 文安入伍
何时何地入党	党员	党员	同上	同上
何时何地作战阵亡	1941 年 3 月 27 日晋离石罗家坡	同上	同上	同上
备考				

队别	十二连	三连	五连	同
职别	排长	班长	排长	连长
姓名	宗文才	刘光庚	蔡如珍	石荣贵
年龄	23	24	28	30
籍贯	文安胜芳	同上	同上	山东乐陵 青皮照村
通信处	房一间地无人 二口本村本人收	刘家坟交本人	本人收	本人收
何时何地入伍	1938 年 1 月本村	1937 年 9 月 本村入伍	1937 年 10 月本村	1937 年 10 月胜芳
何时何地入党	党员	党员	同上	同上
何时何地作战阵亡	1941 年 3 月 27 日 罗家坡	1941 年 5 月 7 日 临县神峪塔	1941 年 5 月 20 日 临县大墕村	同上
备考				

队别	五连	五连	一旅警备营骑兵连	同
职别	战士	同	文书	支书
姓名	张开清	杨长茂	曹兴伍	孙文珍
年龄	20	18	29	22
籍贯	离石汗家玉村	墹家峁	河北容城	河间
通信处	同	同	张市村交	北召村孙跃民收
何时何地入伍	1941年4月高家圪塔	1941年4月同	1940年4月	1939年
何时何地入党			否	党员
何时何地作战阵亡	同上	同上	1941年10月刘家会	同上
备考				

队别	骑兵连	同	同	旅卫生处
职别	战士	政指	战士	工作员
姓名	彭生法	王民增	韩新城	李耀宗
年龄	25	23	26	33
籍贯	定县彭家庄	深县张市村	岱县磁上村	霸县
通信处		本人收		下王庄子
何时何地入伍	1939年7月	同	1939年9月	1938年文安
何时何地入党		是		1939年行唐
何时何地作战阵亡	刘家岭	同	同	1942年6月离石东旺村
备考				